2025 위패스

공인중개사 합격셀렉트
2차 부동산공시법

WEPASS•

머리말
Intro

안녕하세요, 공인중개사 수험생 여러분!
제 인생에서의 첫 저서를 공인중개사 수험교재로 시작하게 되어 너무나 영광입니다. 공인중개사 시험은 수능, 9급 공무원, TOEIC과 함께 대한민국 4대 시험으로 불리고 있습니다. 전문자격 시험 중에서는 타 자격시험의 추종을 불허하는 압도적인 응시생 수를 자랑하고 있고요. 그토록 위상이 높은 시험인 만큼, 제가 공인중개사 강의를 할 자격이 있는가에 대해 끊임없이 의심했고, 또 그러한 자격을 갖추기 위해 끊임없이 노력했습니다.

[합격셀렉트 부동산공시법]은 그러한 저의 노력이 여실히 반영된 결과물입니다. 어려운 법률적 용어를 최대한 쉽게 풀어서 설명하는 데에 최선을 다했고, 「공간정보 구축 및 관리에 관한 법률」 파트를 쓰기 위해 단순한 법령 분석을 넘어 지적학과 지적측량 관련 도서를 참고했으며, 「부동산등기법」 파트를 쓰기 위해 엄청난 두께의 법무사 수험서들을 참고했습니다. 그러면서도 수험에 필요한 내용만을 최대한 간추렸습니다.

이 책을 보시는 수험생 여러분이 최소의 노력만으로 최고의 결과를 뽑아낼 수 있도록 온 힘을 다했습니다.

그럼에도 불구하고 본 교재에 아직 모자란 점이 많다는 사실을 잘 알고 있습니다. 훌륭한 강사님들과 훌륭한 수험서들이 넘쳐나는 공인중개사 수험시장에서 저와 제 교재를 선택해 주신 수험생 여러분들께 감사하면서도, 부끄러움과 걱정, 죄송함이 앞서는 것이 사실입니다. 교재에 부족하거나 잘못된 부분이 있다면 수험생 여러분들의 매서운 지적을 받아들여 제가 책임지고 보완하겠습니다.

수험공부의 어려움과 고통은 불과 며칠 전까지 수험생이었던 제가 누구보다 깊이 공감하고 있습니다. 이 교재가 수험생 여러분의 고통을 조금이나마 덜어드렸으면 하는 마음입니다. 그리고, 그 끝에 합격이라는 달콤한 열매를 반드시 맛보시길 바랍니다.

**여러분의 꿈을
진심으로 응원합니다!**

마지막으로, 이 책을 출간하는데 큰 도움을 주신 로앤오더 임직원 여러분(특히 김영빈 PD님), 여러 가지로 조언을 해주셨던 민법 김묘엽 교수님, 「공간정보의 구축 및 관리에 관한 법률」 관련 자문을 맡아주신 이현우 감정평가사님, 「부동산등기법」 관련 자문을 맡아주신 박지영 법무사님께 깊은 감사를 드립니다.

2025. 02. 10.
송경준 공인중개사 · 법무사 · 감정평가사 올림

이 책의 구성 및 특징

일상적인 용어로 이해부터 시작!

법령의 표현을 처음 접하면 막막하기 마련입니다. "시험 문제에 법조문이 그대로 나오기 때문에 그 글귀에 익숙해져야 된다." 일견 타당한 말이긴 하지만 글귀에 익숙해지는 건 지금 단계에서 이릅니다. 기본서가 존재하는 이유는 이해잖아요. 이해하려면 쉬운 말로, 일상적인 용어로 접해야 되기 때문에 저는 법률 용어를 최대한 배제하고 쉽게 이해할 수 있는 말로 다 풀어서 써놨습니다. 이해를 하면 암기는 분명히 줄어듭니다. 오히려 자동적으로 암기되기까지 합니다. 안그래도 2차 과목에는 무작정 외워야 할 과목들이 많습니다. 그런데 공시법마저 외울 게 많으면 수험생 여러분들이 얼마나 힘들겠어요. 공시법에 있어서만큼은 무작정 외우느라 속 썩으실 일 없도록 하겠습니다.

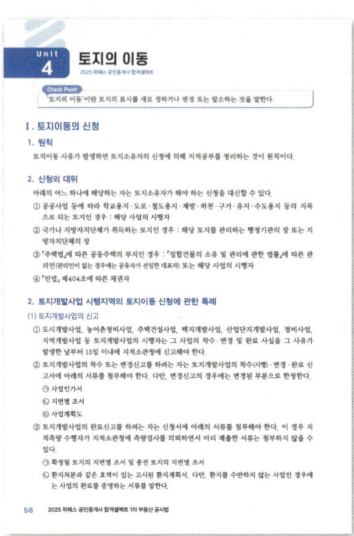

전문가 송교수님만의 특별한 목차!

공시법이라는 과목은 지적법과 부동산 등기법으로 이루어져 있는데, 이 두 가지 법률은 부동산 관련된 법들 중에서 가장 근본적이고 기초가 되는 법률입니다. 하지만 부동산 등기법은 다른 법과는 다르게 사법적인 성격이 강해 갈피를 못 잡겠다는 수험생분들이 많습니다. 법무사인 저만의 노하우를 담은 특별한 목차를 짜서 등기법의 본질을 파악하도록 만들었습니다. 또한 감정평가사로서 7년간 현장에서 쌓은 실무 경험과 지리학 전공을 살려 지적법도 꼼꼼히 준비했습니다. 이런 목차를 사용한 책은 제 책밖에 없을 것 같습니다. 공시법을 하나하나 전부 이해시켜 드리겠습니다.

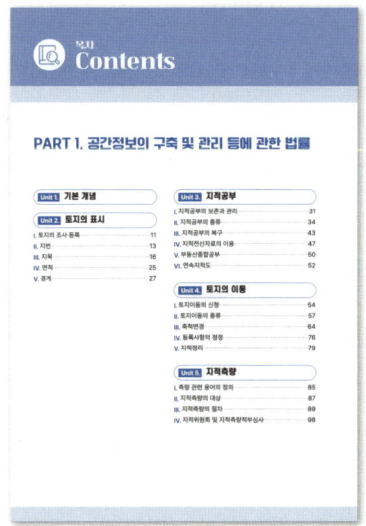

합격셀렉트 부동산공시법은
전문가의 비법을 단권화해서 담았습니다.

 기본서와 요약서를 한번에!

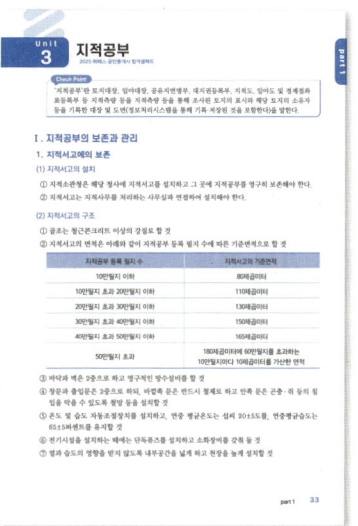

이 분야의 학자가 되고자 하는 게 아닌 이상 양을 늘리는 공부보단, 줄여나가 핵심을 집어가는 공부를 해야합니다. 저부터 책의 종수가 많은 것을 싫어합니다. 그렇기에 기본서와 요약서를 한 번에 해결했습니다. 합격셀렉트로 단권화! 깔끔히 표로 정리했으니 강약조절을 통해 공시법을 정복해봅시다!

 주제별 최신 기출문제로 확인!

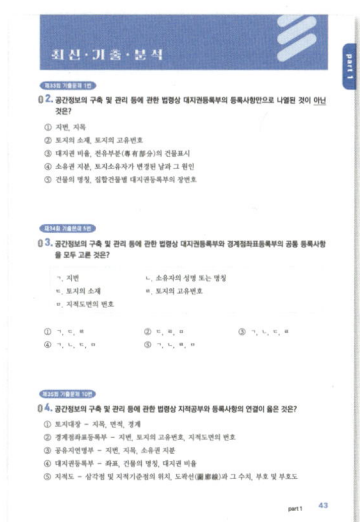

이론만 공부하면 빨리 잊어버릴 수밖에 없습니다. 공부한 개념이 어떻게 문제로 적용되는지 바로 확인해야 제대로 기억할 수 있습니다. 기출문제의 중요성은 강조해도 부족합니다. 특히 최신 기출 트렌드가 변하고 있습니다. 이런 부분을 기본강의 때부터 잡고 가 문제를 이해하고 해결할 수 있는 능력을 길러드리겠습니다.

PART 1. 공간정보의 구축 및 관리 등에 관한 법률

Unit 1. 기본 개념

Unit 2. 토지의 표시
- I. 토지의 조사·등록 ········· 11
- II. 지번 ························· 13
- III. 지목 ························ 16
- IV. 면적 ······················· 25
- V. 경계 ························ 27

Unit 3. 지적공부
- I. 지적공부의 보존과 관리 ········· 31
- II. 지적공부의 종류 ··············· 34
- III. 지적공부의 복구 ··············· 43
- IV. 지적전산자료의 이용 ·········· 47
- V. 부동산종합공부 ················ 50
- VI. 연속지적도 ···················· 52

Unit 4. 토지의 이동
- I. 토지이동의 신청 ··············· 54
- II. 토지이동의 종류 ··············· 57
- III. 축척변경 ······················ 64
- IV. 등록사항의 정정 ·············· 76
- V. 지적정리 ······················· 79

Unit 5. 지적측량
- I. 측량 관련 용어의 정의 ········· 85
- II. 지적측량의 대상 ··············· 87
- III. 지적측량의 절차 ·············· 89
- IV. 지적위원회 및 지적측량적부심사 ········· 98

PART 2. 부동산등기법

Unit 1. 기본개념

Unit 2. 부동산등기의 기초
- I. 등기의 설비 ········· 105
- II. 등기의 효력 ········· 115
- III. 등기의 객체 ········· 119
- IV. 등기의 주체 ········· 122

Unit 3. 등기절차 총론
- I. 등기의 신청 ········· 132
- II. 등기관의 심사 ········· 143
- III. 등기신청의 각하 ········· 144
- IV. 등기의 실행 ········· 148
- V. 이의신청 ········· 154

Unit 4. 등기절차 각론
- I. 소유권보존등기 ········· 158
- II. 소유권이전등기 ········· 169
- III. 소유권에 관한 그 밖의 등기 ········· 193
- IV. 용익권에 관한 등기 ········· 210
- V. 담보권에 관한 등기 ········· 227
- VI. 변경등기 ········· 241
- VII. 경정등기 ········· 247
- VIII. 말소등기 ········· 252
- IX. 말소회복등기 ········· 258
- X. 가등기 ········· 262

PART 1

공간정보의 구축 및 관리 등에 관한 법률

2025 위패스 공인중개사 합격셀렉트
2차 부동산공시법

Unit 1-5

Unit 1 기본 개념
Unit 2 토지의 표시
Unit 3 지적공부
Unit 4 토지의 이동
Unit 5 지적측량

Unit 1 기본 개념

2025 위패스 공인중개사 합격셀렉트

1. 지적소관청

지적공부를 관리하는 특별자치시장, 시장(「제주특별자치도 설치 및 국제자유도시 조성을 위한 특별법」 제10조제2항에 따른 행정시의 시장을 포함하며, 「지방자치법」 제3조제3항에 따라 자치구가 아닌 구를 두는 시의 시장은 제외한다)·군수 또는 구청장(자치구가 아닌 구의 구청장을 포함한다)을 말한다.

2. 필지

① 대통령령으로 정하는 바에 따라 구획되는 토지의 등록단위를 말한다.
② 원칙 : 동일한 지번부여지역 내에서 소유자와 용도가 같고 지반이 연속된 토지는 1필지로 할 수 있다.
③ 예외 : 아래의 어느 하나에 해당하는 토지는 주된 용도의 토지에 편입하여 1필지로 할 수 있다.
　㉠ 주된 용도의 토지의 편의를 위해 설치된 도로·구거 등의 부지
　㉡ 주된 용도의 토지에 접속되거나 주된 용도의 토지로 둘러싸인 토지로서 다른 용도로 사용되고 있는 토지
　　주의 종된 용도의 토지의 지목이 '대'인 경우와 종된 용도의 토지 면적이 주된 용도의 토지 면적의 10퍼센트를 초과하거나 330㎡를 초과하는 경우에는 그러하지 않다(원칙에 따름).

3. 토지의 표시

지적공부에 토지의 소재·지번·지목·면적·경계 또는 좌표를 등록한 것을 말한다.

4. 지적공부

토지대장, 임야대장, 공유지연명부, 대지권등록부, 지적도, 임야도 및 경계점좌표등록부 등 지적측량 등을 통해 조사된 토지의 표시와 해당 토지의 소유자 등을 기록한 대장 및 도면(정보처리시스템을 통하여 기록·저장된 것을 포함한다)을 말한다.

5. 토지의 이동

토지의 표시를 새로 정하거나 변경 또는 말소하는 것을 말한다.

6. 지적측량

토지를 지적공부에 등록하거나 지적공부에 등록된 경계점을 지상에 복원하기 위해 필지의 경계 또는 좌표와 면적을 정하는 측량을 말하며, 지적확정측량 및 지적재조사측량을 포함한다.

Unit 2. 토지의 표시

> **Check Point**
> '토지의 표시'란 지적공부에 토지의 소재·지번·지목·면적·경계 또는 좌표를 등록한 것을 말한다.

Ⅰ. 토지의 조사·등록

1. 등록권자, 등록대상, 등록사항

국토교통부장관은 모든 토지에 대하여 필지별로 소재·지번·지목·면적·경계 또는 좌표 등을 조사·측량하여 지적공부에 등록해야 한다.

2. 등록방법

(1) 신청에 의한 등록(원칙)

지적공부에 등록하는 지번·지목·면적·경계 또는 좌표는 토지의 이동이 있을 때 토지소유자의 신청을 받아 지적소관청이 결정한다.

(2) 직권에 의한 등록(신청이 없는 경우)

① 지적소관청은 토지의 이동현황을 직권으로 조사·측량하여 토지의 지번·지목·면적·경계 또는 좌표를 결정하려는 때에는 토지이동현황 조사계획을 수립해야 한다.

② 토지이동현황 조사계획은 시·군·구별로 수립하되, 부득이한 사유가 있는 때에는 읍·면·동별로 수립할 수 있다.

③ 지적소관청은 토지이동현황 조사계획에 따라 토지의 이동현황을 조사한 때에는 토지이동 조사부에 토지의 이동현황을 적어야 한다.

④ 지적소관청은 토지이동현황 조사 결과에 따라 토지의 지번·지목·면적·경계 또는 좌표를 결정한 때에는 이에 따라 지적공부를 정리해야 한다.

⑤ 지적소관청은 지적공부를 정리하려는 때에는 토지이동 조사부를 근거로 토지이동 조서를 작성하여 토지이동정리 결의서에 첨부해야 하며, 토지이동조서의 아래 부분 여백에 『공간정보의 구축 및 관리 등에 관한 법률』제64조제2항 단서에 따른 직권정리'라고 적어야 한다.

최신·기출·분석

제33회 기출문제 3번

01. 공간정보의 구축 및 관리 등에 관한 법령상 토지의 조사·등록에 관한 설명이다. ( )에 들어갈 내용으로 옳은 것은?

> 지적소관청은 토지의 이동현황을 직권으로 조사·측량하여 토지의 지번·지목·면적·경계 또는 좌표를 결정하려는 때에는 토지이동현황 조사계획을 수립하여야 한다. 이 경우 토지이동현황 조사계획은 (ㄱ)별로 수립하되, 부득이한 사유가 있는 때에는 (ㄴ)별로 수립할 수 있다.

① ㄱ : 시·군·구   ㄴ : 읍·면·동
② ㄱ : 시·군·구   ㄴ : 시·도
③ ㄱ : 읍·면·동   ㄴ : 시·군·구
④ ㄱ : 읍·면·동   ㄴ : 시·도
⑤ ㄱ : 시·도   ㄴ : 시·군·구

답 ①

Ⅱ. 지번

1. 정의
① '지번'이란 필지에 부여하여 지적공부에 등록한 번호를 말한다.
② '지번부여지역'이란 지번을 부여하는 단위지역으로서 동·리 또는 이에 준하는 지역을 말한다.

2. 지번부여의 기본원칙
① 지번은 지적소관청이 지번부여지역별로 차례대로 부여한다.
② 지번은 북서에서 남동으로 순차적으로 부여한다.

3. 토지이동에 따른 지번부여

(1) 신규등록 및 등록전환
① 원칙 : 지번부여지역 안에서 인접토지의 본번에 부번을 붙여서 지번을 부여한다(예 : 인접토지가 대방동 10번지일 경우, 신규등록된 토지의 지번은 대방동 10-1로 부여함).
② 예외 : 아래의 어느 하나에 해당할 경우 그 지번부여지역의 최종 본번의 다음 순번부터 본번으로 하여 순차적으로 지번을 부여할 수 있다.
　㉠ 대상토지가 그 지번부여지역의 최종 지번의 토지에 인접해 있는 경우
　㉡ 대상토지가 이미 등록된 토지와 멀리 떨어져 있어서 부번을 부여하는 것이 불합리한 경우
　㉢ 대상토지가 여러 필지로 되어 있는 경우

(2) 분할
① 분할 후의 필지 중 1필지의 지번은 분할 전 지번으로 하고, 나머지 필지의 지번은 본번의 최종 부번 다음 순번으로 부번을 부여한다(예 : 대방동 10-1번지가 2필지로 분할된 경우, 10-1과 10-2로 각각 부여함).
② 주거·사무실 등의 건축물이 있는 필지에 분할 전 지번을 우선적으로 부여해야 한다.

(3) 합병
① 원칙 : 합병 대상 지번 중 선순위의 지번으로 부여하되(예 : 대방동 10-1과 대방동 10-2가 합병된 경우, 10-1로 부여함), 합병 대상 지번 중 본번으로 된 지번이 있을 때에는 본번 중 선순위의 지번을 합병 후의 지번으로 부여한다(예 : 대방동 10-1, 대방동 10-2, 대방동 234가 합병된 경우, 234로 부여함).
② 예외 : 토지소유자가, 합병 전 필지 중 주거·사무실 등의 건축물이 있는 필지의 지번을 합병 후 지번으로 신청할 경우 그 지번으로 부여한다.

(4) 기타(지적확정측량 시행 등)

① 아래의 어느 하나에 해당하여 지번을 새로 부여하는 경우 본번으로 부여한다.
  ㉠ 지적확정측량 시행지역 또는 축척변경 시행지역 내의 필지에 지번을 부여하는 경우
  ㉡ 지번을 변경할 경우
  ㉢ 행정구역 개편으로 다른 지번부여지역에 속하게 된 경우

② 단, ㉠지적확정측량을 실시한 지역의 종전의 지번과 지적확정측량을 실시한 지역 밖에 있는 본번이 같은 지번이 있는 경우 그 지번과 ㉡지적확정측량을 실시한 지역의 경계에 걸쳐 있는 지번을 제외한다.

③ 부여할 수 있는 종전 지번의 수가 새로 부여할 지번의 수보다 적을 때에는 블록 단위로 하나의 본번을 부여한 후 필지별로 부번을 부여하거나, 그 지번부여지역의 최종 본번 다음 순번부터 본번으로 하여 차례로 지번을 부여할 수 있다.

④ 도시개발사업 등이 준공되기 전에 사업시행자가 지번부여 신청을 하는 경우에도 도시개발사업 등 신고 당시 첨부한 사업계획도에 따르되, 위 방법에 따라 지번을 부여해야 한다.

4. 지번의 변경

① 지적소관청은 지적공부에 등록된 지번을 변경할 필요가 있다고 인정하면 시·도지사나 대도시 시장의 승인을 받아 지번부여지역의 전부 또는 일부에 대해 지번을 새로 부여할 수 있다.

② 지적소관청은 지번을 변경하려면 지번변경 사유를 적은 승인신청서에 지번변경 대상지역의 지번·지목·면적·소유자에 대한 상세한 내용을 기재하여 시·도지사 또는 대도시 시장에게 제출해야 한다.

③ 이 경우 시·도지사 또는 대도시 시장은 「전자정부법」에 따른 행정정보의 공동이용을 통해 지번변경 대상지역의 지적도 및 임야도를 확인해야 한다.

④ 시·도지사 또는 대도시 시장은 지번변경 사유 등을 심사한 후 그 결과를 지적소관청에 통지해야 한다.

⑤ 지번변경에 따른 지번의 부여는 지적확정측량 시행지역 내의 필지에 대한 지번부여방법을 따른다.

5. 결번

① 결번이란 하나의 지번부여지역 내에서 종전에는 사용하다가 현재는 사용하지 않게 된 지번을 말한다.

② 지적소관청은 행정구역의 변경, 도시개발사업의 시행, 지번변경, 축척변경, 지번정정 등의 사유로 결번이 생긴 때에는 지체 없이 그 사유를 결번대장에 적어 영구히 보존해야 한다.

최신·기출·분석

제35회 기출문제 4번

01. 공간정보의 구축 및 관리 등에 관한 법령상 등록전환에 따른 지번부여 시 그 지번부여지역의 최종 본번의 다음 순번부터 본번으로 하여 순차적으로 지번을 부여할 수 있는 경우에 해당하는 것을 모두 고른 것은?

> ㄱ. 대상토지가 여러 필지로 되어 있는 경우
> ㄴ. 대상토지가 그 지번부여지역의 최종 지번의 토지에 인접하여 있는 경우
> ㄷ. 대상토지가 이미 등록된 토지와 멀리 떨어져 있어서 등록된 토지의 본번에 부번을 부여하는 것이 불합리한 경우

① ㄱ　　　　　② ㄱ, ㄴ　　　　　③ ㄱ, ㄷ
④ ㄴ, ㄷ　　　　⑤ ㄱ, ㄴ, ㄷ

∥ 해설 및 정답 ∥

> [신규등록 및 등록전환에 따른 지번부여방법]
> 1. 원칙 : 지번부여지역 안에서 인접토지의 본번에 부번을 붙여서 지번을 부여한다(예 : 인접토지가 대방동 10번지일 경우, 신규등록된 토지의 지번은 대방동 10-1로 부여함).
> 2. 예외 : 아래의 어느 하나에 해당할 경우 그 지번부여지역의 **최종 본번의 다음 순번부터 본번으로 하여 순차적으로** 지번을 부여할 수 있다.
>   ㉠ 대상토지가 그 지번부여지역의 최종 지번의 토지에 인접해 있는 경우
>   ㉡ 대상토지가 이미 등록된 토지와 멀리 떨어져 있어서 부번을 부여하는 것이 불합리한 경우
>   ㉢ 대상토지가 여러 필지로 되어 있는 경우

답 ⑤

Ⅲ. 지목

1. 정의
'지목'이란 토지의 주된 용도에 따라 토지의 토지의 종류를 구분하여 지적공부에 등록한 것을 말한다.

2. 지목의 설정방법
① 필지마다 하나의 지목을 설정해야 한다(1필 1목의 원칙).
② 1필지가 둘 이상의 용도로 활용되는 경우 주된 용도에 따라 지목을 설정해야 한다.
③ 토지가 일시적 또는 임시적인 용도로 사용될 때에는 지목을 변경하지 않는다.

3. 지목의 종류

(1) 전
물을 상시적으로 이용하지 않고 곡물·원예작물(과수류는 제외한다)·약초·뽕나무·닥나무·묘목·관상수 등의 식물을 주로 재배하는 토지와 식용으로 죽순을 재배하는 토지

(2) 답
물을 상시적으로 직접 이용하여 벼·연·미나리·왕골 등의 식물을 주로 재배하는 토지

(3) 과수원
사과·배·밤·호두·귤나무 등 과수류를 집단적으로 재배하는 토지와 이에 접속된 저장고 등 부속시설물의 부지. 다만, 주거용 건축물의 부지는 '대'로 한다.

(4) 목장용지
① 축산업 및 낙농업을 하기 위해 초지를 조성한 토지
② 「축산법」에 따라 가축을 사육하는 축사 등의 부지
③ 위의 토지와 접속된 부속시설물의 부지. 다만, 주거용 건축물의 부지는 '대'로 한다.

(5) 임야
산림 및 원야를 이루고 있는 수림지·죽림지·암석지·자갈땅·모래땅·습지·황무지 등의 토지

(6) 광천지
지하에서 온수·약수·석유류 등이 용출되는 용출구와 그 유지에 사용되는 부지.
> 주의 온수·약수·석유류 등을 일정한 장소로 운송하는 송수관·송유관 및 저장시설의 부지는 제외한다.

(7) 염전

바닷물을 끌어들여 소금을 채취하기 위해 조성된 토지와 이에 접속된 제염장 등 부속시설물의 부지

주의 천일제염 방식으로 하지 않고 동력으로 바닷물을 끌어들여 소금을 제조하는 공장시설물의 부지는 제외한다.

(8) 대

① 영구적 건축물 중 주거·사무실·점포와 박물관·극장·미술관 등 문화시설과 이에 접속된 정원 및 부속시설물의 부지
② 「국토의 계획 및 이용에 관한 법률」 등 관계 법령에 따른 택지조성공사가 준공된 토지

(9) 공장용지

① 제조업을 하고 있는 공장시설물의 부지
② 「산업집적활성화 및 공장설립에 관한 법률」 등 관계 법령에 따른 공장부지 조성공사가 준공된 토지
③ 위 토지와 같은 구역에 있는 의료시설 등 부속시설물의 부지

(10) 학교용지

학교의 교사와 이에 접속된 체육장 등 부속시설물의 부지

(11) 주차장

자동차 등의 주차에 필요한 독립적인 시설을 갖춘 부지와 주차전용 건축물 및 이에 접속된 부속시설물의 부지

주의 아래에 해당하는 시설의 부지는 제외한다.
① 「주차장법」에 따른 노상주차장 및 부설주차장(단, 시설물 부지 인근에 설치된 부설주차장은 '주차장'에 해당함)
② 자동차 등의 판매 목적으로 설치된 물류장 및 야외전시장

(12) 주유소용지

① 석유·석유제품, 액화석유가스, 전기 또는 수소 등의 판매를 위해 일정한 설비를 갖춘 시설물의 부지
② 저유소 및 원유저장소의 부지와 이에 접속된 부속시설물의 부지.
주의 자동차·선박·기차 등의 제작 또는 정비공장 안에 설치된 급유·송유시설 등의 부지는 제외한다.

(13) 창고용지

물건 등을 보관하거나 저장하기 위해 독립적으로 설치된 보관시설물의 부지와 이에 접속된 부속시설물의 부지

(14) 도로
① 일반 공중의 교통 운수를 위해 보행이나 차량운행에 필요한 일정한 설비 또는 형태를 갖추어 이용되는 토지
② 「도로법」 등 관계 법령에 따라 도로로 개설된 토지
③ 고속도로의 휴게소 부지
④ 2필지 이상에 진입하는 통로로 이용되는 토지
   주의 아파트·공장 등 단일 용도의 일정한 단지 안에 설치된 통로 등은 제외한다.

(15) 철도용지
교통 운수를 위해 일정한 궤도 등의 설비와 형태를 갖추어 이용되는 토지와 이에 접속된 역사·차고·발전시설 및 공작창 등 부속시설물의 부지

(16) 제방
조수·자연유수·모래·바람 등을 막기 위해 설치된 방조제·방수제·방사제·방파제 등의 부지

(17) 하천
자연의 유수가 있거나 있을 것으로 예상되는 토지

(18) 구거
용수 또는 배수를 위해 일정한 형태를 갖춘 인공적인 수로·둑 및 그 부속시설물의 부지와 자연의 유수가 있거나 있을 것으로 예상되는 소규모 수로부지

(19) 유지
물이 고이거나 상시적으로 물을 저장하고 있는 댐·저수지·소류지·호수·연못 등의 토지와 연·왕골 등이 자생하는 배수가 잘 되지 않는 토지

(20) 양어장
육상에 인공으로 조성된 수산생물의 번식 또는 양식을 위한 시설을 갖춘 부지와 이에 접속된 부속시설물의 부지

(21) 수도용지
물을 정수하여 공급하기 위한 취수·저수·도수·정수·송수 및 배수 시설의 부지 및 이에 접속된 부속시설물의 부지

(22) 공원
일반 공중의 보건·휴양 및 정서생활에 이용하기 위한 시설을 갖춘 토지로서 「국토의 계획 및 이용에 관한 법률」에 따라 공원 또는 녹지로 결정·고시된 토지

(23) 체육용지

국민의 건강증진 등을 위한 체육활동에 적합한 시설과 형태를 갖춘 종합운동장·실내체육관·야구장·골프장·스키장·승마장·경륜장 등 체육시설의 토지와 이에 접속된 부속시설물의 부지

> **주의** 체육시설로서의 영속성와 독립성이 미흡한 정구장·골프연습장·실내수영장 및 체육도장과 유수를 이용한 요트장 및 카누장 등의 토지는 제외한다.

(24) 유원지

일반 공중의 위락·휴양 등에 적합한 시설물을 종합적으로 갖춘 수영장·유선장·낚시터·어린이놀이터·동물원·식물원·민속촌·경마장·야영장 등의 토지와 이에 접속된 부속시설물의 부지

> **주의** 위 시설과의 거리 등으로 보아 독립적인 것으로 인정되는 숙식시설 및 유기장의 부지와 하천·구거 또는 유지(공유인 것으로 한정)로 분류되는 것은 제외한다.

(25) 종교용지

일반 공중의 종교의식을 위해 예배·법요·설교·제사 등을 하기 위한 교회·사찰·향교 등 건축물의 부지와 이에 접속된 부속시설물의 부지

(26) 사적지

국가유산으로 지정된 역사적인 유적·고적·기념물 등을 보존하기 위해 구획된 토지

> **주의** 학교용지·공원·종교용지 등 다른 지목으로 된 토지에 있는 유적·고적·기념물 등을 보호하기 위해 구획된 토지는 제외한다.

(27) 묘지

① 사람의 시체나 유골이 매장된 토지
②「도시공원 및 녹지 등에 관한 법률」에 따른 묘지공원으로 결정·고시된 토지 및「장사 등에 관한 법률」에 따른 봉안시설과 이에 접속된 부속시설물의 부지. 다만, 묘지의 관리를 위한 건축물의 부지는 '대'로 한다.

(28) 잡종지

① 갈대밭, 실외에 물건을 쌓아두는 곳, 돌을 캐내는 곳, 흙을 파내는 곳, 야외시장 및 공동우물. 다만, 원상회복을 조건으로 돌을 캐내는 곳 또는 흙을 파내는 곳으로 허가된 토지는 제외한다.
② 변전소, 송신소, 수신소 및 송유시설 등의 부지
③ 여객자동차터미널, 자동차운전학원 및 폐차장 등 자동차와 관련된 독립적인 시설물을 갖춘 부지
④ 공항시설 및 항만시설 부지
⑤ 도축장, 쓰레기처리장 및 오물처리장 등의 부지
⑥ 그 밖에 다른 지목에 속하지 않는 토지

4. 지목의 표기방법

(1) 대장상 표기방법
부호를 사용하지 않고 정식명칭으로 표기한다.

(2) 지적도면상 표기방법
다음의 부호로 표기한다.

지목	부호	지목	부호
전	전	철도용지	철
답	답	제방	제
과수원	과	**하천**	**천**
목장용지	목	구거	구
임야	임	유지	유
광천지	광	양어장	양
염전	염	수도용지	수
대	대	공원	공
공장용지	**장**	체육용지	체
학교용지	학	**유원지**	**원**
주차장	**차**	종교용지	종
주유소용지	주	사적지	사
창고용지	창	묘지	묘
도로	도	잡종지	잡

※ 다음 지목끼리 비교하며 암기할 것!
  ① 공장용지(장) ↔ '공'은 공원
  ② 주차장(차) ↔ '주'는 주유소용지
  ③ 하천(천) ↔ '하'는 존재하지 않음
  ④ 유원지(원) ↔ '유'는 유지

최신·기출·분석

제35회 기출문제 2번

01. 공간정보의 구축 및 관리 등에 관한 법령상 지목의 구분 및 설정방법 등에 관한 설명으로 <u>틀린</u> 것은?

① 필지마다 하나의 지목을 설정하여야 한다.
② 1필지가 둘 이상의 용도로 활용되는 경우에는 주된 용도에 따라 지목을 변경하여야 한다.
③ 토지가 일시적 또는 임시적인 용도로 사용될 때에는 그 용도에 따라 지목을 변경하여야 한다.
④ 물을 상시적으로 이용하지 않고 닥나무·묘목·관상수 등의 식물을 주로 재배하는 토지의 지목은 "전"으로 한다.
⑤ 물을 상시적으로 직접 이용하여 벼·연(蓮)·미나리·왕골 등의 식물을 주로 재배하는 토지의 지목은 "답"으로 한다.

‖ 해설 및 정답 ‖

[지목의 설정방법]
1. 필지마다 하나의 지목을 설정해야 한다(1필 1목의 원칙).
2. 1필지가 둘 이상의 용도로 활용되는 경우 주된 용도에 따라 지목을 설정해야 한다.
3. **토지가 일시적 또는 임시적인 용도로 사용될 때에는 지목을 변경하지 않는다.**

답 ③

Unit 2. 토지의 표시

최신·기출·분석

제35회 기출문제 8번

02. 공간정보의 구축 및 관리 등에 관한 법령상 지목을 '잡종지'로 정할 수 있는 기준에 대한 내용으로 틀린 것은? (단, 원상회복을 조건으로 돌을 캐내는 곳 또는 흙을 파내는 곳으로 허가된 토지는 제외함)

① 공항시설 및 항만시설 부지
② 변전소, 송신소, 수신소 및 송유시설 등의 부지
③ 도축장, 쓰레기처리장 및 오물처리장 등의 부지
④ 모래·바람 등을 막기 위하여 설치된 방사제·방파제 등의 부지
⑤ 갈대밭, 실외에 물건을 쌓아두는 곳, 돌을 캐내는 곳, 흙을 파내는 곳, 야외시장 및 공동우물

‖ 해설 및 정답 ‖

[지목 '잡종지']
④는 '제방'에 대한 설명이고, '잡종지'는 ①②③⑤ 외에 아래의 토지도 포함한다.
㉠ 여객자동차터미널, 자동차운전학원 및 폐차장 등 자동차와 관련된 독립적인 시설물을 갖춘 부지
㉡ 그 밖에 다른 지목에 속하지 않는 토지

답 ④

최신·기출·분석

> 제34회 기출문제 3번

03. 공간정보의 구축 및 관리 등에 관한 법령상 지목의 구분으로 옳은 것은?

① 온수·약수·석유류 등을 일정한 장소로 운송하는 송수관·송유관 및 저장시설의 부지는 "광천지"로 한다.
② 일반 공중의 종교의식을 위하여 예배·법요·설교·제사 등을 하기 위한 교회·사찰·향교 등 건축물의 부지와 이에 접속된 부속시설물의 부지는 "사적지"로 한다.
③ 자연의 유수(流水)가 있거나 있을 것으로 예상되는 토지는 "구거"로 한다.
④ 제조업을 하고 있는 공장시설물의 부지와 같은 구역에 있는 의료시설 등 부속시설물의 부지는 "공장용지"로 한다.
⑤ 일반 공중의 보건·휴양 및 정서생활에 이용하기 위한 시설을 갖춘 토지로서 「국토의 계획 및 이용에 관한 법률」에 따라 공원 또는 녹지로 결정·고시된 토지는 "체육용지"로 한다.

∥해설 및 정답∥

① 〈광천지〉 지하에서 온수·약수·석유류 등이 용출되는 용출구와 그 유지에 사용되는 부지. 단, 온수·약수·석유류 등을 일정한 장소로 운송하는 **송수관·송유관 및 저장시설의 부지는 제외**한다.
② 〈종교용지〉에 대한 설명이다. 〈사적지〉는, 국가유산으로 지정된 역사적인 유적·고적·기념물 등을 보존하기 위해 구획된 토지를 말하며, 학교용지·공원·종교용지 등 다른 지목으로 된 토지에 있는 유적·고적·기념물 등을 보호하기 위해 구획된 토지는 제외한다.
③ 〈하천〉에 대한 설명이다. 〈구거〉는, 용수 또는 배수를 위해 일정한 형태를 갖춘 인공적인 수로·둑 및 그 부속시설물의 부지와 자연의 유수가 있거나 있을 것으로 예상되는 소규모 수로부지를 말한다.
④ 〈공장용지〉에는 아래 각 호의 토지가 포함된다.
  1. 제조업을 하고 있는 공장시설물의 부지
  2. 「산업집적활성화 및 공장설립에 관한 법률」 등 관계 법령에 따른 공장부지 조성공사가 준공된 토지
  3. **위 토지와 같은 구역에 있는 의료시설 등 부속시설물의 부지**
⑤ 〈공원〉에 대한 설명이다. 〈체육용지〉는, 국민의 건강증진 등을 위한 체육활동에 적합한 시설과 형태를 갖춘 종합운동장·실내체육관·야구장·골프장·스키장·승마장·경륜장 등 체육시설의 토지와 이에 접속된 부속시설물의 부지를 말하며, 체육시설로서의 영속성과 독립성이 미흡한 정구장·골프연습장·실내수영장 및 체육도장과 유수를 이용한 요트장 및 카누장 등의 토지는 제외한다.

답 ④

최신·기출·분석

제33회 기출문제 4번

04. 공간정보의 구축 및 관리 등에 관한 법령상 지목의 구분에 관한 설명으로 옳은 것은?

① 온수·약수·석유류 등을 일정한 장소로 운송하는 송수관·송유관 및 저장시설의 부지는 "광천지"로 한다.
② 사과·배·밤·호두·귤나무 등 과수류를 집단적으로 재배하는 토지와 이에 접속된 주거용 건축물의 부지는 "과수원"으로 한다.
③ 종교용지에 있는 유적·고적·기념물 등을 보호하기 위하여 구획된 토지는 "사적지"로 한다.
④ 물을 정수하여 공급하기 위한 취수·저수·도수(導水)·정수·송수 및 배수 시설의 부지 및 이에 접속된 부속시설물의 부지는 "수도용지"로 한다.
⑤ 교통 운수를 위하여 일정한 궤도 등의 설비와 형태를 갖추어 이용되는 토지와 이에 접속된 차고·발전시설 등 부속시설물의 부지는 "도로"로 한다.

‖해설 및 정답‖

① 〈광천지〉 지하에서 온수·약수·석유류 등이 용출되는 용출구와 그 유지에 사용되는 부지. 단, 온수·약수·석유류 등을 일정한 장소로 운송하는 **송수관·송유관 및 저장시설의 부지는 제외**한다.
② 〈과수원〉 사과·배·밤·호두·귤나무 등 과수류를 집단적으로 재배하는 토지와 이에 접속된 저장고 등 부속시설물의 부지. **다만, 주거용 건축물의 부지는 '대'로 한다.**
③ 〈사적지〉 국가유산으로 지정된 역사적인 유적·고적·기념물 등을 보존하기 위해 구획된 토지를 말한다. 단, 학교용지·공원·종교용지 등 **다른 지목으로 된 토지에 있는 유적·고적·기념물 등을 보호하기 위해 구획된 토지는 제외**한다. 따라서 종교용지에 있는 유적·고적·기념물 등을 보호하기 위하여 구획된 토지는 '종교용지'이다.
⑤ 〈철도용지〉에 대한 설명이다. 〈도로〉는, 아래 각 호의 어느 하나에 해당하는 토지를 말한다.
  1. 일반 공중의 교통 운수를 위해 보행이나 차량운행에 필요한 일정한 설비 또는 형태를 갖추어 이용되는 토지
  2. 「도로법」 등 관계 법령에 따라 도로로 개설된 토지
  3. 고속도로의 휴게소 부지
  4. 2필지 이상에 진입하는 통로로 이용되는 토지(단, 아파트·공장 등 단일 용도의 일정한 단지 안에 설치된 통로 등은 제외한다)

답 ④

Ⅳ. 면적

1. 정의
'면적'이란 지적공부에 등록한 필지의 수평면상 넓이를 말한다.

2. 면적의 단위
면적의 단위는 제곱미터(m^2)로 한다.

3. 면적의 결정방법

(1) 원칙 : 제곱미터 단위로 표시(000m^2)

① 토지의 면적에 1m^2 미만의 끝수가 있는 경우 아래와 같이 처리한다.

구 분		처 리	예 시
0.5m^2 미만		버림	실측면적 100.3m^2 → 100m^2로 결정
0.5m^2	앞자리 수가 0 또는 **짝수**	**버림**	실측면적 100.5m^2 → 100m^2로 결정
	앞자리 수가 **홀수**	**올림**	실측면적 99.5m^2 → 100m^2로 결정
0.5m^2 초과		올림	실측면적 99.7m^2 → 100m^2로 결정

② 1필지의 면적이 1m^2 미만일 때에는 1m^2로 한다.

(2) 예외 : 제곱미터 이하 한 자리 단위로 표시(000.0m^2)

① 지적도의 축척이 600분의 1인 지역과 경계점좌표등록부에 등록하는 지역 내의 토지의 면적에 0.1m^2 미만의 끝수가 있는 경우 아래와 같이 처리한다.

구 분		처 리	예 시
0.05m^2 미만		버림	실측면적 10.23m^2 → 10.2m^2로 결정
0.05m^2	앞자리 수가 0 또는 **짝수**	**버림**	실측면적 10.25m^2 → 10.2m^2로 결정
	앞자리 수가 **홀수**	**올림**	실측면적 10.15m^2 → 10.2m^2로 결정
0.05m^2 초과		올림	실측면적 10.17m^2 → 10.2m^2로 결정

② 1필지의 면적이 0.1m^2 미만일 때에는 0.1m^2로 한다.

최신·기출·분석

제34회 기출문제 4번

01. 공간정보의 구축 및 관리 등에 관한 법령상 지적도의 축척이 600분의 1인 지역에서 신규등록할 1필지의 면적을 측정한 값이 145.450㎡인 경우 토지대장에 등록하는 면적의 결정으로 옳은 것은?

① 145㎡
② 145.4㎡
③ 145.45㎡
④ 145.5㎡
⑤ 146㎡

‖ 해설 및 정답 ‖

[축척이 1/600인 지역과 경계점좌표등록부에 등록하는 지역 내의 토지의 면적의 결정방법]
0.1㎡ 미만의 끝수가 있는 경우 아래와 같이 처리한다.

구 분		처 리	예 시
0.05㎡ 미만		버림	실측면적 10.23㎡ → 10.2㎡로 결정
0.05㎡	앞자리 수가 0 또는 짝수	버림	실측면적 10.25㎡ → 10.2㎡로 결정
	앞자리 수가 홀수	올림	실측면적 10.15㎡ → 10.2㎡로 결정
0.05㎡ 초과		올림	실측면적 10.17㎡ → 10.2㎡로 결정

답 ②

V. 경계

1. 정의

① '경계'란 필지별로 경계점들을 직선으로 연결하여 지적공부에 등록한 선을 말한다.
② '경계점'이란 필지를 구획하는 선의 굴곡점으로서 지적도나 임야도에 도해 형태로 등록하거나 경계점좌표등록부에 좌표 형태로 등록하는 점을 말한다.

2. 경계의 결정기준

(1) 원칙

토지의 지상경계는 둑, 담장이나 그 밖에 구획의 목표가 될 만한 구조물 및 경계점표지 등으로 구분한다.

(2) 구조물에 의한 경계의 결정

① 연접되는 토지 간에 높낮이 차이가 없는 경우 : 그 구조물 등의 중앙
② 연접되는 토지 간에 높낮이 차이가 있는 경우 : 그 구조물 등의 하단부
③ 도로·구거 등의 토지에 절토(땅깎기)된 부분이 있는 경우 : 그 경사면의 상단부
④ 토지가 해면 또는 수면에 접하는 경우 : 최대만조위 또는 최대만수위가 되는 선
⑤ 공유수면매립지의 토지 중 제방 등을 토지에 편입하여 등록하는 경우 : 바깥쪽 어깨 부분
⑥ 지상경계의 구획을 형성하는 구조물 등의 소유자가 다른 경우 : 소유권에 따라 결정

▶ 지상경계 결정기준

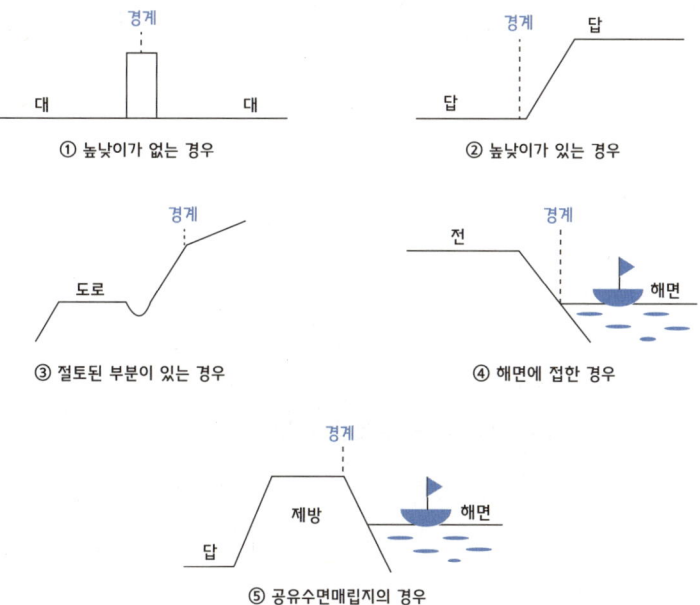

① 높낮이가 없는 경우
② 높낮이가 있는 경우
③ 절토된 부분이 있는 경우
④ 해면에 접한 경우
⑤ 공유수면매립지의 경우

(3) 경계점표지에 의한 경계의 결정(분할에 따른 경계)

아래의 어느 하나에 해당하여 토지를 분할하는 경우 지상경계점에 경계점표지를 설치하여 측량할 수 있다.

① 도시개발사업 등의 사업시행자가 사업지구의 경계를 결정하기 위해 토지를 분할하려는 경우
② 공공사업 등에 따라 학교용지·도로·철도용지·제방·하천·구거·유지·수도용지 등의 지목으로 되는 토지를 사업시행자가 취득하기 위해 또는 국가나 지방자치단체가 토지를 취득하기 위해 분할하려는 경우
③ 「국토의 계획 및 이용에 관한 법률」에 따른 도시·군관리계획 결정고시와 지형도면 고시가 된 지역의 도시·군관리계획선에 따라 토지를 분할하려는 경우
④ 소유권이전·매매 등을 위해 필요하거나 토지이용상 불합리한 지상경계를 시정하기 위해 토지를 분할하려는 경우
⑤ 관계법령에 따라 인·허가 등을 받아 토지를 분할하려는 경우
⑥ 분할에 따른 지상 경계는 지상건축물을 걸리게 결정해서는 아니 된다. 다만, 법원의 확정판결이 있거나 위 ①②③④의 어느 하나에 해당하는 경우에는 그러하지 않다(지상건축물이 걸리게 경계를 결정할 수 있다).

(4) 지적확정측량에 의한 경계의 결정(도시개발사업 등)

지적확정측량의 경계는 공사가 완료된 현황대로 결정하되, 공사가 완료된 현황이 사업계획도와 다를 때에는 미리 사업시행자에게 그 사실을 통지해야 한다.

3. 지상경계점등록부

지적소관청은 토지의 이동에 따라 지상경계를 새로 정한 경우에는 아래의 사항을 등록한 지상경계점등록부를 작성·관리해야 한다.

① 토지의 소재
② 지번
③ 경계점 좌표(경계점좌표등록부 시행지역에 한정한다)
④ 경계점 위치 설명도
⑤ 공부상 지목과 실제 토지이용 지목
⑥ 경계점의 사진 파일
⑦ 경계점표지의 종류 및 경계점 위치
　주의 지적공부의 일종인 '경계점좌표등록부'와 헷갈리지 말 것

최신·기출·분석

> 제35회 기출문제 3번

01. 공간정보의 구축 및 관리 등에 관한 법령상 지상경계 및 지상경계점등록부 등에 관한 설명으로 틀린 것은?

① 지적공부에 등록된 경계점을 지상에 복원하는 경우에는 지상경계점등록부를 작성·관리하여야 한다.
② 토지의 지상경계는 둑, 담장이나 그 밖에 구획의 목표가 될 만한 구조물 및 경계점표지 등으로 구분한다.
③ 지상경계의 구획을 형성하는 구조물 등의 소유자가 다른 경우에는 그 소유권에 따라 지상경계를 결정한다.
④ 경계점 좌표는 경계점좌표등록부 시행지역의 지상경계점등록부의 등록사항이다.
⑤ 토지의 소재, 지번, 공부상 지목과 실제 토지이용 지목, 경계점의 사진 파일은 지상경계점등록부의 등록사항이다.

> 제34회 기출문제 12번

02. 공간정보의 구축 및 관리 등에 관한 법령상 지상경계점등록부의 등록사항으로 틀린 것은?

① 지적도면의 번호
② 토지의 소재
③ 공부상 지목과 실제 토지이용 지목
④ 경계점의 사진 파일
⑤ 경계점표지의 종류 및 경계점 위치

최신·기출·분석

∥해설 및 정답∥

[지상경계점등록부의 작성 등]

지적소관청은 토지의 이동에 따라 **지상경계를 새로 정한 경우**에는 아래의 사항을 등록한 지상경계점등록부를 작성·관리해야 한다.
① 토지의 소재
② 지번
③ 경계점 좌표(경계점좌표등록부 시행지역에 한정한다)
④ 경계점 위치 설명도
⑤ 공부상 지목과 실제 토지이용 지목
⑥ 경계점의 사진 파일
⑦ 경계점표지의 종류 및 경계점 위치

주의 지적공부의 일종인 '경계점좌표등록부'와 헷갈리지 말 것

답 01 ① 02 ①

Unit 3 지적공부

2025 위패스 공인중개사 합격셀렉트

> **Check Point**
> '지적공부'란 토지대장, 임야대장, 공유지연명부, 대지권등록부, 지적도, 임야도 및 경계점좌표등록부 등 지적측량 등을 지적측량 등을 통해 조사된 토지의 표시와 해당 토지의 소유자 등을 기록한 대장 및 도면(정보처리시스템을 통해 기록·저장된 것을 포함한다)을 말한다.

Ⅰ. 지적공부의 보존과 관리

1. 지적서고에의 보존

(1) 지적서고의 설치
① 지적소관청은 해당 청사에 지적서고를 설치하고 그 곳에 지적공부를 영구히 보존해야 한다.
② 지적서고는 지적사무를 처리하는 사무실과 연접하여 설치해야 한다.

(2) 지적서고의 구조
① 골조는 철근콘크리트 이상의 강질로 할 것
② 지적서고의 면적은 아래와 같이 지적공부 등록 필지 수에 따른 기준면적으로 할 것

지적공부 등록 필지 수	지적서고의 기준면적
10만필지 이하	80제곱미터
10만필지 초과 20만필지 이하	110제곱미터
20만필지 초과 30만필지 이하	130제곱미터
30만필지 초과 40만필지 이하	150제곱미터
40만필지 초과 50만필지 이하	165제곱미터
50만필지 초과	180제곱미터에 60만필지를 초과하는 10만필지마다 10제곱미터를 가산한 면적

③ 바닥과 벽은 2중으로 하고 영구적인 방수설비를 할 것
④ 창문과 출입문은 2중으로 하되, 바깥쪽 문은 반드시 철제로 하고 안쪽 문은 곤충·쥐 등의 침입을 막을 수 있도록 철망 등을 설치할 것
⑤ 온도 및 습도 자동조절장치를 설치하고, 연중 평균온도는 섭씨 20±5도를, 연중평균습도는 65±5퍼센트를 유지할 것
⑥ 전기시설을 설치하는 때에는 단독퓨즈를 설치하고 소화장비를 갖춰 둘 것
⑦ 열과 습도의 영향을 받지 않도록 내부공간을 넓게 하고 천장을 높게 설치할 것

(3) 지적서고의 관리

① 지적서고는 제한구역으로 지정하고, 출입자를 지적사무담당공무원으로 한정할 것
② 지적서고에는 인화물질의 반입을 금지하며, 지적공부, 지적 관계 서류 및 지적측량장비만 보관할 것
③ 지적공부 보관상자는 벽으로부터 15센티미터 이상 띄워야 하며, 높이 10센티미터 이상의 깔판 위에 올려놓아야 한다.

(4) 지적공부의 보관방법

① 부책으로 된 토지대장·임야대장 및 공유지연명부는 지적공부 보관상자에 넣어 보관하고, 카드로 된 토지대장·임야대장·공유지연명부·대지권등록부 및 경계점좌표등록부는 100장 단위로 바인더에 넣어 보관해야 한다.
② 일람도·지번색인표 및 지적도면은 지번부여지역별로 도면번호순으로 보관하되, 각 장별로 보호대에 넣어야 한다.

(5) 지적공부의 반출

① 지적공부는 아래의 어느 하나에 해당하는 경우 외에는 지적소관청사 밖으로 반출할 수 없다.
  ㉠ 천재지변이나 그 밖에 이에 준하는 재난을 피하기 위해 필요한 경우
  ㉡ 관할 시·도지사 또는 대도시 시장의 승인을 받은 경우
② 지적소관청이 지적공부를 청사 밖으로 반출하려는 경우에는 시·도지사 또는 대도시 시장에게 지적공부 반출사유를 적은 승인신청서를 제출해야 한다.
③ 위 신청을 받은 시·도지사 또는 대도시 시장은 지적공부 반출사유 등을 심사한 후 그 승인 여부를 지적소관청에 통지해야 한다.

2. 정보처리시스템을 통한 보존

① 지적공부를 정보처리시스템을 통해 기록·저장한 경우 관할 시·도지사, 시장·군수 또는 구청장은 그 지적공부를 지적정보관리체계에 영구히 보존해야 한다.
② 국토교통부장관은 위 ①에 따라 보존해야 하는 지적공부가 멸실되거나 훼손될 경우를 대비하여 지적공부를 복제하여 관리하는 정보관리체계를 구축해야 한다.
③ 지적공부를 정보처리시스템을 통해 기록·보존하는 때에는 그 지적공부를 「공공기관의 기록물 관리에 관한 법률」에 따라 기록물관리기관에 이관할 수 있다.

3. 지적정보 전담 관리기구

① 국토교통부장관은 지적공부의 효율적인 관리 및 활용을 위해 지적정보 전담 관리기구를 설치·운영한다.

② 국토교통부장관은 지적공부를 과세나 부동산정책자료 등으로 활용하기 위해 주민등록전산자료, 가족관계등록전산자료, 부동산등기전산자료 또는 공시지가전산자료 등을 관리하는 기관에 그 자료를 요청할 수 있으며 요청을 받은 관리기관의 장은 특별한 사정이 없으면 그 요청을 따라야 한다.

③ 위 지적정보 전담 관리기구는 '국가공간정보센터'로 하며, 그 설치·운영에 관한 사항은 대통령령인 「국가공간정보센터 운영규정」으로 정한다.

Ⅱ. 지적공부의 종류

1. 토지대장 및 임야대장

(1) 등록사항

① 토지의 소재

② 지번

③ 지목

④ 면적

⑤ 소유자의 성명 또는 명칭, 주소 및 주민등록번호(국가, 지방자치단체, 법인, 법인 아닌 사단이나 재단 및 외국인의 경우에는 부동산등기용 등록번호)

⑥ 토지의 고유번호

⑦ 지적도 또는 임야도의 번호와 필지별 토지대장 또는 임야대장의 장번호 및 축척

⑧ 토지의 이동사유

⑨ 토지소유자가 변경된 날과 그 원인

⑩ 토지등급 또는 기준수확량등급과 그 설정·수정 연월일

⑪ 개별공시지가와 그 기준일

⑫ 용도지역 등

(2) 서식

■ 공간정보의 구축 및 관리 등에 관한 법률 시행규칙 [별지 제63호서식] < 개정 2017. 1. 31. >

고유번호					도면번호		발급번호	
토지소재				토 지 대 장	장 번 호		처리시각	
지 번		축 척			비 고		발 급 자	
토 지 표 시					소 유 자			
지목	면 적(㎡)	사		유	변 동 일 자	주		소
					변 동 원 인	성명 또는 명칭		등 록 번 호
					년 월 일			
					년 월 일			
등 급 수 정 연 월 일								
토 지 등 급 (기준수확량등급)		( ) ( ) ( ) ( ) ( ) ( ) ( ) ( ) ( ) ( ) ( ) ( )						
개별공시지가 기준일							용도지역 등	
개별공시지가(원/㎡)								

270㎜×190㎜ [백상지 (150g/㎡)]

2. 공유지연명부

(1) 작성하는 경우
1필지의 소유자가 둘 이상이면 토지(임야)대장과 별도로 공유지연명부를 작성한다.

(2) 등록사항
① 토지의 소재
② 지번
③ 소유권 지분
④ 소유자의 성명 또는 명칭, 주소 및 주민등록번호(국가, 지방자치단체, 법인, 법인 아닌 사단이나 재단 및 외국인의 경우에는 부동산등기용 등록번호)
⑤ 토지의 고유번호
⑥ 필지별 공유지연명부의 장번호
⑦ 토지소유자가 변경된 날과 그 원인

(3) 서식

■ 공간정보의 구축 및 관리 등에 관한 법률 시행규칙 [별지 제65호서식] <개정 2017. 1. 31.>

고유번호			공 유 지 연 명 부		장 번 호	
토지 소재			지 번		비 고	
순번	변동일자	소유권 지분	소 유 자			
	변동원인		주 소		등록번호 성명 또는 명칭	
	년 월 일					
	년 월 일					
	년 월 일					
	년 월 일					
	년 월 일					
	년 월 일					
	년 월 일					

270㎜×190㎜ [백상지 (150g/㎡)]

3. 대지권등록부

(1) 작성하는 경우

「부동산등기법」에 따라 대지권 등기가 되어 있는 경우 토지(임야)대장과 별도로 대지권등록부를 작성한다.

(2) 등록사항

① 토지의 소재
② 지번
③ 대지권 비율
④ 소유자의 성명 또는 명칭, 주소 및 주민등록번호
⑤ 토지의 고유번호
⑥ 전유부분의 건물표시
⑦ 건물의 명칭
⑧ 집합건물별 대지권등록부의 장번호
⑨ 토지소유자가 변경된 날과 그 원인
⑩ 소유권 지분

(3) 서식

■ 공간정보의 구축 및 관리 등에 관한 법률 시행규칙 [별지 제66호서식] < 개정 2017. 1. 31. >

고유번호			대지권등록부			전유부분 건물표시		장번호	
토지소재		지번		대지권 비율		건물명칭			
지 번									
대지권 비율									
변동일자	소유권 지분		소 유 자						
변동원인			주 소			등 록 번 호			
						성명 또는 명칭			
년 월 일									
년 월 일									
년 월 일									
년 월 일									

270mm×190mm [백상지 (150g/㎡)]

4. 지적도 및 임야도

(1) 등록사항

① 토지의 소재

② 지번

③ 지목

④ 경계

⑤ 지적도면의 색인도

⑥ 지적도면의 제명 및 축척

⑦ 도곽선과 그 수치

⑧ 좌표에 의해 계산된 경계점 간의 거리(경계점좌표등록부를 갖춰 두는 지역에 한정)

⑨ 삼각점 및 지적기준점의 위치

⑩ 건축물 및 구조물 등의 위치

(2) 기타 유의사항

① 경계점좌표등록부를 갖춰 두는 지역의 지적도에는 해당 도면의 제명 끝에 '(좌표)'라고 표시하고, 도곽선의 오른쪽 끝에 '이 도면에 의하여 측량을 할 수 없음'이라고 적어야 한다.

② 지적도면에는 지적소관청의 직인을 날인해야 한다. 다만, 정보처리시스템을 이용하여 관리하는 지적도면의 경우에는 그러하지 않다.

③ 지적소관청은 지적도면의 관리에 필요한 경우에는 지번부여지역마다 일람도와 지번색인표를 작성하여 갖춰 둘 수 있다.

④ 지적도면의 축척은 아래의 구분에 따른다.

　㉠ 지적도 : 1/500, 1/600, 1/1000, 1/1200, 1/2400, 1/3000, 1/6000

　㉡ 임야도 : 1/3000, 1/6000

(3) 서식

지적도 등본

문서확인번호 : 1705-6471-7679-0281

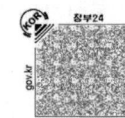

발급번호	202452111005809031	처리시각	15시 52분 54초	발급자	정부24
토지소재	전북특별자치도 전주시 완산구 효자동1가	지 번	410-1번지	축 척	등록:1/1200 출력:1/1200

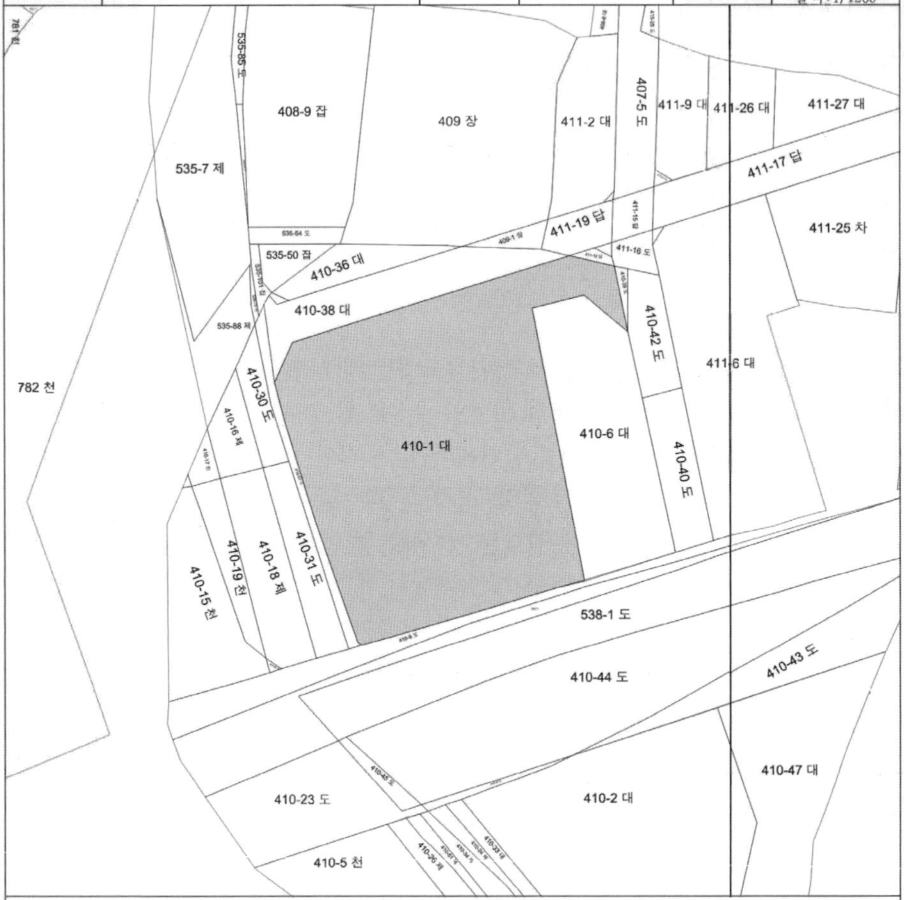

지적도등본에 의하여 작성한 등본입니다.
이 도면등본으로는 지적측량에 사용할 수 없습니다.

2024년 01월 19일

전북특별자치도 전주시 완산구청장

◆ 본 증명서는 인터넷으로 발급되었으며, 정부24(gov.kr)의 인터넷발급문서진위확인 메뉴를 통해 위·변조 여부를 확인할 수 있습니다.(발급일로부터 90일까지) 또한 문서 하단의 바코드로도 진위확인(정부24 앱 또는 스캐너용 문서확인 프로그램)을 하실 수 있습니다.

5. 경계점좌표등록부

(1) 작성하는 경우
① 도시개발사업 등에 따라 새로이 지적공부에 등록하는 토지에 대하여 경계점좌표등록부를 작성한다.
② 경계점좌표등록부를 갖춰 두는 토지는 지적확정측량 또는 축척변경을 위한 측량을 실시하여 경계점을 좌표로 등록한 지역의 토지로 한다.

(2) 등록사항
① 토지의 소재
② 지번
③ 좌표
④ 토지의 고유번호
⑤ 지적도면의 번호
⑥ 필지별 경계점좌표등록부의 장번호
⑦ 부호 및 부호도

(3) 서식

■ 공간정보의 구축 및 관리 등에 관한 법률 시행규칙 [별지 제69호서식] < 개정 2017. 1. 31. >

270mm×190mm [백상지 (150g/㎡)]

최신·기출·분석

제35회 기출문제 9번

01. 공간정보의 구축 및 관리 등에 관한 법령상 지적도와 임야도의 축척 중에서 공통된 것으로 옳은 것은?

① 1/1200, 1/2400
② 1/1200, 1/3000
③ 1/2400, 1/3000
④ 1/2400, 1/6000
⑤ 1/3000, 1/6000

‖ 해설 및 정답 ‖

[지적도면의 축척]
지적도면의 축척은 아래의 구분에 따른다.
㉠ 지적도 : 1/500, 1/600, 1/1000, 1/1200, 1/2400, 1/3000, 1/6000
㉡ 임야도 : 1/3000, 1/6000

답 ⑤

최신·기출·분석

제33회 기출문제 1번

02. 공간정보의 구축 및 관리 등에 관한 법령상 대지권등록부의 등록사항만으로 나열된 것이 <u>아닌</u> 것은?

① 지번, 지목
② 토지의 소재, 토지의 고유번호
③ 대지권 비율, 전유부분(專有部分)의 건물표시
④ 소유권 지분, 토지소유자가 변경된 날과 그 원인
⑤ 건물의 명칭, 집합건물별 대지권등록부의 장번호

제34회 기출문제 5번

03. 공간정보의 구축 및 관리 등에 관한 법령상 대지권등록부와 경계점좌표등록부의 공통 등록사항을 모두 고른 것은?

ㄱ. 지번	ㄴ. 소유자의 성명 또는 명칭
ㄷ. 토지의 소재	ㄹ. 토지의 고유번호
ㅁ. 지적도면의 번호	

① ㄱ, ㄷ, ㄹ
② ㄷ, ㄹ, ㅁ
③ ㄱ, ㄴ, ㄷ, ㄹ
④ ㄱ, ㄴ, ㄷ, ㅁ
⑤ ㄱ, ㄴ, ㄹ, ㅁ

제35회 기출문제 10번

04. 공간정보의 구축 및 관리 등에 관한 법령상 지적공부와 등록사항의 연결이 옳은 것은?

① 토지대장 – 지목, 면적, 경계
② 경계점좌표등록부 – 지번, 토지의 고유번호, 지적도면의 번호
③ 공유지연명부 – 지번, 지목, 소유권 지분
④ 대지권등록부 – 좌표, 건물의 명칭, 대지권 비율
⑤ 지적도 – 삼각점 및 지적기준점의 위치, 도곽선(圖廓線)과 그 수치, 부호 및 부호도

최신·기출·분석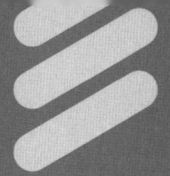

‖ 해설 및 정답 ‖

[지적공부의 등록사항]

토지 및 임야대장	공유지연명부	대지권등록부	지적도 및 임야도	경계점좌표등록부
①토지의 소재, 지번 ②토지의 고유 번호 ③필지별 장번호 ④소유자의 성명·주소·주민등록번호 (부동산등기용등록번호) ⑤토지소유자가 변경된 날과 그 원인 ⑥**지목**	①토지의 소재, 지번 ②토지의 고유 번호 ③필지별 장번호 ④소유자의 성명·주소·주민등록번호 (부동산등기용등록번호) ⑤토지소유자가 변경된 날과 그 원인 ⑥소유권 지분	①토지의 소재, 지번 ②토지의 고유 번호 ③집합건물별 장번호 ④소유자의 성명·주소·주민등록번호 (부동산등기용등록번호) ⑤토지소유자가 변경된 날과 그 원인 ⑥소유권 지분	①토지의 소재, 지번 ②**지목**	①토지의 소재, 지번 ②토지의 고유 번호 ③필지별 장번호
⑦면적 ⑧지적도 또는 임야도의 번호와 축척 ⑨토지의 이동 사유 ⑩토지등급 또는 기준수확량등급과 그 설정·수정 연월일 ⑪개별공시지가와 그 기준일 ⑫용도지역 등		⑦대지권 비율 ⑧전유부분의 건물표시 ⑨건물의 명칭	③**경계** ④지적도면의 색인도 ⑤지적도면의 제명 및 축척 ⑥도곽선과 그 수치 ⑦좌표에 의해 계산된 경계점 간의 거리 (경계점좌표등록부를 갖춰 두는 지역에 한정) ⑧삼각점·지적기준점의 위치 ⑨건축물·구조물 등의 위치	④**좌표** ⑤지적도면의 번호 ⑥**부호 및 부호도**

답 02 ① 03 ① 04 ②

Ⅲ. 지적공부의 복구

1. 의의
지적공부의 전부 또는 일부가 멸실되거나 훼손된 경우, 멸실·훼손 당시의 지적공부와 가장 부합된다고 인정되는 복구자료에 따라 이를 복구하는 것을 말한다.

2. 복구의무자
① 원칙 : 지적소관청
② 예외 (정보처리시스템을 통해 기록·저장한 지적공부) : 시·도지사, 시장·군수 또는 구청장

3. 복구자료

(1) 토지의 표시에 관한 사항
① 지적공부의 등본
② 측량 결과도
③ 토지이동정리 결의서
④ 토지(건물)등기사항증명서 등 등기사실을 증명하는 서류
⑤ 지적소관청이 작성하거나 발행한 지적공부의 등록내용을 증명하는 서류
⑥ 정보처리시스템에 따라 복제된 지적공부
⑦ 법원의 확정판결서 정본 또는 사본

(2) 소유자에 관한 사항
부동산등기부나 법원의 확정판결에 따라 복구한다.

4. 복구절차

(1) 복구자료의 조사
① 지적소관청은 지적공부를 복구하려는 경우 위 '3.'의 복구자료를 조사해야 한다.
② 조사된 복구자료 중 토지대장·임야대장 및 공유지연명부의 등록 내용을 증명하는 서류 등에 따라 지적복구자료 조사서를 작성해야 한다.
③ 지적도면의 등록 내용을 증명하는 서류 등에 따라 복구자료도를 작성해야 한다.

(2) 복구측량
① 작성된 복구자료도에 따라 측정한 면적과 지적복구자료조사서의 조사된 면적의 증감이 허용범위를 초과하거나 복구자료도를 작성할 복구자료가 없는 경우에 실시한다.
② 지적복구자료조사서의 조사된 면적이 허용범위 이내인 경우에는 그 면적을 복구면적으로 결정해야 한다.

(3) 경계 또는 면적 등의 조정
① 복구측량 결과가 복구자료와 부합하지 않을 때에는 토지소유자 및 이해관계인의 동의를 받아 경계 또는 면적 등을 조정할 수 있다.
② 이 경우 경계를 조정한 때에는 경계점표지를 설치해야 한다.

(4) 토지의 표시 등의 게시
① 지적소관청은 복구자료의 조사 또는 복구측량 등이 완료되어 지적공부를 복구하려는 경우에는 복구하려는 토지의 표시 등을 시·군·구 게시판 및 인터넷 홈페이지에 15일 이상 게시해야 한다.
② 복구하려는 토지의 표시 등에 이의가 있는 자는 위 게시기간(15일) 내에 지적소관청에 이의신청을 할 수 있다.
③ 이의신청을 받은 지적소관청은 이의사유를 검토하여 이유 있다고 인정되는 때에는 그 시정에 필요한 조치를 해야 한다.

(5) 대장 및 지적도면의 복구
① 지적소관청은 위 '(4)'의 절차를 이행한 때에는 지적복구자료 조사서, 복구자료도 또는 복구측량 결과도 등에 따라 토지대장·임야대장·공유지연명부 또는 지적도면을 복구해야 한다.
② 토지대장·임야대장 또는 공유지연명부는 복구되고 지적도면이 복구되지 않은 토지가 축척변경 시행지역이나 도시개발사업 등의 시행지역에 편입된 때에는 지적도면을 복구하지 않을 수 있다.

최신·기출·분석

제33회 기출문제 12번

01. 공간정보의 구축 및 관리 등에 관한 법령상 지적공부의 복구에 관한 관계 자료가 <u>아닌</u> 것은?

① 지적측량 의뢰서
② 지적공부의 등본
③ 토지이동정리 결의서
④ 법원의 확정판결서 정본 또는 사본
⑤ 지적소관청이 작성하거나 발행한 지적공부의 등록내용을 증명하는 서류

제35회 기출문제 11번

02. 공간정보의 구축 및 관리 등에 관한 법령상 지적공부의 복구에 관한 관계 자료에 해당하는 것을 모두 고른 것은?

| ㄱ. 측량 결과도
| ㄴ. 법원의 확정판결서 정본 또는 사본
| ㄷ. 토지(건물)등기사항증명서 등 등기사실을 증명하는 서류
| ㄹ. 지적소관청이 작성하거나 발행한 지적공부의 등록내용을 증명하는 서류

① ㄱ, ㄴ
② ㄴ, ㄷ
③ ㄷ, ㄹ
④ ㄴ, ㄷ, ㄹ
⑤ ㄱ, ㄴ, ㄷ, ㄹ

최신·기출·분석

∥해설 및 정답∥

[지적공부의 복구자료]
(1) 토지의 표시에 관한 사항
　① 지적공부의 등본
　② **측량 결과도**
　③ 토지이동정리 결의서
　④ **토지(건물)등기사항증명서 등 등기사실을 증명하는 서류**
　⑤ **지적소관청이 작성하거나 발행한 지적공부의 등록내용을 증명하는 서류**
　⑥ 정보처리시스템에 따라 복제된 지적공부
　⑦ **법원의 확정판결서 정본 또는 사본**

(2) 소유자에 관한 사항
　부동산등기부나 법원의 확정판결에 따라 복구한다.

답 01 ① 02 ⑤

Ⅳ. 지적전산자료의 이용

1. 지적전산자료의 의의
지적공부에 관한 전산자료를 말하며, 연속지적도를 포함한다.

2. 심사의 신청

(1) 신청당사자
① 지적전산자료의 이용을 신청하려는 자는 지적전산자료의 이용 또는 활용 목적 등에 관해 미리 관계 중앙행정기관의 심사를 받아야 한다.
② 다만, 중앙행정기관의 장, 그 소속 기관의 장 또는 지방자치단체의 장이 신청하는 경우에는 그러하지 않다.

(2) 신청서 기재사항
① 자료의 이용 또는 활용 목적 및 근거
② 자료의 범위 및 내용
③ 자료의 제공 방식, 보관 기관 및 안전관리대책 등

(3) 심사방법
심사 신청을 받은 중앙행정기관의 장은 아래의 사항을 심사한 후 그 결과를 신청인에게 통지해야 한다.
① 신청 내용의 타당성, 적합성 및 공익성
② 개인의 사생활 침해 여부
③ 자료의 목적 외 사용 방지 및 안전관리대책

(4) 심사 생략 사유
아래의 어느 하나에 해당하는 경우에는 관계 중앙행정기관의 심사를 받지 않을 수 있다.
① 토지소유자가 자기 토지에 대한 지적전산자료를 신청하는 경우
② 토지소유자가 사망하여 그 상속인이 피상속인의 토지에 대한 지적전산자료를 신청하는 경우
③ 「개인정보 보호법」에 따른 개인정보를 제외한 지적전산자료를 신청하는 경우

3. 이용의 신청

(1) 신청 상대방

아래의 구분에 따라 국토교통부장관, 시·도지사 또는 지적소관청에 신청해야 한다.

① 전국 단위의 지적전산자료 : 국토교통부장관, 시·도지사 또는 지적소관청

② 시·도 단위의 지적전산자료 : 시·도지사 또는 지적소관청

③ 시·군·구(자치구가 아닌 구를 포함한다) 단위의 지적전산자료 : 지적소관청

(2) 심사 결과의 첨부

① 지적전산자료의 이용 또는 활용을 하려는 자는 지적전산자료의 이용·활용 신청서에 '2.'에 따른 심사 결과를 첨부하여 국토교통부장관, 시·도지사 또는 지적소관청에 제출해야 한다.

② 다만, 중앙행정기관의 장, 그 소속 기관의 장 또는 지방자치단체의 장이 신청하는 경우에는 그러하지 아니하다.

(3) 신청에 대한 처리

① 신청을 받은 국토교통부장관, 시·도지사 또는 지적소관청은 지적전산자료의 이용·활용 신청서 및 '2.'에 따른 심사 결과를 확인한 후 지적전산자료를 제공해야 한다.

② 아래의 어느 하나에 해당하는 경우에는 지적전산자료를 제공하지 않을 수 있다.

　㉠ 신청한 사항의 처리가 전산정보처리조직으로 불가능한 경우

　㉡ 신청한 사항의 처리가 지적업무수행에 지장을 주는 경우

③ 국토교통부장관, 시·도지사 또는 지적소관청은 지적전산자료를 제공했을 때에는 지적전산자료 이용·활용 대장에 그 내용을 기록·관리해야 한다.

④ 지적전산자료를 제공받은 자는 국토교통부령으로 정하는 사용료를 내야 한다. 다만, 국가나 지방자치단체에 대해서는 사용료를 면제한다.

최신·기출·분석

제33회 기출문제 6번

01. 공간정보의 구축 및 관리 등에 관한 법령상 지적전산자료의 이용 또는 활용에 관한 승인신청을 받은 국토교통부장관, 시·도지사 또는 지적소관청이 심사하여야 하는 사항이 <u>아닌</u> 것은?

① 개인의 사생활 침해 여부
② 지적전산코드 지정의 적정 여부
③ 자료의 목적 외 사용 방지 및 안전관리대책
④ 신청한 사항의 처리가 전산정보처리조직으로 가능한지 여부
⑤ 신청한 사항의 처리가 지적업무수행에 지장을 주지 않는지 여부

∥해설 및 정답∥

[지적전산자료의 이용신청에 대한 심사사항]
심사 신청을 받은 중앙행정기관의 장은 아래의 사항을 심사한 후 그 결과를 신청인에게 통지해야 한다.
1. 신청 내용의 타당성, 적합성 및 공익성
2. 개인의 사생활 침해 여부
3. 자료의 목적 외 사용 방지 및 안전관리대책

[지적전산자료의 이용신청에 대한 처리]
1. 신청을 받은 국토교통부장관, 시·도지사 또는 지적소관청은 지적전산자료의 이용·활용 신청서 및 중앙행정기관의 장이 심사한 결과를 확인한 후 지적전산자료를 제공해야 한다.
2. 아래의 어느 하나에 해당하는 경우에는 지적전산자료를 제공하지 않을 수 있다.
  ㉠ 신청한 사항의 처리가 전산정보처리조직으로 불가능한 경우
  ㉡ 신청한 사항의 처리가 지적업무수행에 지장을 주는 경우

지적전산자료의 이용을 신청하려는 자는 미리 **중앙행정기관의 장에게 심사**를 받아야 하며, 이용신청을 받은 **국토교통부장관 등은 심사결과를 확인한 후 지적전산자료를 제공**해야 한다. 즉, 중앙행정기관의 심사와 국토교통부장관 등의 이용신청 제공(또는 거부)은 별개이며, 국토교통부장관 등은 심사권자가 아니다(출제오류). 본래 출제 의도는 지적전산자료의 이용신청에 대한 심사 및 자료제공 시 고려해야 할 사항들(①③④⑤)에 관해 묻고자 했던 것으로 보인다.

모두 정답처리

V. 부동산종합공부

1. 의의

'부동산종합공부'란 토지의 표시와 소유자에 관한 사항, 건축물의 표시와 소유자에 관한 사항, 토지의 이용 및 규제에 관한 사항, 부동산의 가격에 관한 사항 등 부동산에 관한 종합정보를 정보관리체계를 통해 기록·저장한 것을 말한다.

2. 등록사항

① 토지의 표시와 소유자에 관한 사항 : 이 법에 따른 지적공부의 내용
② 건축물의 표시와 소유자에 관한 사항(토지에 건축물이 있는 경우만 해당한다) : 건축물대장의 내용
③ 토지의 이용 및 규제에 관한 사항 : 「토지이용규제 기본법」에 따른 토지이용계획확인서의 내용
④ 부동산의 가격에 관한 사항 : 「부동산 가격공시에 관한 법률」에 따른 개별공시지가, 개별주택가격 및 공동주택가격 공시내용
⑤ 그 밖에 부동산의 효율적 이용과 부동산과 관련된 정보의 종합적 관리·운영을 위해 필요한 사항 : 「부동산등기법」에 따른 부동산의 권리에 관한 사항

3. 관리 및 운영

① 지적소관청은 부동산의 효율적 이용과 부동산과 관련된 정보의 종합적 관리·운영을 위해 부동산종합공부를 관리·운영한다.
② 지적소관청은 부동산종합공부를 영구히 보존해야 하며, 부동산종합공부의 멸실 또는 훼손에 대비하여 이를 별도로 복제하여 관리하는 정보관리체계를 구축해야 한다.
③ 위 '2.'의 등록사항을 관리하는 기관의 장은 지적소관청에 상시적으로 관련 정보를 제공해야 한다.
④ 지적소관청은 부동산종합공부의 정확한 등록 및 관리를 위해 필요한 경우에는 위 '(2)'의 등록사항을 관리하는 기관의 장에게 관련 자료의 제출을 요구할 수 있다.

4. 열람 및 증명서 발급

부동산종합공부를 열람하거나 부동산종합공부 기록사항의 전부 또는 일부에 관한 증명서(이하 '부동산종합증명서'라 한다)를 발급받으려는 자는 지적소관청이나 읍·면·동의 장에게 지적공부·부동산종합공부 열람·발급 신청서(전자문서로 된 신청서를 포함한다)를 제출함으로써 신청할 수 있다.

5. 부동산종합공부의 정정

부동산종합공부의 등록사항 정정에 관하여는 지적공부의 등록사항 정정에 관한 규정을 준용한다(제4절에서 후술).

최신·기출·분석

> 제33회 기출문제 5번

01. 공간정보의 구축 및 관리 등에 관한 법령상 부동산종합공부의 등록사항에 해당하지 <u>않는</u> 것은?

① 토지의 이용 및 규제에 관한 사항 : 「토지이용규제 기본법」 제10조에 따른 토지이용계획확인서의 내용

② 건축물의 표시와 소유자에 관한 사항(토지에 건축물이 있는 경우만 해당한다) : 「건축법」 제38조에 따른 건축물대장의 내용

③ 토지의 표시와 소유자에 관한 사항 : 「공간정보의 구축 및 관리 등에 관한 법률」에 따른 지적공부의 내용

④ 부동산의 가격에 관한 사항 : 「부동산 가격공시에 관한 법률」 제10조에 따른 개별공시지가, 같은 법 제16조, 제17조 및 제18조에 따른 개별주택가격 및 공동주택가격 공시내용

⑤ 부동산의 효율적 이용과 토지의 적성에 관한 종합적 관리·운영을 위하여 필요한 사항 : 「국토의 계획 및 이용에 관한 법률」 제20조 및 제27조에 따른 토지적성평가서의 내용

‖ 해설 및 정답 ‖

[부동산종합공부의 등록사항]
1. 토지의 표시와 소유자에 관한 사항 : 이 법에 따른 **지적공부**의 내용
2. 건축물의 표시와 소유자에 관한 사항(토지에 건축물이 있는 경우만 해당한다) : **건축물대장**의 내용
3. 토지의 이용 및 규제에 관한 사항 : 「토지이용규제 기본법」에 따른 **토지이용계획확인서**의 내용
4. 부동산의 가격에 관한 사항 : 「부동산 가격공시에 관한 법률」에 따른 **개별공시지가, 개별주택가격 및 공동주택가격 공시내용**
5. 그 밖에 부동산의 효율적 이용과 부동산과 관련된 정보의 종합적 관리·운영을 위해 필요한 사항 : 「부동산등기법」에 따른 부동산의 **권리에 관한 사항**

답 ⑤

VI. 연속지적도

1. 의의
'연속지적도'란 지적측량을 하지 아니하고 전산화된 지적도 및 임야도 파일을 이용하여, 도면상 경계점들을 연결하여 작성한 도면으로서 측량에 활용할 수 없는 도면을 말한다.

2. 관리 및 정비
① 국토교통부장관은 아래의 사항이 포함된 연속지적도의 관리 및 정비에 관한 정책을 수립·시행해야 한다.
　㉠ 연속지적도의 이용·활용에 관한 사항
　㉡ 연속지적도 정비기준의 마련에 관한 사항
　㉢ 연속지적도의 품질관리에 관한 사항
　㉣ 그 밖에 국토교통부장관이 연속지적도의 관리 및 정비를 위해 필요하다고 인정하는 사항
② 지적소관청은 지적도·임야도에 등록된 사항에 대해 토지의 이동 또는 오류사항을 정비한 때에는 연속지적도 정보관리체계를 통해 연속지적도에 반영해야 한다.
③ 국토교통부장관은 지적소관청의 연속지적도 정비에 필요한 경비의 전부 또는 일부를 지원할 수 있다.

3. 연속지적도 정보관리체계
① 국토교통부장관은 연속지적도를 체계적으로 관리하기 위해 연속지적도 정보관리체계를 구축·운영할 수 있다.
② 국토교통부장관은 연속지적도 정보관리체계의 구축·운영을 위해 아래의 각 업무를 수행할 수 있다.
　㉠ 연속지적도 정보관리체계의 구축·운영에 관한 연구개발 및 기술지원
　㉡ 연속지적도 정보관리체계의 표준화 및 고도화
　㉢ 연속지적도 정보관리체계를 이용한 정보의 공동 활용 촉진
　㉣ 연속지적도를 이용·활용하는 법인, 단체 또는 기관 간의 상호 연계·협력 및 공동사업의 추진 지원
　㉤ 그 밖에 연속지적도 정보관리체계의 구축·운영을 위해 필요한 사항

4. 업무의 위탁

① 국토교통부장관 또는 지적소관청은 연속지적도의 관리·정비 및 연속지적도 정보관리체계의 구축·운영에 관한 업무를 아래의 어느 하나에 해당하는 법인, 단체 또는 기관에 위탁할 수 있다. 이 경우 위탁관리에 필요한 경비의 전부 또는 일부를 지원할 수 있다.

　㉠ 한국국토정보공사

　㉡ 연속지적도의 관리·정비 업무 또는 연속지적도 정보관리체계의 구축·운영에 관한 업무의 수행에 필요한 전문인력과 장비를 갖추고 있다고 인정되어 국토교통부장관이 고시하는 법인, 단체 또는 기관

② 지적소관청은 연속지적도의 관리·정비 업무를 위탁하는 경우에는 위탁받는 법인, 단체 또는 기관과 위탁업무의 내용 및 위탁기간을 해당 기관의 공보 및 인터넷 홈페이지에 고시해야 한다.

③ 국토교통부장관은 연속지적도 정보관리체계의 구축·운영 업무를 위탁하는 경우에는 위탁받는 법인, 단체 또는 기관과 위탁업무의 내용 및 위탁기간을 관보 및 인터넷 홈페이지에 고시해야 한다.

Unit 4 토지의 이동

Check Point
'토지의 이동'이란 토지의 표시를 새로 정하거나 변경 또는 말소하는 것을 말한다.

Ⅰ. 토지이동의 신청

1. 원칙
토지이동 사유가 발생하면 토지소유자의 신청에 의해 지적공부를 정리하는 것이 원칙이다.

2. 신청의 대위
아래의 어느 하나에 해당하는 자는 토지소유자가 해야 하는 신청을 대신할 수 있다.
① 공공사업 등에 따라 학교용지·도로·철도용지·제방·하천·구거·유지·수도용지 등의 지목으로 되는 토지인 경우 : 해당 사업의 시행자
② 국가나 지방자치단체가 취득하는 토지인 경우 : 해당 토지를 관리하는 행정기관의 장 또는 지방자치단체의 장
③ 「주택법」에 따른 공동주택의 부지인 경우 : 「집합건물의 소유 및 관리에 관한 법률」에 따른 관리인(관리인이 없는 경우에는 공유자가 선임한 대표자) 또는 해당 사업의 시행자
④ 「민법」 제404조에 따른 채권자

2. 토지개발사업 시행지역의 토지이동 신청에 관한 특례

(1) 토지개발사업의 신고
① 도시개발사업, 농어촌정비사업, 주택건설사업, 택지개발사업, 산업단지개발사업, 정비사업, 지역개발사업 등 토지개발사업의 시행자는 그 사업의 착수·변경 및 완료 사실을 그 사유가 발생한 날부터 15일 이내에 지적소관청에 신고해야 한다.
② 토지개발사업의 착수 또는 변경신고를 하려는 자는 토지개발사업의 착수(시행)·변경·완료 신고서에 아래의 서류를 첨부해야 한다. 다만, 변경신고의 경우에는 변경된 부분으로 한정한다.
  ㉠ 사업인가서
  ㉡ 지번별 조서
  ㉢ 사업계획도
③ 토지개발사업의 완료신고를 하려는 자는 신청서에 아래의 서류를 첨부해야 한다. 이 경우 지적측량 수행자가 지적소관청에 측량검사를 의뢰하면서 미리 제출한 서류는 첨부하지 않을 수 있다.
  ㉠ 확정될 토지의 지번별 조서 및 종전 토지의 지번별 조서
  ㉡ 환지처분과 같은 효력이 있는 고시된 환지계획서. 다만, 환지를 수반하지 않는 사업인 경우에는 사업의 완료를 증명하는 서류를 말한다.

(2) 토지의 이동

① 위 '(1)'의 토지개발사업과 관련하여 토지의 이동이 필요한 경우에는 해당 사업의 시행자가 지적소관청에 토지의 이동을 신청해야 한다.

② '①'에 따른 사업의 착수 또는 변경의 신고가 된 토지의 소유자가 해당 토지의 이동을 원하는 경우에는 해당 사업의 시행자에게 그 토지의 이동을 신청하도록 요청해야 하며, 요청을 받은 시행자는 해당 사업에 지장이 없다고 판단되면 지적소관청에 그 이동을 신청해야 한다.

③ 토지이동신청 대상 지역이 환지를 수반하는 경우에는 '①'에 따른 사업완료 신고로써 '②'의 토지이동신청을 갈음할 수 있다. 이 경우 사업완료 신고서에 토지이동신청을 갈음한다는 뜻을 적어야 한다.

④ 주택건설사업의 시행자가 파산 등의 이유로 토지이동신청을 할 수 없을 때에는 그 주택의 시공을 보증한 자 또는 입주예정자 등이 신청할 수 있다.

⑤ 토지의 이동은 토지의 형질변경 등의 공사가 준공된 때에 이루어진 것으로 본다.

최신·기출·분석

> 제34회 기출문제 2번

01. 공간정보의 구축 및 관리 등에 관한 법령상 도시개발사업 등의 시행자가 그 사업의 착수·변경 및 완료 사실을 지적소관청에 신고하여야 하는 사업으로 <u>틀린</u> 것은?

① 「공공주택 특별법」에 따른 공공주택지구 조성사업
② 「도시 및 주거환경정비법」에 따른 정비사업
③ 「택지개발촉진법」에 따른 택지개발사업
④ 「지역 개발 및 지원에 관한 법률」에 따른 지역개발사업
⑤ 「지적재조사에 관한 특별법」에 따른 지적재조사사업

‖ 해설 및 정답 ‖

[토지개발사업의 신고]

도시개발사업, 농어촌정비사업, 그 밖에 대통령령으로 정하는 토지개발사업의 시행자는 그 사업의 착수·변경 및 완료 사실을 그 사유가 발생한 날부터 15일 이내에 지적소관청에 신고해야 한다.

그 밖에 대통령령으로 정하는 토지개발사업		
1. 주택건설사업	6. 체육시설 설치를 위한 토지개발사업	10. **공공주택지구조성사업**
2. **택지개발사업**	7. 관광단지 개발사업	11. 물류시설 개발사업
3. 산업단지개발사업	8. 공유수면 매립사업	12. 철도건설사업
4. **도시 및 주거환경정비사업**	9. 항만(재)개발사업	13. 고속국도 및 일반국도 건설사업
5. **지역개발사업**		

답 ⑤

Ⅱ. 토지이동의 종류

1. 신규등록

(1) 의의
'신규등록'이란 새로 조성된 토지와 지적공부에 등록되어 있지 않은 토지를 지적공부에 등록하는 것을 말한다.

(2) 신청방법
① 토지소유자는 그 사유가 발생한 날부터 60일 이내에 지적소관청에 신규등록을 신청해야 한다.
② 신규등록을 신청할 때에는 신규등록 사유를 적은 신청서에 아래의 서류를 첨부하여 지적소관청에 제출해야 한다.
　㉠ 법원의 확정판결서 정본 또는 사본
　㉡ 「공유수면 관리 및 매립에 관한 법률」에 따른 준공검사확인증 사본
　㉢ 도시계획구역의 토지를 그 지방자치단체의 명의로 등록하는 때에는 기획재정부장관과 협의한 문서의 사본
　㉣ 그 밖에 소유권을 증명하는 서류의 사본
③ 다만, 위의 어느 하나에 해당하는 서류를 그 지적소관청이 관리하는 경우에는 지적소관청의 확인으로 그 서류의 제출을 갈음할 수 있다.

2. 등록전환

(1) 의의
'등록전환'이란 임야대장 및 임야도에 등록된 토지를 토지대장 및 지적도에 옮겨 등록하는 것을 말한다.

(2) 등록전환을 신청할 수 있는 경우
① 「산지관리법」에 따른 산지전용허가·신고, 산지일시사용허가·신고, 「건축법」에 따른 건축허가·신고 또는 그 밖의 관계 법령에 따른 개발행위허가 등을 받은 경우
② 대부분의 토지가 등록전환되어 나머지 토지를 임야도에 계속 존치하는 것이 불합리한 경우
③ 임야도에 등록된 토지가 사실상 형질변경되었으나 지목변경을 할 수 없는 경우
④ 도시·군관리계획선에 따라 토지를 분할하는 경우

(3) 신청방법
① 토지소유자는 그 사유가 발생한 날부터 60일 이내에 지적소관청에 등록전환을 신청해야 한다.
② 등록전환을 신청할 때에는 등록전환 사유를 적은 신청서에 관계 법령에 따른 개발행위 허가 등을 증명하는 서류의 사본(개발행위허가 등을 받은 경우로 한정한다)을 첨부하여 지적소관청에 제출해야 한다. 다만, 위의 서류를 그 지적소관청이 관리하는 경우에는 지적소관청의 확인으로 그 서류의 제출을 갈음할 수 있다.

3. 분할

(1) 의의
'분할'이란 지적공부에 등록된 1필지를 2필지 이상으로 나누어 등록하는 것을 말한다.

(2) 분할을 신청할 수 있는 경우
① 임의적 분할사유
  ㉠ 소유권이전, 매매 등을 위해 필요한 경우
  ㉡ 토지이용상 불합리한 지상 경계를 시정하기 위한 경우
  > 주의 다만, 관계 법령에 따라 해당 토지에 대한 분할이 개발행위허가 등의 대상인 경우에는 개발행위 허가 등을 받은 이후에 분할을 신청할 수 있다.

② 필요적 분할사유 : 1필지의 일부가 형질변경 등으로 용도가 변경된 경우

(3) 신청방법
① 토지의 분할을 신청할 때에는 분할 사유를 적은 신청서에 분할 허가서 사본(분할 허가 대상인 토지의 경우)을 첨부하여 지적소관청에 제출해야 한다. 다만, 위의 서류를 그 지적소관청이 관리하는 경우에는 지적소관청의 확인으로 그 서류의 제출을 갈음할 수 있다.
② 토지소유자는 필요적 분할사유에 해당하는 경우에는 용도가 변경된 날부터 60일 이내에 지적소관청에 토지의 분할을 신청해야 한다. 이 경우 지목변경 신청서를 함께 제출해야 한다.

4. 합병

(1) 의의
'합병'이란 지적공부에 등록된 2필지 이상을 1필지로 합하여 등록하는 것을 말한다.

(2) 합병을 신청할 수 없는 경우
① 합병하려는 토지의 지번부여지역, 지목 또는 소유자가 서로 다른 경우
② 합병하려는 토지에 다음 각 목의 등기 외의 등기가 있는 경우
　㉠ 소유권·지상권·전세권 또는 임차권의 등기
　㉡ 승역지에 대한 지역권의 등기
　㉢ 합병하려는 토지 전부에 대한 등기원인 및 그 연월일과 접수번호가 같은 저당권의 등기
　㉣ 합병하려는 토지 전부에 대한 신탁원부의 기록사항이 동일한 신탁등기
③ 합병하려는 토지의 지적도 및 임야도의 축척이 서로 다른 경우
④ 합병하려는 각 필지가 서로 연접하지 않은 경우
⑤ 합병하려는 토지가 등기된 토지와 등기되지 않은 토지인 경우
⑥ 합병하려는 각 필지의 지목은 같으나 일부 토지의 용도가 다르게 되어 필요적 분할대상 토지인 경우
　주의 다만, 합병 신청과 동시에 토지의 용도에 따라 분할신청을 하는 경우는 제외한다.
⑦ 합병하려는 토지의 소유자별 공유지분이 다른 경우
⑧ 합병하려는 토지가 구획정리, 경지정리 또는 축척변경을 시행하고 있는 지역의 토지와 그 지역 밖의 토지인 경우
⑨ 합병하려는 토지 소유자의 주소가 서로 다른 경우
　주의 다만, 지적소관청이「전자정부법」에 따른 행정정보의 공동이용을 통해 토지등기사항증명서·주민등록표 초본(또는 법인등기사항증명서)를 통해 토지소유자가 동일인임을 확인할 수 있는 경우는 제외한다.

(3) 신청방법
① 토지의 합병을 신청할 때에는 합병 사유를 적은 신청서를 지적소관청에 제출해야 한다.
② 토지소유자는「주택법」에 따른 공동주택의 부지, 도로, 제방, 하천, 구거, 유지, 공장용지, 학교용지, 철도용지, 수도용지, 공원, 체육용지 등 지목의 토지로서 합병해야 할 토지가 있으면 그 사유가 발생한 날부터 그 사유가 발생한 날부터 60일 이내에 지적소관청에 합병을 신청해야 한다.

5. 지목변경

(1) 의의
'지목변경'이란 지적공부에 등록된 지목을 다른 지목으로 바꾸어 등록하는 것을 말한다.

(2) 지목변경을 신청할 수 있는 경우
① 「국토의 계획 및 이용에 관한 법률」 등 관계 법령에 따른 토지의 형질변경 등의 공사가 준공된 경우
② 토지나 건축물의 용도가 변경된 경우
③ 도시개발사업 등의 원활한 사업추진을 위해 사업시행자가 공사 준공 전에 토지의 합병을 신청하는 경우

(3) 신청방법
① 토지소유자는 그 사유가 발생한 날부터 60일 이내에 지적소관청에 지목변경을 신청해야 한다.
② 지목변경을 신청할 때에는 지목변경 사유를 적은 신청서에 아래의 서류를 첨부하여 지적소관청에 제출해야 한다.
　㉠ 관계법령에 따라 토지의 형질변경 등의 공사가 준공되었음을 증명하는 서류의 사본
　㉡ 국유지·공유지의 경우에는 용도폐지 되었거나 사실상 공공용으로 사용되고 있지 않음을 증명하는 서류의 사본
　㉢ 토지 또는 건축물의 용도가 변경되었음을 증명하는 서류의 사본
③ 다만, 위의 서류를 그 지적소관청이 관리하는 경우에는 지적소관청의 확인으로 그 서류의 제출을 갈음할 수 있고, 지목변경과 관련된 규제를 받지 않는 토지의 지목변경이나 전·답·과수원 상호간의 지목변경인 경우에는 서류의 첨부를 생략할 수 있다.

6. 바다로 된 토지의 등록말소

(1) 의의
지적공부에 등록된 토지가 지형의 변화 등으로 바다로 된 경우로서 원상으로 회복할 수 없거나 다른 지목의 토지로 될 가능성이 없는 경우에 지적공부의 등록을 말소하는 것을 말한다.

(2) 등록말소 절차
① 등록말소 신청의 통지 : 지적소관청은 바다로 된 토지의 지적공부에 등록된 토지소유자에게 지적공부의 등록말소 신청을 하도록 통지해야 한다.

② 등록말소의 신청 : 토지소유자는 위 통지를 받은 날부터 90일 이내에 등록말소 신청을 해야 한다.

③ 직권에 의한 등록말소 : 지적소관청은 토지소유자가 통지를 받은 날부터 90일 이내에 등록말소 신청을 하지 않으면 직권으로 지적공부의 등록사항을 말소해야 한다.

(3) 등록말소한 토지의 회복등록
① 지적소관청은 말소한 토지가 지형의 변화 등으로 다시 토지가 된 경우에는 토지로 회복등록을 할 수 있다.

② 지적소관청은 회복등록을 하려면 그 지적측량성과 및 등록말소 당시의 지적공부 등 관계 자료에 따라야 한다.

(4) 등록말소 또는 회복등록의 통지
지적공부의 등록사항을 말소하거나 회복등록했을 때에는 그 정리 결과를 토지소유자 및 해당 공유수면의 관리청에 통지해야 한다.

최신·기출·분석

제35회 기출문제 6번

01. 공간정보의 구축 및 관리 등에 관한 법령상 합병 신청을 할 수 없는 경우에 관한 내용으로 <u>틀린</u> 것은?(단, 다른 조건은 고려하지 아니함)

① 합병하려는 토지의 지목이 서로 다른 경우
② 합병하려는 토지의 소유자별 공유지분이 다른 경우
③ 합병하려는 토지의 지번부여지역이 서로 다른 경우
④ 합병하려는 토지의 소유자에 대한 소유권이전등기 연월일이 서로 다른 경우
⑤ 합병하려는 토지의 지적도 축척이 서로 다른 경우

‖ 해설 및 정답 ‖

[합병을 신청할 수 없는 경우]
1. 합병하려는 토지의 **지번부여지역**, **지목** 또는 소유자가 서로 다른 경우
2. 합병하려는 토지에 다음 각 목의 등기 외의 등기가 있는 경우
   ㉠ 소유권·지상권·전세권 또는 임차권의 등기
   ㉡ 승역지에 대한 지역권의 등기
   ㉢ 합병하려는 토지 전부에 대한 등기원인 및 그 연월일과 접수번호가 같은 저당권의 등기
   ㉣ 합병하려는 토지 전부에 대한 「부동산등기법」에 따른 신탁등기의 기록사항이 동일한 신탁등기
3. 합병하려는 토지의 **지적도 및 임야도의 축척**이 서로 다른 경우
4. 합병하려는 각 필지가 서로 연접하지 않은 경우
5. 합병하려는 토지가 등기된 토지와 등기되지 않은 토지인 경우
6. 합병하려는 각 필지의 지목은 같으나 일부 토지의 용도가 다르게 되어 필요적 분할대상 토지인 경우
   주의 다만, 합병 신청과 동시에 토지의 용도에 따라 분할신청을 하는 경우는 제외한다.
7. 합병하려는 토지의 **소유자별 공유지분**이 다른 경우
8. 합병하려는 토지가 구획정리, 경지정리 또는 축척변경을 시행하고 있는 지역의 토지와 그 지역 밖의 토지인 경우
9. 합병하려는 토지 소유자의 주소가 서로 다른 경우
   주의 다만, 지적소관청이 「전자정부법」에 따른 행정정보의 공동이용을 통해 토지등기사항증명서·주민등록표 초본(또는 법인등기사항증명서)를 통해 토지소유자가 동일인임을 확인할 수 있는 경우는 제외한다.

답 ④

Ⅲ. 축척변경

1. 의의

'축척변경'이란 지적도에 등록된 경계점의 정밀도를 높이기 위해 작은 축척을 큰 축척으로 변경하여 등록하는 것을 말한다.

2. 축척변경이 가능한 경우

지적소관청은 지적도가 아래의 어느 하나에 해당하는 경우 토지소유자의 신청 또는 지적소관청의 직권으로 일정한 지역을 정해 그 지역의 축척을 변경할 수 있다.

① 잦은 토지의 이동으로 1필지의 규모가 작아서 소축척으로는 지적측량성과의 결정이나 토지의 이동에 따른 정리를 하기 곤란한 경우
② 하나의 지번부여지역에 서로 다른 축척의 지적도가 있는 경우
③ 그 밖에 지적공부를 관리하기 위해 필요하다고 인정되는 경우

3. 축척변경 절차

(1) 축척변경의 개시

① 축척변경을 신청하는 토지소유자는 축척변경 사유를 적은 신청서에 토지소유자 3분의 2 이상의 동의서를 첨부하여 지적소관청에 제출해야 한다.
② 토지소유자의 신청이 없는 경우에도 축척변경 사유에 해당할 경우 지적소관청이 직권으로 축척변경을 할 수 있다. 이 경우에도 축척변경 시행지역의 토지소유자 3분의 2 이상의 동의를 받아야 한다.

(2) 축척변경위원회의 의결 및 축척변경 승인신청

① 지적소관청은 축척변경위원회의 의결을 거친 후 시·도지사 또는 대도시 시장의 승인을 받아야 한다. 다만, 아래의 어느 하나에 해당하는 경우에는 이 절차를 생략할 수 있다.
  ㉠ 합병하려는 토지가 축척이 다른 지적도에 각각 등록되어 있어 축척변경을 하는 경우
  ㉡ 도시개발사업 등의 시행지역에 있는 토지로서 그 사업 시행에서 제외된 토지의 축척변경을 하는 경우
② 축척변경 승인신청서에는 아래의 서류를 첨부하여 시·도지사 또는 대도시 시장에게 제출해야 한다.
  ㉠ 축척변경의 사유
  ㉡ 지번 등 명세
  ㉢ 토지소유자의 동의서
  ㉣ 축척변경위원회의 의결서 사본
  ㉤ 그 밖에 축척변경승인을 위해 시·도지사 또는 대도시 시장이 필요하다고 인정하는 서류

(3) 시·도지사 또는 대도시 시장의 승인

① 축척변경 승인신청을 받은 시·도지사 또는 대도시 시장은 「전자정부법」에 따른 행정정보의 공동이용을 통해 축척변경 대상지역의 지적도를 확인해야 한다.

② 시·도지사 또는 대도시 시장은 축척변경 사유 등을 심사한 후 그 승인 여부를 지적소관청에 통지해야 한다.

(4) 축척변경 시행공고 등

① 지적소관청은 시·도지사 또는 대도시 시장으로부터 축척변경 승인을 받았을 때에는 지체 없이 아래의 사항을 20일 이상 공고해야 한다.
  ㉠ 축척변경의 목적, 시행지역 및 시행기간
  ㉡ 축척변경의 시행에 관한 세부계획
  ㉢ 축척변경의 시행에 따른 청산방법
  ㉣ 축척변경의 시행에 따른 토지소유자 등의 협조에 관한 사항

② 축척변경 시행공고는 시·군·구(자치구가 아닌 구를 포함한다) 및 축척변경 시행지역 동·리의 게시판에 주민이 볼 수 있도록 게시해야 한다.

③ 축척변경 시행지역의 토지소유자 또는 점유자는 시행공고일부터 30일 이내에 시행공고일 현재 점유하고 있는 경계에 경계점표지를 설치해야 한다.

(5) 토지의 표시 등

① 지적소관청은 축척변경 시행지역의 각 필지별 지번·지목·면적·경계 또는 좌표를 새로 정해야 한다.

② 지적소관청이 축척변경을 위한 측량을 할 때에는 토지소유자 또는 점유자가 설치한 경계점표지를 기준으로 새로운 축척에 따라 면적·경계 또는 좌표를 정해야 한다.

③ 다만, 축척변경위원회의 의결 및 시·도지사 또는 대도시 시장의 승인을 거치지 않고 축척변경을 하는 경우에는 각 필지별 지번·지목 및 경계는 종전의 지적공부에 따르고 면적만 새로 정해야 한다.

(6) 지번별 조서의 작성

지적소관청은 축척변경에 관한 측량을 완료했을 때에는 시행공고일 현재의 지적공부상의 면적과 측량 후의 면적을 비교하여 그 변동사항을 표시한 축척변경 지번별 조서를 작성해야 한다.

(7) 지적공부정리 등의 정지

① 지적소관청은 축척변경 시행기간 중에는 축척변경 시행지역의 지적공부정리와 경계복원측량을 축척변경 확정공고일까지 정지해야 한다.

② 다만, 경계점표지의 설치를 위한 경계복원측량과 축척변경위원회의 의결이 있는 때에는 그러하지 않다.

(8) 청산

1) 청산금의 산정

① 지적소관청은 축척변경에 관한 측량 결과 측량 전에 비해 면적의 증감이 있는 경우에는 그 증감면적에 대해 청산을 해야 한다. 다만, 아래의 어느 하나에 해당하는 경우에는 그러하지 않다.

 ㉠ 필지별 증감면적이 등록전환 및 분할에 따른 면적오차의 허용범위 및 배분 등의 규정에 의한 허용범위 이내인 경우.
  주의 다만, 축척변경위원회의 의결이 있는 경우는 제외한다(청산을 해야 한다).
 ㉡ 토지소유자 전원이 청산하지 않기로 합의하여 서면으로 제출한 경우

② 면적증감에 대해 청산을 하려는 때에는 축척변경위원회의 의결을 거쳐 지번별로 ㎡당 금액을 정해야 한다. 이 경우 지적소관청은 시행공고일 현재를 기준으로 그 축척변경 시행지역의 토지에 대해 지번별 ㎡당 금액을 미리 조사하여 축척변경위원회에 제출해야 한다.

③ 청산금은 축척변경 지번별 조서의 필지별 증감면적에 지번별 ㎡당 금액을 곱하여 산정한다.

④ 지적소관청은 청산금을 산정했을 때에는 청산금 조서를 작성하고, 청산금이 결정되었다는 뜻을 시·군·구 및 축척변경 시행지역 동·리의 게시판에 15일 이상 공고하여 일반인이 열람할 수 있게 해야 한다.

⑤ 청산금 산정 결과 증가된 면적에 대한 청산금의 합계와 감소된 면적에 대한 청산금의 합계에 차액이 생긴 경우 초과액은 그 지방자치단체의 수입으로 하고, 부족액은 그 지방자치단체가 부담한다.

2) 청산금의 납부고지 등

① 지적소관청은 청산금의 결정을 공고한 날부터 20일 이내에 토지소유자에게 청산금의 납부고지 또는 수령통지를 해야 한다.

② 제1항에 따른 납부고지를 받은 자는 그 고지를 받은 날부터 6개월 이내에 청산금을 지적소관청에 내야 한다. 이 경우 고지를 받은 자가 이의신청을 하지 않고 6개월 이내에 청산금을 내지 않으면 「지방행정제재·부과금의 징수 등에 관한 법률」에 따라 징수할 수 있다.

③ 지적소관청은 수령통지를 한 날부터 6개월 이내에 청산금을 지급해야 한다.

④ 지적소관청은 청산금을 지급받을 자가 행방불명 등으로 받을 수 없거나 받기를 거부할 때에는 그 청산금을 공탁할 수 있다.

3) 청산금에 관한 이의신청

① 청산금에 관하여 이의가 있는 자는 납부고지 또는 수령통지를 받은 날부터 1개월 이내에 지적소관청에 이의신청을 할 수 있다.

② 이의신청을 받은 지적소관청은 1개월 이내에 축척변경위원회의 심의·의결을 거쳐 그 인용 여부를 결정한 후 지체 없이 그 내용을 이의신청인에게 통지해야 한다.

(9) 확정공고

① 청산금의 납부 및 지급이 완료되었을 때에는 지적소관청은 지체 없이 아래의 사항을 포함한 축척변경의 확정공고를 해야 한다.
  ㉠ 토지의 소재 및 지역명
  ㉡ 축척변경 지번별 조서
  ㉢ 청산금 조서
  ㉣ 지적도의 축척

② 지적소관청은 축척변경의 확정공고를 했을 때에는 지체 없이 축척변경에 따라 확정된 사항을 아래의 기준에 따라 지적공부에 등록해야 한다.
  ㉠ 토지대장은 확정공고된 축척변경 지번별 조서에 따를 것
  ㉡ 지적도는 확정측량 결과도 또는 경계점좌표에 따를 것

③ 축척변경 시행지역의 토지는 축척변경 확정공고일에 토지의 이동이 있는 것으로 본다.

(10) 축척변경위원회

1) 목적

축척변경에 관한 사항을 심의·의결하기 위해 지적소관청에 축척변경위원회를 둔다.

2) 구성

① 축척변경위원회는 5명 이상 10명 이하의 위원으로 구성하되, 위원의 2분의 1 이상을 토지소유자로 해야 한다. 이 경우 축척변경 시행지역의 토지소유자가 5명 이하일 때에는 토지소유자 전원을 위원으로 위촉해야 한다.

② 위원장은 위원 중에서 지적소관청이 지명한다.

③ 위원은 아래의 사람 중에서 지적소관청이 위촉한다.
  ㉠ 해당 축척변경 시행지역의 토지소유자로서 지역 사정에 정통한 사람
  ㉡ 지적에 관하여 전문지식을 가진 사람

④ 축척변경위원회의 위원에게는 예산의 범위에서 출석수당과 여비, 그 밖의 실비를 지급할 수 있다. 다만, 공무원인 위원이 그 소관 업무와 직접적으로 관련되어 출석하는 경우에는 그러하지 않다.

3) 기능

축척변경위원회는 지적소관청이 회부하는 아래의 사항을 심의·의결한다.

① 축척변경 시행계획에 관한 사항
② 지번별 ㎡당 금액의 결정과 청산금의 산정에 관한 사항
③ 청산금의 이의신청에 관한 사항
④ 그 밖에 축척변경과 관련하여 지적소관청이 회의에 부치는 사항

4) 회의

① 축척변경위원회의 회의는 지적소관청이 위 '3)'에 해당하는 사항을 회부하거나, 위원장이 필요하다고 인정할 때에 위원장이 소집한다.
② 축척변경위원회의 회의는 위원장을 포함한 재적위원 과반수의 출석으로 개의하고, 출석위원 과반수의 찬성으로 의결한다.
③ 위원장은 축척변경위원회의 회의를 소집할 때에는 회의일시·장소 및 심의안건을 회의 개최 5일 전까지 각 위원에게 서면으로 통지해야 한다.

최신·기출·분석

> 제33회 기출문제 11번

01. 공간정보의 구축 및 관리 등에 관한 법령상 축척변경 신청에 관한 설명이다. ( )에 들어갈 내용으로 옳은 것은?

> 축척변경을 신청하는 토지소유자는 축척변경 사유를 적은 신청서에 축척변경 시행지역의 토지소유자 ( )의 동의서를 첨부하여 지적소관청에 제출하여야 한다.

① 2분의 1 이상　　② 3분의 2 이상　　③ 4분의 1 이상
④ 5분의 2 이상　　④ 5분의 3 이상

∥해설 및 정답∥

[축척변경의 개시]
1. 축척변경을 신청하는 토지소유자는 축척변경 사유를 적은 신청서에 토지소유자 **3분의 2 이상**의 동의서를 첨부하여 시·도지사 또는 대도시 시장에게 제출해야 한다.
2. 토지소유자의 신청이 없는 경우에도 축척변경 사유에 해당할 경우 **지적소관청이 직권**으로 축척변경을 할 수 있다. 이 경우에도 축척변경 시행지역의 토지소유자 **3분의 2 이상**의 동의를 받아야 한다.

답 ②

최신·기출·분석

제33회 기출문제 2번

02. 공간정보의 구축 및 관리 등에 관한 법령상 축척변경에 따른 청산금에 관한 이의신청에 대한 설명이다. ( )에 들어갈 내용으로 옳은 것은?

> ○ 납부고지되거나 수령통지된 청산금에 관하여 이의가 있는 자는 납부고지 또는 수령통지를 받은 날부터 (ㄱ)에 지적소관청에 이의신청을 할 수 있다.
> ○ 이의신청을 받은 지적소관청은 (ㄴ)에 축척변경위원회의 심의·의결을 거쳐 그 인용(認容) 여부를 결정한 후 지체 없이 그 내용을 이의신청인에게 통지하여야 한다.

① ㄱ : 15일 이내,　　ㄴ : 2개월 이내
② ㄱ : 1개월 이내,　　ㄴ : 2개월 이내
③ ㄱ : 1개월 이내,　　ㄴ : 1개월 이내
④ ㄱ : 2개월 이내,　　ㄴ : 1개월 이내
⑤ ㄱ : 2개월 이내,　　ㄴ : 15일 이내

∥해설 및 정답∥

[청산금에 관한 이의신청]
1. 청산금에 관하여 이의가 있는 자는 납부고지 또는 수령통지를 받은 날부터 **1개월 이내**에 지적소관청에 **이의신청**을 할 수 있다.
2. 이의신청을 받은 지적소관청은 **1개월 이내**에 축척변경위원회의 **심의·의결**을 거쳐 그 인용 여부를 결정한 후 지체 없이 그 내용을 이의신청인에게 통지해야 한다.

답 ③

최신·기출·분석

제34회 기출문제 8번

03. 공간정보의 구축 및 관리 등에 관한 법령상 지적소관청은 축척변경에 따른 청산금의 납부 및 지급이 완료되었을 때 지체 없이 축척변경의 확정공고를 하여야 한다. 이 경우 확정공고에 포함되어야 할 사항으로 틀린 것은?

① 토지의 소재 및 지역명
② 축척변경 지번별 조서
③ 청산금 조서
④ 지적도의 축척
⑤ 지역별 제곱미터당 금액조서

제34회 기출문제 11번

04. 공간정보의 구축 및 관리 등에 관한 법령상 지적소관청은 축척변경 확정공고를 하였을 때에는 지체 없이 축척변경에 따라 확정된 사항을 지적공부에 등록하여야 한다. 이 경우 토지대장에 등록하는 기준으로 옳은 것은?

① 축척변경 확정측량 결과도에 따른다.
② 청산금납부고지서에 따른다.
③ 토지이동현황 조사계획서에 따른다.
④ 확정공고된 축척변경 지번별 조서에 따른다.
⑤ 축척변경 시행계획에 따른다.

최신·기출·분석

‖해설 및 정답‖

[축척변경 확정공고]
1. 청산금의 납부 및 지급이 완료되었을 때에는 지적소관청은 지체 없이 아래의 사항을 포함한 축척변경의 확정공고를 해야 한다.
    ㉠ 토지의 소재 및 지역명
    ㉡ 축척변경 지번별 조서
    ㉢ 청산금 조서
    ㉣ 지적도의 축척
2. 지적소관청은 축척변경의 확정공고를 했을 때에는 지체 없이 축척변경에 따라 확정된 사항을 아래의 기준에 따라 지적공부에 등록해야 한다.
    ㉠ 토지대장은 확정공고된 축척변경 지번별 조서에 따를 것
    ㉡ 지적도는 확정측량 결과도 또는 경계점좌표에 따를 것
3. 축척변경 시행지역의 토지는 축척변경 확정공고일에 토지의 이동이 있는 것으로 본다.

답 03 ⑤ 04 ④

최신·기출·분석

제33회 기출문제 7번

05. 공간정보의 구축 및 관리 등에 관한 법령상 축척변경에 관한 설명으로 틀린 것은?

① 축척변경에 관한 사항을 심의·의결하기 위하여 지적소관청에 축척변경위원회를 둔다.
② 축척변경위원회의 위원장은 위원 중에서 지적소관청이 지명한다.
③ 지적소관청은 축척변경에 관한 측량을 완료하였을 때에는 축척변경 신청일 현재의 지적공부상의 면적과 측량 후의 면적을 비교하여 그 변동사항을 표시한 토지이동현황 조사서를 작성하여야 한다.
④ 지적소관청은 청산금의 결정을 공고한 날부터 20일 이내에 토지소유자에게 청산금의 납부고지 또는 수령통지를 하여야 한다.
⑤ 청산금의 납부 및 지급이 완료되었을 때에는 지적소관청은 지체 없이 축척변경의 확정공고를 하여야 한다.

∥해설 및 정답∥

[지번별 조서의 작성]
지적소관청은 축척변경에 관한 측량을 완료했을 때에는 시행공고일 현재의 지적공부상의 면적과 측량 후의 면적을 비교하여 그 변동사항을 표시한 **축척변경 지번별 조서**를 작성해야 한다.

답 ③

최신·기출·분석

제35회 기출문제 12번

06 공간정보의 구축 및 관리 등에 관한 법령상 축척변경에 관한 설명으로 옳은 것은?

① 도시개발사업 등의 시행지역에 있는 토지로서 그 사업시행에서 제외된 토지의 축척변경을 하는 경우 축척변경위원회의 심의 및 시·도지사 또는 대도시 시장의 승인을 받아야 한다.

② 지적소관청은 시·도지사 또는 대도시 시장으로부터 축척변경 승인을 받았을 때에는 지체 없이 축척변경의 목적, 시행지역 및 시행기간, 축척변경의 시행에 관한 세부계획, 축척변경의 시행에 따른 청산금액의 내용, 축척변경의 시행에 따른 토지소유자 등의 협조에 관한 사항을 15일 이상 공고하여야 한다.

③ 지적소관청은 축척변경에 관한 측량을 한 결과 측량 전에 비하여 면적의 증감이 있는 경우에는 그 증감면적에 대하여 청산을 하여야 한다. 다만, 토지소유자 3분의 2 이상이 청산하지 아니하기로 합의하여 서면으로 제출한 경우에는 그러하지 아니하다.

④ 지적소관청은 청산금을 내야 하는 자가 납부고지를 받은 날부터 1개월 이내에 청산금에 관한 이의신청을 하지 아니하고, 고지를 받은 날부터 3개월 이내에 지적소관청에 청산금을 내지 아니하면「지방행정제재·부과금의 징수 등에 관한 법률」에 따라 징수할 수 있다.

⑤ 청산금의 납부 및 지급이 완료되었을 때에는 지적소관청은 지체 없이 축척변경의 확정공고를 하여야 하며, 확정공고 사항에는 토지의 소재 및 지역명, 축척변경 지번별 조서, 청산금 조서, 지적도의 축척이 포함되어야 한다.

최신·기출·분석

‖ 해설 및 정답 ‖

[의결(심의)이나 승인 없이 축척변경이 가능한 경우(①)]
지적소관청은 축척변경위원회의 의결을 거친 후 시·도지사 또는 대도시 시장의 승인을 받아야 한다. 다만, 아래의 어느 하나에 해당하는 경우에는 이 **절차를 생략**할 수 있다.
㉠ 합병하려는 토지가 축척이 다른 지적도에 각각 등록되어 있어 축척변경을 하는 경우
㉡ **도시개발사업 등의 시행지역에 있는 토지로서 그 사업 시행에서 제외된 토지**의 축척변경을 하는 경우

[축척변경 시행공고(②)]
지적소관청은 시·도지사 또는 대도시 시장으로부터 축척변경 승인을 받았을 때에는 지체 없이 아래의 사항을 **20일** 이상 공고해야 한다.
㉠ 축척변경의 목적, 시행지역 및 시행기간
㉡ 축척변경의 시행에 관한 세부계획
㉢ 축척변경의 시행에 따른 청산방법
㉣ 축척변경의 시행에 따른 토지소유자 등의 협조에 관한 사항

[청산을 하지 않아도 되는 경우(③)]
지적소관청은 축척변경에 관한 측량 결과 측량 전에 비해 면적의 증감이 있는 경우에는 그 증감면적에 대해 청산을 해야 한다. 다만, 아래의 어느 하나에 해당하는 경우에는 그러하지 않다.
㉠ 필지별 증감면적이 등록전환 및 분할에 따른 면적오차의 허용범위 및 배분 등의 규정에 의한 허용범위 이내인 경우
　주의 다만, 축척변경위원회의 의결이 있는 경우는 제외한다(청산을 해야 한다).
㉡ 토지소유자 **전원**이 청산하지 않기로 합의하여 서면으로 제출한 경우

[청산금의 납부고지 등(④)]
1. 지적소관청은 청산금의 결정을 공고한 날부터 20일 이내에 토지소유자에게 청산금의 납부고지 또는 수령통지를 해야 한다.
2. 제1항에 따른 납부고지를 받은 자는 그 고지를 받은 날부터 **6개월** 이내에 청산금을 지적소관청에 내야 한다. 이 경우 고지를 받은 자가 이의신청을 하지 않고 6개월 이내에 청산금을 내지 않으면 「지방행정제재·부과금의 징수 등에 관한 법률」에 따라 징수할 수 있다.
3. 지적소관청은 수령통지를 한 날부터 6개월 이내에 청산금을 지급해야 한다.
4. 지적소관청은 청산금을 지급받을 자가 행방불명 등으로 받을 수 없거나 받기를 거부할 때에는 그 청산금을 공탁할 수 있다.

답 ⑤

Ⅳ. 등록사항의 정정

1. 의의

지적공부에 등록된 토지의 표시사항 또는 소유자에 대한 사항이 잘못 등록된 경우, 지적소관청이 직권으로 또는 소유자의 신청에 의해 등록사항을 바로잡는 것을 말한다.

2. 직권정정

지적소관청은 지적공부의 등록사항에 아래와 같은 잘못이 있음을 발견한 때에는 직권으로 조사·측량하여 지체 없이 관계 서류에 따라 지적공부의 등록사항을 정정해야 한다.

① 토지이동정리 결의서의 내용과 다르게 정리된 경우
② 지적도 및 임야도에 등록된 필지가 면적의 증감 없이 경계의 위치만 잘못된 경우
③ 1필지가 각각 다른 지적도나 임야도에 등록되어 있는 경우로서 지적공부에 등록된 면적과 측량한 실제면적은 일치하지만 지적도나 임야도에 등록된 경계가 서로 접합되지 않아 지적도나 임야도에 등록된 경계를 지상의 경계에 맞추어 정정해야 하는 토지가 발견된 경우
④ 지적공부의 작성 또는 재작성 당시 잘못 정리된 경우
⑤ 지적측량성과와 다르게 정리된 경우
⑥ 지적측량적부심사 및 재심사청구에 따른 지적위원회의 의결 결과에 따라 지적공부의 등록사항을 정정해야 하는 경우
⑦ 지적공부의 등록사항이 잘못 입력된 경우
⑧ 등기관이 토지합필 제한에 위반한 등기의 신청을 각하할 때 그 사유의 통지가 있는 경우
⑨ 면적의 단위가 척관법에서 미터법으로 변경됨에 따른 면적환산이 잘못된 경우

3. 신청에 의한 정정

① 토지소유자는 지적공부의 등록사항에 잘못이 있음을 발견한 때에는 지적소관청에 그 정정을 신청할 수 있다.
② 위 정정으로 인접 토지의 경계가 변경되는 경우에는 아래의 어느 하나에 해당하는 서류를 지적소관청에 제출해야 한다.
   ㉠ 인접 토지소유자의 승낙서
   ㉡ 인접 토지소유자가 승낙사지 않는 경우에는 이에 대항할 수 있는 확정판결서 정본
③ 지적소관청에 제출하는 정정신청서에는 아래의 구분에 따른 서류를 첨부해야 한다. 다만, 그 서류를 해당 지적소관청이 관리하는 경우에는 지적소관청의 확인으로 해당 서류의 제출을 갈음할 수 있다.
   ㉠ 경계 또는 면적의 변경을 가져오는 경우 : 등록사항 정정 측량성과도
   ㉡ 그 밖의 등록사항을 정정하는 경우 : 변경사항을 확인할 수 있는 서류

4. 토지소유자에 관한 사항의 정정

① 토지소유자의 신청 또는 지적소관청의 직권으로 등록사항을 정정할 때 그 정정사항이 토지소유자에 관한 사항인 경우에는 등기필증, 등기완료통지서, 등기사항증명서 또는 등기관서에서 제공한 등기전산정보자료에 따라 정정해야 한다.

② 다만, 미등기 토지에 대하여 토지소유자의 성명 또는 명칭, 주민등록번호, 주소 등에 관한 사항의 정정을 신청한 경우로서 그 등록사항이 명백히 잘못된 경우에는 가족관계 기록사항에 관한 증명서에 따라 정정해야 한다.

5. 등록사항 정정 대상토지의 관리 등

① 지적소관청은 토지의 표시가 잘못되었음을 발견했을 때에는 지체 없이 등록사항 정정에 필요한 서류와 등록사항 정정 측량성과도를 작성하고, 토지이동정리결의서를 작성한 후 대장의 사유란에 '등록사항정정 대상토지'라고 적고, 토지소유자에게 등록사항 정정 신청을 할 수 있도록 그 사유를 통지해야 한다. 다만, 지적소관청이 직권으로 정정할 수 있는 경우에는 토지소유자에게 통지를 하지 않을 수 있다.

② 등록사항 정정 대상토지에 대한 대장을 열람하게 하거나 등본을 발급하는 때에는 '등록사항 정정 대상토지'라고 적은 부분을 흑백의 반전으로 표시하거나 붉은색으로 적어야 한다.

최신·기출·분석

제35회 기출문제 7번

01. 공간정보의 구축 및 관리 등에 관한 법령상 지적소관청이 지적공부의 등록사항을 직권으로 조사·측량하여 정정할 수 있는 경우로 **틀린** 것은?

① 연속지적도가 잘못 작성된 경우
② 지적공부의 작성 또는 재작성 당시 잘못 정리된 경우
③ 토지이동정리 결의서의 내용과 다르게 정리된 경우
④ 지적도 및 임야도에 등록된 필지가 면적의 증감 없이 경계의 위치만 잘못된 경우
⑤ 지방지적위원회 또는 중앙지적위원회의 의결서 사본을 받은 지적소관청이 그 내용에 따라 지적공부의 등록사항을 정정하여야 하는 경우

‖ 해설 및 정답 ‖

[등록사항의 직권정정]
지적소관청은 지적공부의 등록사항에 아래와 같은 잘못이 있음을 발견한 때에는 직권으로 조사·측량하여 지체 없이 관계 서류에 따라 지적공부의 등록사항을 정정해야 한다.
1. **토지이동정리 결의서의 내용과 다르게 정리된 경우**
2. **지적도 및 임야도에 등록된 필지가 면적의 증감 없이 경계의 위치만 잘못된 경우**
3. 1필지가 각각 다른 지적도나 임야도에 등록되어 있는 경우로서 지적공부에 등록된 면적과 측량한 실제 면적은 일치하지만 지적도나 임야도에 등록된 경계가 서로 접합되지 않아 지적도나 임야도에 등록된 경계를 지상의 경계에 맞추어 정정해야 하는 토지가 발견된 경우
4. **지적공부의 작성 또는 재작성 당시 잘못 정리된 경우**
5. 지적측량성과와 다르게 정리된 경우
6. **지적측량적부심사 및 재심사청구에 따른 지적위원회의 의결 결과에 따라 지적공부의 등록사항을 정정해야 하는 경우**
7. 지적공부의 등록사항이 잘못 입력된 경우
8. 등기관이 토지합필 제한에 위반한 등기의 신청을 각하한 때 그 사유의 통지가 있는 경우
9. 면적의 단위가 척관법에서 미터법으로 변경됨에 따른 면적환산이 잘못된 경우

답 ①

V. 지적정리

1. 토지의 표시에 대한 정리

(1) 지적정리가 필요한 경우

지적소관청은 지적공부가 아래의 어느 하나에 해당하는 경우에는 지적공부를 정리해야 한다. 이 경우 이미 작성된 지적공부에 정리할 수 없을 때에는 새로 작성해야 한다.

① 지번을 변경하는 경우
② 지적공부를 복구하는 경우
③ 신규등록·등록전환·분할·합병·지목변경 등 토지의 이동이 있는 경우

(2) 토지이동정리결의서의 작성

① 지적소관청은 토지의 이동이 있는 경우에는 토지이동정리 결의서를 작성해야 한다.
② 토지이동정리결의서는 토지대장·임야대장 또는 경계점좌표등록부별로 구분하여 작성한다.
③ 토지이동정리결의서에는 토지이동신청서 또는 도시개발사업 등의 완료신고서 등을 첨부해야 한다. 다만, 「전자정부법」에 따른 행정정보의 공동이용을 통해 첨부서류에 대한 정보를 확인할 수 있는 경우에는 그 확인으로 첨부서류를 갈음할 수 있다.

2. 토지소유자에 대한 정리

(1) 정리기준

① 지적공부에 등록된 토지소유자의 변경사항은 등기관서에서 등기한 것을 증명하는 등기필증, 등기완료통지서, 등기사항증명서 또는 등기관서에서 제공한 등기전산정보자료에 따라 정리한다.

② 신규등록하는 토지의 소유자는 지적소관청이 직접 조사하여 등록한다.

③ 기획재정부장관이나 중앙관서의 장이 소유자 없는 부동산을 국유재산으로 취득하기 위해 소유자 등록을 신청하는 경우, 지적소관청은 지적공부에 해당 토지의 소유자가 등록되지 않은 경우에만 소유자를 등록할 수 있다.

(2) 등기부와의 부합 여부 확인

① 등기부에 적혀 있는 토지의 표시가 지적공부와 일치하지 않으면 토지소유자를 정리할 수 없다. 이 경우 토지의 표시와 지적공부가 일치하지 않는다는 사실을 관할 등기관서에 통지해야 한다.

② 지적소관청은 필요하다고 인정하는 경우에는 관할 등기관서의 등기부를 열람하여 지적공부와 부동산등기부가 일치하는지 여부를 조사·확인해야 하며, 일치하지 않는 사항을 발견하면 등기사항증명서 또는 등기관서에서 제공한 등기전산정보자료에 따라 지적공부를 직권으로 정리하거나, 토지소유자나 그 밖의 이해관계인에게 그 지적공부와 부동산등기부가 일치하게 하는 데에 필요한 신청 등을 하도록 요구할 수 있다.

③ 지적소관청 소속 공무원이 지적공부와 부동산등기부의 부합 여부를 확인하기 위해 등기부를 열람하거나, 등기사항증명서의 발급을 신청하거나, 등기전산정보자료의 제공을 요청하는 경우 그 수수료는 무료로 한다.

(3) 소유자정리결의서의 작성

지적소관청은 토지소유자의 변동 등에 따라 지적공부를 정리하려는 경우에는 소유자정리결의서를 작성해야 한다.

3. 지적정리 후 절차

(1) 등기촉탁

지적소관청은 아래와 같은 사유로 토지의 표시변경에 관한 등기를 할 필요가 있는 경우에는 지체 없이 관할 등기관서에 그 등기를 촉탁해야 한다. 이 경우 등기촉탁은 국가가 국가를 위해 하는 등기로 본다.

① 토지의 이동정리를 한 경우

　주의 다만, 신규등록은 제외한다.

② 시·도지사 또는 대도시 시장의 승인을 받아 지번부여지역 전부 또는 일부에 대해 지번을 새로 부여한 경우

③ 바다로 된 토지를 등록말소하는 경우

④ 축척변경을 한 경우

⑤ 등록사항의 오류를 직권으로 정정한 경우

⑥ 행정구역 개편으로 새로이 지번을 부여한 경우

(2) 토지소유자에 대한 통지

1) 통지 사유

아래와 같은 경우에는 지적소관청이 해당 토지소유자에게 통지해야 한다. 다만, 통지받을 자의 주소나 거소를 알 수 없는 경우에는 일간신문, 해당 시·군·구의 공보 또는 인터넷 홈페이지에 공고해야 한다.

① 토지의 이동이 있을 때 지적소관청이 직권으로 토지이동을 조사·측량하여 지적공부에 등록 정리한 경우

② 시·도지사 또는 대도시 시장의 승인을 받아 지번부여지역 전부 또는 일부에 대해 지번을 새로 부여한 경우

③ 지적공부를 복구한 경우

④ 바다로 된 토지의 소유자가 그 통지를 받은 날부터 90일 이내에 등록말소신청을 하지 않아 지적소관청이 직권으로 등록말소한 경우

⑤ 지적소관청이 등록사항의 오류를 직권으로 조사·측량하여 정정한 경우

⑥ 행정구역 개편으로 지적소관청이 새로이 그 지번을 부여한 경우

⑦ 도시개발 사업 등으로 인해 토지이동이 있는 때에 그 사업시행자가 지적소관청에 그 이동을 신청하여 지적정리를 한 경우

⑧ 대위신청권자의 신청에 의해 소관청이 지적정리를 한 경우

⑨ 토지표시의 변경에 관해 관할 등기관서에 등기를 촉탁한 경우

2) 통지 기한

① 토지의 표시에 관한 변경등기가 필요한 경우 : 그 등기완료통지서를 접수한 날부터 15일 이내

② 토지의 표시에 관한 변경등기가 불필요한 경우 : 지적공부에 등록한 날부터 7일 이내

최신·기출·분석

제33회 기출문제 10번

01. 공간정보의 구축 및 관리 등에 관한 법령상 토지소유자의 정리에 관한 설명이다. ( )에 들어갈 내용으로 옳은 것은?

> 지적공부에 등록된 토지소유자의 변경사항은 등기관서에서 등기한 것을 증명하는 등기필증, 등기완료통지서, 등기사항증명서 또는 등기관서에게 제공한 등기전산정보자료에 따라 정리한다. 다만, (ㄱ)하는 토지의 소유자는 (ㄴ)이(가) 직접 조사하여 등록한다.

① ㄱ : 축척변경, ㄴ : 등기관
② ㄱ : 축척변경, ㄴ : 시·도지사
③ ㄱ : 신규등록, ㄴ : 등기관
④ ㄱ : 신규등록, ㄴ : 지적소관청
⑤ ㄱ : 등록전환, ㄴ : 시·도지사

∥해설 및 정답∥

[토지소유자에 대한 정리기준]
1. 지적공부에 등록된 토지소유자의 변경사항은 등기관서에서 등기한 것을 증명하는 등기필증, 등기완료통지서, 등기사항증명서 또는 등기관서에서 제공한 등기전산정보자료에 따라 정리한다.
2. **신규등록**하는 토지의 소유자는 **지적소관청**이 직접 조사하여 등록한다.
3. 기획재정부장관이나 중앙관서의 장이 소유자 없는 부동산을 국유재산으로 취득하기 위해 소유자 등록을 신청하는 경우, 지적소관청은 지적공부에 해당 토지의 소유자가 등록되지 않은 경우에만 소유자를 등록할 수 있다.

답 ④

최신·기출·분석

> 제35회 기출문제 1번

02. 공간정보의 구축 및 관리 등에 관한 법령상 지적소관청은 토지의 이동 등으로 토지의 표시 변경에 관한 등기를 할 필요가 있는 경우에는 지체 없이 관할 등기관서에 그 등기를 촉탁하여야 한다. 이 경우 등기촉탁의 대상이 <u>아닌</u> 것은?

① 지목변경 ② 지번변경 ③ 신규등록
④ 축척변경 ⑤ 합병

∥ 해설 및 정답 ∥

[지적정리 후 등기촉탁]
지적소관청은 아래와 같은 사유로 토지의 표시변경에 관한 등기를 할 필요가 있는 경우에는 지체 없이 관할 등기관서에 그 등기를 촉탁해야 한다. 이 경우 등기촉탁은 국가가 국가를 위해 하는 등기로 본다.
1. 토지의 이동정리를 한 경우
   주의 다만, **신규등록은 제외**한다.
2. 시·도지사 또는 대도시 시장의 승인을 받아 지번부여지역 전부 또는 일부에 대해 지번을 새로 부여한 경우
3. 바다로 된 토지를 등록말소하는 경우
4. 축척변경을 한 경우
5. 등록사항의 오류를 직권으로 정정한 경우
6. 행정구역 개편으로 새로이 지번을 부여한 경우

답 ③

최신·기출·분석

제34회 기출문제 6번

03. 공간정보의 구축 및 관리 등에 관한 법령상 지적소관청이 토지소유자에게 지적정리 등을 통지하여야 하는 시기에 대한 설명이다. ( )에 들어갈 내용으로 옳은 것은?

> ○ 토지의 표시에 관한 변경등기가 필요하지 아니한 경우 : (ㄱ)에 등록한 날부터 (ㄴ) 이내
> ○ 토지의 표시에 관한 변경등기가 필요한 경우 : 그 (ㄷ)를 접수한 날부터 (ㄹ) 이내

① ㄱ : 등기완료의 통지서, ㄴ : 15일, ㄷ : 지적공부, ㄹ : 7일
② ㄱ : 등기완료의 통지서, ㄴ : 7일, ㄷ : 지적공부, ㄹ : 15일
③ ㄱ : 지적공부, ㄴ : 7일, ㄷ : 등기완료의 통지서, ㄹ : 15일
④ ㄱ : 지적공부, ㄴ : 10일, ㄷ : 등기완료의 통지서, ㄹ : 15일
⑤ ㄱ : 지적공부, ㄴ : 15일, ㄷ : 등기완료의 통지서, ㄹ : 7일

∥ 해설 및 정답 ∥

[지적정리 후 토지소유자에 대한 통지 기한]
1. 토지의 표시에 관한 변경등기가 **필요**한 경우 : 그 **등기완료통지서**를 접수한 날부터 **15일** 이내
2. 토지의 표시에 관한 변경등기가 **불필요**한 경우 : **지적공부**에 등록한 날부터 **7일** 이내

답 ③

Unit 5. 지적측량

> **Check Point**
> '지적측량'이란 토지를 지적공부에 등록하거나 지적공부에 등록된 경계점을 지상에 복원하기 위해 필지의 경계 또는 좌표와 면적을 정하는 측량을 말하며, 지적확정측량 및 지적재조사측량을 포함한다.

Ⅰ. 측량 관련 용어의 정의

1. 측량

공간상에 존재하는 일정한 점들의 위치를 측정하고 그 특성을 조사하여 도면 및 수치로 표현하거나 도면상의 위치를 현지에 재현하는 것을 말하며, 측량용 사진의 촬영, 지도의 제작 및 각종 건설사업에서 요구하는 도면작성 등을 포함한다.

2. 기본측량

모든 측량의 기초가 되는 공간정보를 제공하기 위해 국토교통부장관이 실시하는 측량을 말한다.

3. 공공측량

아래에 해당하는 측량을 말한다.
① 국가, 지방자치단체, 그 밖에 대통령령으로 정하는 기관(공공기관 등)이 관계 법령에 따른 사업 등을 시행하기 위해 기본측량을 기초로 실시하는 측량
② 위 '①' 외의 자가 시행하는 측량 중 공공의 이해 또는 안전과 밀접한 관련이 있는 측량으로서 대통령령으로 정하는 측량

4. 지적측량

토지를 지적공부에 등록하거나 지적공부에 등록된 경계점을 지상에 복원하기 위해 필지의 경계 또는 좌표와 면적을 정하는 측량을 말하며, 지적확정측량 및 지적재조사측량을 포함한다.

5. 지적확정측량

도시개발사업 등이 끝나 토지의 표시를 새로 정하기 위해 실시하는 지적측량을 말한다.

6. 지적재조사측량

「지적재조사에 관한 특별법」에 따른 지적재조사사업에 따라 토지의 표시를 새로 정하기 위해 실시하는 지적측량을 말한다.

7. 일반측량

기본측량, 공공측량 및 지적측량 외의 측량을 말한다.

8. 측량기준점

① 측량의 정확도를 확보하고 효율성을 높이기 위해 특정 지점을 측량기준에 따라 측정하고 좌표 등으로 표시하여 측량 시에 기준으로 사용되는 점을 말한다.
② 국가기준점, 공공기준점, 지적기준점으로 구분한다.

9. 지적기준점

① 특별시장·광역시장·특별자치시장·도지사 또는 특별자치도지사나 지적소관청이 지적측량을 정확하고 효율적으로 시행하기 위해 국가기준점을 기준으로 하여 따로 정하는 측량기준점을 말한다.
② 지적삼각점, 지적삼각보조점, 지적도근점으로 구분한다.

10. 지적삼각점

지적측량 시 수평위치 측량의 기준으로 사용하기 위해 국가기준점을 기준으로 하여 정한 기준점을 말한다.

11. 지적삼각보조점

지적측량 시 수평위치 측량의 기준으로 사용하기 위해 국가기준점과 지적삼각점을 기준으로 하여 정한 기준점을 말한다.

12. 지적도근점

지적측량 시 필지에 대한 수평위치 측량 기준으로 사용하기 위해 국가기준점, 지적삼각점, 지적삼각보조점 및 다른 지적도근점을 기초로 하여 정한 기준점을 말한다.

Ⅱ. 지적측량의 대상

아래의 어느 하나에 해당하는 경우에는 지적측량을 해야 한다.

① 지적기준점을 정하는 경우(기초측량)
② 지적측량성과를 검사하는 경우(검사측량)
③ 지적공부를 복구하는 경우(복구측량)
④ 토지를 신규등록하는 경우(신규등록측량)
⑤ 토지를 등록전환하는 경우(등록전환측량)
⑥ 토지를 분할하는 경우(분할측량)
⑦ 바다가 된 토지의 등록을 말소하는 경우(등록말소측량)
⑧ 축척을 변경하는 경우(축척변경측량)
⑨ 지적공부의 등록사항을 정정하는 경우(등록사항정정측량)
⑩ 도시개발사업 등의 시행지역에서 토지의 이동이 있는 경우(지적확정측량)
⑪ 「지적재조사에 관한 특별법」에 따른 지적재조사사업에 따라 토지의 이동이 있는 경우(지적재조사측량)
⑫ 경계점을 지상에 복원하는 경우(경계점복원측량)
⑬ 지상건축물 등의 현황을 지적도 및 임야도에 등록된 경계와 대비하여 표시하는 데에 필요한 경우(지적현황측량)

최신·기출·분석

제33회 기출문제 9번

01. 공간정보의 구축 및 관리 등에 관한 법령상 지적측량을 실시하여야 하는 경우로 틀린 것은?

① 지적기준점을 정하는 경우
② 경계점을 지상에 복원하는 경우
③ 지상건축물 등의 현황을 지형도에 표시하는 경우
④ 바다가 된 토지의 등록을 말소하는 경우로서 측량을 할 필요가 있는 경우
⑤ 지적공부의 등록사항을 정정하는 경우로서 측량을 할 필요가 있는 경우

∥ 해설 및 정답 ∥
③ 지상건축물 등의 현황을 **지적도 및 임야도**에 등록된 **경계와 대비**하여 표시하는 데에 필요한 경우

답 ③

Ⅲ. 지적측량의 절차

1. 지적측량의 의뢰

① 토지소유자 등 이해관계인은 지적측량을 할 필요가 있는 경우(검사측량, 지적재조사측량 제외)에는 지적측량수행자(지적측량업의 등록을 한 자 또는 한국국토정보공사)에게 지적측량을 의뢰해야 한다.
② 지적측량을 의뢰하려는 자는 지적측량 의뢰서에 의뢰 사유를 증명하는 서류를 첨부하여 지적측량수행자에게 제출해야 한다.
③ 지적측량을 의뢰하는 자는 지적측량수행자에게 지적측량수수료를 내야 한다. 다만, 토지소유자가 신청해야 할 사항으로서 토지소유자의 신청이 없어 지적소관청이 직권으로 조사·측량하여 지적공부를 정리한 때에는 그 조사·측량에 들어간 비용을 지적소관청이 토지소유자로부터 징수한다(바다로 된 토지의 등록말소는 제외).

2. 지적측량수행계획서 제출

① 지적측량수행자는 지적측량 의뢰를 받은 때에는 측량기간, 측량일자 및 측량 수수료 등을 적은 지적측량수행계획서를 그 다음 날까지 지적소관청에 제출해야 한다. 제출한 지적측량수행계획서를 변경한 경우에도 같다.
② 지적소관청은 지적측량수행자가 제출한 지적측량수행계획서에 따라 지적측량을 하려는 지역의 지적공부와 부동산종합공부에 관한 전산자료를 지적측량수행자에게 제공해야 한다.
③ 지적소관청은 지적측량수행자가 측량업무 수행을 위해 전산화 이전의 지적공부, 측량부·측량결과도·면적측정부, 측량성과 파일 등 측량성과에 관한 자료를 요청한 경우에는 특별한 사정이 없는 한 지적측량수행자에게 제공해야 한다.

3. 지적측량의 수행

지적측량수행자는 지적측량 의뢰를 받으면 지적측량을 하여 그 측량성과를 결정해야 한다.

4. 지적측량성과의 검사

① 지적측량수행자가 지적측량을 했으면 시·도지사, 대도시 시장(「지방자치법」에 따라 서울특별시·광역시 및 특별자치시를 제외한 인구 50만 이상의 시의 시장을 말한다) 또는 지적소관청으로부터 측량성과에 대한 검사를 받아야 한다. 다만, 지적공부를 정리하지 않는 측량(경계복원측량 및 지적현황측량)의 경우에는 그러하지 아니하다.
② 지적소관청은 「건축법」 등 관계 법령에 따른 분할제한 저촉 여부 등을 판단하여 측량성과가 정확하다고 인정하면 지적측량성과도를 지적측량수행자에게 발급해야 하며, 지적측량수행자는 측량의뢰인에게 그 지적측량성과도를 포함한 지적측량 결과부를 지체 없이 발급해야 한다. 이 경우 검사를 받지 않은 지적측량성과도는 측량의뢰인에게 발급할 수 없다.

5. 측량 및 검사기간

① 지적측량의 측량기간은 5일로 하며, 측량검사기간은 4일로 한다(원칙).

② 지적기준점을 설치하여 측량 또는 측량검사를 하는 경우 지적기준점이 15점 이하인 경우에는 4일을, 15점을 초과하는 경우에는 4일에 15점을 초과하는 4점마다 1일을 가산한다.

③ 지적측량 의뢰인과 지적측량수행자가 서로 합의하여 따로 기간을 정하는 경우에는 그 기간에 따르되, 전체 기간의 4분의 3은 측량기간으로, 전체 기간의 4분의 1은 측량검사기간으로 본다.

6. 토지의 이동에 따른 면적 등의 결정방법

① 합병에 따른 경계·좌표 또는 면적은 따로 지적측량을 하지 않고 아래의 구분에 따라 결정한다.
  ㉠ 합병 후 필지의 경계 또는 좌표 : 합병 전 각 필지의 경계 또는 좌표 중 합병으로 필요 없게 된 부분을 말소하여 결정
  ㉡ 합병 후 필지의 면적 : 합병 전 각 필지의 면적을 합산하여 결정

② 등록전환이나 분할에 따른 면적을 정할 때 오차가 발생하는 경우 그 오차의 허용 범위 및 처리방법 등에 필요한 사항은 대통령령으로 정한다.

7. 지적기준점성과의 관리 및 열람

(1) 지적기준점성과의 의의

'지적기준점성과'란 지적기준점에 의한 측량성과를 말한다.

(2) 지적기준점성과의 관리

① 지적삼각점성과는 특별시장·광역시장·도지사 또는 특별자치도지사(이하 '시·도지사'라 한다)가 관리하고, 지적삼각보조점성과 및 지적도근점성과는 지적소관청이 관리한다.

② 지적소관청이 지적삼각점을 설치하거나 변경했을 때에는 그 측량성과를 시·도지사에게 통보해야 한다.

③ 지적소관청은 지형·지물 등의 변동으로 인해 지적삼각점성과가 다르게 된 때에는 지체 없이 그 측량성과를 수정하고 그 내용을 시·도지사에게 통보해야 한다.

(3) 지적기준점성과의 열람 및 등본 발급

① 시·도지사나 지적소관청은 지적기준점성과와 그 측량기록을 보관하고 일반인이 열람할 수 있도록 해야 한다.

② 지적측량기준점성과 또는 그 측량부를 열람하거나 등본을 발급받으려는 자는 지적삼각점성과에 대해서는 시·도지사 또는 지적소관청에 신청하고, 지적삼각보조점성과 및 지적도근점성과에 대해서는 지적소관청에 신청해야 한다.

최신·기출·분석

제34회 기출문제 1번

01. 공간정보의 구축 및 관리 등에 관한 법령상 지적측량 수행자가 지적측량 의뢰를 받은 때 그 다음 날까지 지적소관청에 제출하여야 하는 것으로 옳은 것은?

① 지적측량 수행계획서
② 지적측량 의뢰서
③ 토지이동현황 조사계획서
④ 토지이동 정리결의서
⑤ 지적측량 결과서

최신·기출·분석

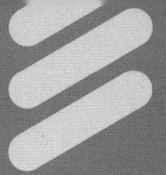

‖해설 및 정답‖

[지적측량 수행계획서의 제출]
1. **지적측량수행자는 지적측량 의뢰를 받은 때**에는 측량기간, 측량일자 및 측량 수수료 등을 적은 지적측량수행계획서를 **그 다음 날까지 지적소관청에 제출**해야 한다. 제출한 지적측량수행계획서를 변경한 경우에도 같다.
2. 지적소관청은 지적측량수행자가 제출한 지적측량수행계획서에 따라 지적측량을 하려는 지역의 지적공부와 부동산종합공부에 관한 전산자료를 지적측량수행자에게 제공해야 한다.
3. 지적소관청은 지적측량수행자가 측량업무 수행을 위해 전산화 이전의 지적공부, 측량부·측량결과도·면적측정부, 측량성과 파일 등 측량성과에 관한 자료를 요청한 경우에는 특별한 사정이 없는 한 지적측량수행자에게 제공해야 한다.

[지적측량의 의뢰(②)]
1. 지소유자 등 이해관계인은 지적측량을 할 필요가 있는 경우(검사측량, 지적재조사측량 제외)에는 지적측량수행자(지적측량업의 등록을 한 자 또는 한국국토정보공사)에게 지적측량을 의뢰해야 한다.
2. 지적측량을 의뢰하려는 자는 **지적측량 의뢰서**에 의뢰 사유를 증명하는 서류를 첨부하여 지적측량수행자에게 제출해야 한다.

[직권에 의한 토지의 조사·등록(③④)]
1. 지적소관청은 토지의 이동현황을 직권으로 조사·측량하여 토지의 지번·지목·면적·경계 또는 좌표를 결정하려는 때에는 **토지이동현황 조사계획**을 수립해야 한다.
2. **토지이동현황 조사계획**은 시·군·구별로 수립하되, 부득이한 사유가 있는 때에는 읍·면·동별로 수립할 수 있다.
3. 지적소관청은 **토지이동현황 조사계획**에 따라 토지의 이동현황을 조사한 때에는 토지이동 조사부에 토지의 이동현황을 적어야 한다.
4. 지적소관청은 따른 토지이동현황 조사 결과에 따라 토지의 지번·지목·면적·경계 또는 좌표를 결정한 때에는 이에 따라 지적공부를 정리해야 한다.
5. 지적소관청은 지적공부를 정리하려는 때에는 토지이동 조사부를 근거로 토지이동 조서를 작성하여 **토지이동정리 결의서**에 첨부해야 하며, 토지이동조서의 아래 부분 여백에 '「공간정보의 구축 및 관리 등에 관한 법률」 제64조제2항 단서에 따른 직권정리'라고 적어야 한다.

[지적측량성과의 검사(⑤)]
1. 지적측량수행자가 지적측량을 했으면 시·도지사, 대도시 시장(「지방자치법」에 따라 서울특별시·광역시 및 특별자치시를 제외한 인구 50만 이상의 시의 시장을 말한다) 또는 지적소관청으로부터 측량성과에 대한 검사를 받아야 한다. 다만, 지적공부를 정리하지 않는 측량(경계복원측량 및 지적현황측량)의 경우에는 그러하지 아니하다.
2. 지적소관청은 「건축법」 등 관계 법령에 따른 분할제한 저촉 여부 등을 판단하여 측량성과가 정확하다고 인정하면 지적측량성과도를 지적측량수행자에게 발급해야 하며, 지적측량수행자는 측량의뢰인에게 그 지적측량성과도를 포함한 **지적측량 결과부**를 지체 없이 발급해야 한다. 이 경우 검사를 받지 않은 지적측량성과도는 측량의뢰인에게 발급할 수 없다.

답 ①

최신·기출·분석

제34회 기출문제 10번

02. 공간정보의 구축 및 관리 등에 관한 법령상 지적측량의 측량기간 및 검사기간에 대한 설명이다. ( )에 들어갈 내용으로 옳은 것은?(단, 지적측량 의뢰인과 지적측량수행자가 서로 합의하여 따로 기간을 정하는 경우는 제외함)

> 지적측량의 측량기간은 (ㄱ)일로 하며, 측량검사 기간은 (ㄴ)일로 한다. 다만, 지적기준점을 설치하여 측량 또는 측량검사를 하는 경우 지적기준점이 15점 이하인 경우에는 (ㄷ)일을, 15점을 초과하는 경우에는 (ㄹ)일에 15점을 초과하는 (ㅁ)점마다 1일을 가산한다.

① ㄱ : 4, ㄴ : 4, ㄷ : 4, ㄹ : 4, ㅁ : 3
② ㄱ : 5, ㄴ : 4, ㄷ : 4, ㄹ : 4, ㅁ : 4
③ ㄱ : 5, ㄴ : 4, ㄷ : 4, ㄹ : 5, ㅁ : 3
④ ㄱ : 5, ㄴ : 4, ㄷ : 5, ㄹ : 5, ㅁ : 3
⑤ ㄱ : 6, ㄴ : 5, ㄷ : 5, ㄹ : 5, ㅁ : 3

∥해설 및 정답∥

[측량 및 검사기간]
1. 지적측량의 **측량기간은 5일**로 하며, **측량검사기간은 4일**로 한다(원칙).
2. 지적기준점을 설치하여 측량 또는 측량검사를 하는 경우 지적기준점이 15점 이하인 경우에는 **4일**을, 15점을 초과하는 경우에는 **4일**에 15점을 초과하는 **4점**마다 1일을 가산한다.
3. 지적측량 의뢰인과 지적측량수행자가 서로 합의하여 따로 기간을 정하는 경우에는 그 기간에 따르되, 전체 기간의 4분의 3은 측량기간으로, 전체 기간의 4분의 1은 측량검사기간으로 본다.

답 ②

최신·기출·분석

제35회 기출문제 5번

03. 공간정보의 구축 및 관리 등에 관한 법령상 경계점좌표등록부가 있는 지역의 토지분할을 위하여 면적을 정할 때의 기준에 대한 내용이다. (   )에 들어갈 내용으로 옳은 것은?(단, 다른 조건은 고려하지 아니함)

> ○ 분할 후 각 필지의 면적합계가 분할 전 면적보다 많은 경우에는 구하려는 (ㄱ)부터 순차적으로 버려서 정하되, 분할 전 면적에 증감이 없도록 할 것
>
> ○ 분할 후 각 필지의 면적합계가 분할 전 면적보다 적은 경우에는 구하려는 (ㄴ)부터 순차적으로 올려서 정하되, 분할 전 면적에 증감이 없도록 할 것

① ㄱ: 끝자리의 숫자가 작은 것,   ㄴ: 끝자리의 숫자가 큰 것
② ㄱ: 끝자리의 다음 숫자가 작은 것   ㄴ: 끝자리의 다음 숫자가 큰 것
③ ㄱ: 끝자리의 숫자가 큰 것,   ㄴ: 끝자리의 숫자가 작은 것
④ ㄱ: 끝자리의 다음 숫자가 큰 것,   ㄴ: 끝자리의 다음 숫자가 작은 것
⑤ ㄱ: 끝자리의 숫자가 큰 것,   ㄴ: 끝자리의 다음 숫자가 작은 것

‖ 해설 및 정답 ‖

[경계점좌표등록부가 있는 지역의 토지분할을 위해 면적을 정하는 기준]
1. 분할 후 각 필지의 면적합계가 분할 전 면적보다 **많은** 경우에는 구하려는 **끝자리의 다음 숫자가 작은 것**부터 순차적으로 **버려**서 정하되, 분할 전 면적에 증감이 없도록 할 것
2. 분할 후 각 필지의 면적합계가 분할 전 면적보다 적은 경우에는 구하려는 **끝자리의 다음 숫자가 큰 것**부터 순차적으로 **올려**서 정하되, 분할 전 면적에 증감이 없도록 할 것

답 ②

최신·기출·분석

제34회 기출문제 7번

04. 공간정보의 구축 및 관리 등에 관한 법령상 지적삼각보조점성과의 등본을 발급받으려는 경우 그 신청기관으로 옳은 것은?

① 시·도지사
② 시·도지사 또는 지적소관청
③ 지적소관청
④ 지적소관청 또는 한국국토정보공사
⑤ 한국국토정보공사

∥해설 및 정답∥

[지적기준점성과의 관리 및 열람]

1. 지적기준점성과의 의의
'지적기준점성과'란 지적기준점에 의한 측량성과를 말한다.

2. 지적기준점성과의 관리
① 지적삼각점성과는 특별시장·광역시장·도지사 또는 특별자치도지사(이하 '시·도지사'라 한다)가 관리하고, 지적삼각보조점성과 및 지적도근점성과는 지적소관청이 관리한다.
② 지적소관청이 지적삼각점을 설치하거나 변경했을 때에는 그 측량성과를 시·도지사에게 통보해야 한다.
③ 지적소관청은 지형·지물 등의 변동으로 인해 지적삼각점성과가 다르게 된 때에는 지체 없이 그 측량성과를 수정하고 그 내용을 시·도지사에게 통보해야 한다.

3. 지적기준점성과의 열람 및 등본 발급
① 시·도지사나 지적소관청은 지적기준점성과와 그 측량기록을 보관하고 일반인이 열람할 수 있도록 해야 한다.
② 지적측량기준점성과 또는 그 측량부를 열람하거나 등본을 발급받으려는 자는 지적삼각점성과에 대해서는 시·도지사 또는 지적소관청에 신청하고, **지적삼각보조점성과** 및 지적도근점성과에 대해서는 **지적소관청**에 신청해야 한다.

답 ③

최신·기출·분석

> 제33회 기출문제 8번

05. 공간정보의 구축 및 관리 등에 관한 법령상 지적측량의 의뢰, 지적기준점성과의 보관·열람 및 등본 발급 등에 관한 설명으로 옳은 것은?

① 지적삼각보조점성과 및 지적도근점성과를 열람하거나 등본을 발급받으려는 자는 지적측량수행자에게 신청하여야 한다.
② 지적측량을 의뢰하려는 자는 지적측량 의뢰서에 의뢰 사유를 증명하는 서류를 첨부하여 지적소관청에 제출하여야 한다.
③ 시·도지사나 지적소관청은 지적기준점성과와 그 측량기록을 보관하고 일반인이 열람할 수 있도록 하여야 한다.
④ 지적소관청이 지적측량 의뢰를 받은 때에는 측량기간, 측량일자 및 측량 수수료 등을 적은 지적측량 수행계획서를 그 다음 날까지 지적측량수행자에게 제출하여야 한다.
⑤ 지적측량 의뢰인과 지적측량수행자가 서로 합의하여 따로 기간을 정하는 경우에는 그 기간에 따르되, 전체 기간의 4분의 1은 측량기간으로, 전체 기간의 4분의 3은 측량검사기간으로 본다.

최신·기출·분석

‖ 해설 및 정답 ‖

[지적기준점성과의 열람 등(①③)]
1. 시·도지사나 지적소관청은 지적기준점성과와 그 측량기록을 보관하고 일반인이 열람할 수 있도록 해야 한다.
2. 지적측량기준점성과 또는 그 측량부를 열람하거나 등본을 발급받으려는 자는 지적삼각점성과에 대해서는 시·도지사 또는 지적소관청에 신청하고, **지적삼각보조점성과 및 지적도근점성과**에 대해서는 **지적소관청**에 신청해야 한다.

[지적측량의 의뢰(②)]
1. 토지소유자 등 이해관계인은 지적측량을 할 필요가 있는 경우(검사측량, 지적재조사측량 제외)에는 **지적측량수행자**(지적측량업의 등록을 한 자 또는 한국국토정보공사)**에게 지적측량을 의뢰**해야 한다.
2. 지적측량을 의뢰하려는 자는 지적측량 의뢰서에 의뢰 사유를 증명하는 서류를 첨부하여 **지적측량수행자에게 제출**해야 한다.
3. 지적측량을 의뢰하는 자는 **지적측량수행자에게 지적측량수수료를 내야** 한다. 다만, 토지소유자가 신청해야 할 사항으로서 토지소유자의 신청이 없어 지적소관청이 직권으로 조사·측량하여 지적공부를 정리한 때에는 그 조사·측량에 들어간 비용을 지적소관청이 토지소유자로부터 징수한다(바다로 된 토지의 등록말소는 제외).

[지적측량수행계획서 제출(④)]
1. **지적측량수행자는** 지적측량 의뢰를 받은 때에는 측량기간, 측량일자 및 측량 수수료 등을 적은 **지적측량수행계획서를** 그 다음 날까지 **지적소관청에 제출**해야 한다. 제출한 지적측량수행계획서를 변경한 경우에도 같다.
2. **지적소관청은** 지적측량수행자가 제출한 지적측량수행계획서에 따라 지적측량을 하려는 지역의 지적공부와 부동산종합공부에 관한 **전산자료를 지적측량수행자에게 제공**해야 한다.
3. 지적소관청은 지적측량수행자가 측량업무 수행을 위해 전산화 이전의 지적공부, 측량부·측량결과도·면적측정부, 측량성과 파일 등 **측량성과에 관한 자료**를 요청한 경우에는 특별한 사정이 없는 한 **지적측량수행자에게 제공**해야 한다.

[측량 및 검사기간(⑤)]
1. 지적측량의 측량기간은 5일로 하며, 측량검사기간은 4일로 한다(원칙).
2. 지적기준점을 설치하여 측량 또는 측량검사를 하는 경우 지적기준점이 15점 이하인 경우에는 4일을, 15점을 초과하는 경우에는 4일에 15점을 초과하는 4점마다 1일을 가산한다.
3. 지적측량 의뢰인과 지적측량수행자가 서로 합의하여 따로 기간을 정하는 경우에는 그 기간에 따르되, 전체 기간의 **4분의 3은 측량기간**으로, 전체 기간의 **4분의 1은 측량검사기간**으로 본다.

답 ③

Ⅳ. 지적위원회 및 지적측량적부심사

1. 지적위원회

(1) 중앙지적위원회

아래의 사항을 심의·의결하기 위해 국토교통부에 중앙지적위원회를 둔다.
① 지적 관련 정책개발 및 업무개선 등에 관한 사항
② 지적측량기술의 연구·개발 및 보급에 관한 사항
③ 지적측량 적부심사에 대한 재심사
④ 측량기술자 중 지적분야 측량기술자(이하 '지적기술자'라 한다)의 양성에 관한 사항
⑤ 지적기술자의 업무정지처분 및 징계요구에 관한 사항

(2) 지방지적위원회

지적측량에 대한 적부심사 청구사항을 심의·의결하기 위해 특별시·광역시·특별자치시·도 또는 특별자치도(이하 '시·도'라 한다)에 지방지적위원회를 둔다.

(3) 지적위원회의 구성 등

① 중앙지적위원회는 위원장 1명과 부위원장 1명을 포함하여 5명 이상 10명 이하의 위원으로 구성한다.
② 중앙지적위원회의 위원장은 국토교통부의 지적업무 담당 국장이, 부위원장은 국토교통부의 지적업무 담당 과장이 된다.
③ 중앙지적위원회의 위원은 지적에 관한 학식과 경험이 풍부한 사람 중에서 국토교통부장관이 임명하거나 위촉한다.
④ 위원장 및 부위원장을 제외한 위원의 임기는 2년으로 한다.
⑤ 중앙지적위원회의 간사는 국토교통부의 지적업무 담당 공무원 중에서 국토교통부장관이 임명하며, 회의 준비, 회의록 작성 및 회의 결과에 따른 업무 등 중앙지적위원회의 서무를 담당한다.
⑥ 중앙지적위원회의 위원에게는 예산의 범위에서 출석수당과 여비, 그 밖의 실비를 지급할 수 있다. 다만, 공무원인 위원이 그 소관 업무와 직접적으로 관련되어 출석하는 경우에는 그러하지 않다
⑦ 지방지적위원회의 경우 중앙지적위원회의 구성에 관한 위 규정들을 준용하되, '국토교통부'는 '시·도'로, '국토교통부장관'은 '시·도지사'로 본다.

(4) 지적위원회의 회의 등

① 위원장은 회의를 소집하고 그 의장이 된다.
② 위원장이 부득이한 사유로 직무를 수행할 수 없을 때에는 부위원장이 그 직무를 대행하고, 위원장 및 부위원장이 모두 부득이한 사유로 직무를 수행할 수 없을 때에는 위원장이 미리 지명한 위원이 그 직무를 대행한다.

③ 위원회의 회의는 재적위원 과반수의 출석으로 개의하고, 출석위원 과반수의 찬성으로 의결한다.
④ 지적위원회는 관계인을 출석하게 하여 의견을 들을 수 있으며, 필요하면 현지조사를 할 수 있다.
⑤ 위원장이 지적위원회의 회의를 소집할 때에는 회의 일시·장소 및 심의 안건을 회의 5일 전까지 각 위원에게 서면으로 통지해야 한다.
⑥ 위원이 심사 또는 재심사 시 그 측량 사안에 관해 관련이 있는 경우에는 그 안건의 심의 또는 의결에 참석할 수 없다.

2. 지적측량적부심사

(1) 심사의 청구

① 토지소유자, 이해관계인 또는 지적측량수행자는 지적측량성과에 대해 다툼이 있는 경우에는 관할 시·도지사를 거쳐 지방지적위원회에 지적측량적부심사를 청구할 수 있다.
② 이 경우 아래의 구분에 따른 서류를 첨부해야 한다.
　㉠ 토지소유자 또는 이해관계인 : 지적측량을 의뢰하여 발급받은 지적측량성과
　㉡ 지적측량수행자(지적측량수행자 소속 지적기술자가 청구하는 경우에 한함) : 직접 실시한 지적측량성과

(2) 시·도지사의 조사 및 회부

지적측량적부심사청구를 받은 시·도지사는 30일 이내에 아래의 사항을 조사하여 지방지적위원회에 회부해야 한다.
① 다툼이 되는 지적측량의 경위 및 그 성과
② 해당 토지에 대한 토지이동 및 소유권 변동 연혁
③ 해당 토지 주변의 측량기준점, 경계, 주요 구조물 등 현황 실측도

(3) 지방지적위원회의 심의·의결 및 의결서 송부

① 지적측량적부심사청구를 회부받은 지방지적위원회는 그 심사청구를 회부받은 날부터 60일 이내에 심의·의결해야 한다. 다만, 부득이한 경우에는 그 심의기간을 해당 지적위원회의 의결을 거쳐 30일 이내에서 한 번만 연장할 수 있다.
② 지방지적위원회는 지적측량적부심사를 의결했으면 위원장과 참석위원 전원이 서명 및 날인한 지적측량적부심사 의결서를 작성하여 지체 없이 시·도지사에게 송부해야 한다.

(4) 시·도지사의 의결서 통지

① 시·도지사는 의결서를 받은 날부터 7일 이내에 지적측량적부심사 청구인 및 이해관계인에게 그 의결서를 통지해야 한다.
② 이 때 재심사를 청구할 수 있음을 서면으로 알려야 한다.

(5) 재심사 청구

① 의결서를 받은 자가 지방지적위원회의 의결에 불복하는 경우에는 그 의결서를 받은 날부터 90일 이내에 국토교통부장관을 거쳐 중앙지적위원회에 재심사를 청구할 수 있다.
② 재심사청구에 관하여는 적부심사청구에 관한 규정을 준용한다. 이 경우 '시·도지사'는 '국토교통부장관'으로, '지방지적위원회'는 '중앙지적위원회'로 본다.
③ 중앙지적위원회로부터 의결서를 받은 국토교통부장관은 그 의결서를 관할 시·도지사에게 송부해야 한다.

(6) 시·도지사의 의결서 사본 송부

① 시·도지사는 지방지적위원회의 의결서를 받은 후 해당 지적측량적부심사 청구인 및 이해관계인이 재심사 청구기간 내에 재심사를 청구하지 않으면 그 의결서 사본을 지적소관청에 보내야 한다.
② 재심사청구에 따른 중앙지적위원회의 의결서를 받은 경우에는 그 의결서 사본에 지방지적위원회의 의결서 사본을 첨부하여 지적소관청에 보내야 한다.

(7) 지적소관청의 등록사항 정정

지방지적위원회 또는 중앙지적위원회의 의결서 사본을 받은 지적소관청은 그 내용에 따라 지적공부의 등록사항을 정정하거나 측량성과를 수정해야 한다.

(8) 중복청구 금지

지방지적위원회의 의결이 있은 후 재심사를 청구하지 않거나 중앙지적위원회의 의결이 있는 경우에는 해당 지적측량성과에 대해 다시 지적측량적부심사 청구를 할 수 없다.

최신·기출·분석

제34회 기출문제 9번

01. 공간정보의 구축 및 관리 등에 관한 법령상 중앙지적위원회의 구성 및 회의 등에 관한 설명으로 옳은 것은?

> ㄱ. 중앙지적위원회의 간사는 국토교통부의 지적업무 담당 공무원 중에서 지적업무 담당 국장이 임명하며, 회의 준비, 회의록 작성 및 회의 결과에 따른 업무 등 중앙지적위원회의 서무를 담당한다.
>
> ㄴ. 중앙지적위원회의 회의는 재적위원 과반수의 출석으로 개의(開議)하고, 출석위원 과반수의 찬성으로 의결한다.
>
> ㄷ. 중앙지적위원회는 관계인을 출석하게 하여 의견을 들을 수 있으며, 필요하면 현지조사를 할 수 있다.
>
> ㄹ. 위원장이 중앙지적위원회의 회의를 소집할 때에는 회의 일시·장소 및 심의 안건을 회의 7일 전까지 각 위원에게 서면으로 통지하여야 한다.

① ㄱ, ㄴ   ② ㄴ, ㄷ   ③ ㄱ, ㄴ, ㄷ
④ ㄱ, ㄷ, ㄹ   ⑤ ㄴ, ㄷ, ㄹ

‖ 해설 및 정답 ‖

[중앙지적위원회의 구성]
중앙지적위원회는 위원장 1명과 부위원장 1명을 포함하여 5명 이상 10명 이하의 위원으로 구성한다.
1. 위원장 : 국토교통부의 지적업무 담당 국장
2. 부위원장 : 국토교통부의 지적업무 담당 과장
3. 위원 : 지적에 관한 학식과 경험이 풍부한 사람 중에서 국토교통부장관이 임명하거나 위촉한다.
4. 간사 : 국토교통부의 지적업무 담당 공무원 중에서 <u>**국토교통부장관이 임명**</u>하며, 회의 준비, 회의록 작성 및 회의 결과에 따른 업무 등 중앙지적위원회의 서무를 담당한다.

[중앙지적위원회의 회의]
1. 위원장은 회의를 소집하고 그 의장이 된다.
2. 위원장이 부득이한 사유로 직무를 수행할 수 없을 때에는 부위원장이 그 직무를 대행하고, 위원장 및 부위원장이 모두 부득이한 사유로 직무를 수행할 수 없을 때에는 위원장이 미리 지명한 위원이 그 직무를 대행한다.
3. 위원회의 회의는 재적위원 과반수의 출석으로 개의하고, 출석위원 과반수의 찬성으로 의결한다.
4. 지적위원회는 관계인을 출석하게 하여 의견을 들을 수 있으며, 필요하면 현지조사를 할 수 있다.
5. 위원장이 지적위원회의 회의를 소집할 때에는 회의 일시·장소 및 심의 안건을 회의 <u>**5일 전까지**</u> 각 위원에게 서면으로 통지해야 한다.
6. 위원이 심사 또는 재심사 시 그 측량 사안에 관해 관련이 있는 경우에는 그 안건의 심의 또는 의결에 참석할 수 없다.

답 ②

PART 2
부동산등기법

2025 위패스 공인중개사 합격셀렉트
2차 부동산공시법

Unit 1-4

Unit 1 기본 개념
Unit 2 부동산등기의 기초
Unit 3 등기절차 총론
Unit 4 등기절차 각론

Unit 1 기본 개념

1. 등기부
전산정보처리조직에 의해 입력·처리된 등기정보자료를 대법원규칙으로 정하는 바에 따라 편성한 것을 말한다.

2. 등기기록
1필의 토지 또는 1개의 건물에 관한 등기정보자료를 말한다.

3. 등기사항
등기기록에 기재된 하나하나의 권리 내용을 말한다.

4. 등기능력
어떤 권리나 물건이 등기부에 기재될 수 있는 자격을 말한다.

5. 등기당사자능력
등기명의인이 될 수 있는 자격을 말한다.

6. 등기명의인
등기부에 기재된 권리의 주체를 말한다.

7. 등기권리자
등기할 권리를 가진 사람을 말한다.

8. 등기의무자
권리변동에 따른 등기에 협력해야 할 의무가 있는 사람을 말한다.

Unit 2. 부동산등기의 기초

2025 위패스 공인중개사 합격셀렉트

Ⅰ. 등기의 설비

1. 등기소

(1) 등기소의 관할

① 등기사무는 부동산의 소재지를 관할하는 지방법원, 그 지원 또는 등기소(이하 "등기소"라 한다)에서 담당한다.

② 부동산이 여러 등기소의 관할구역에 걸쳐 있을 때에는 대법원규칙으로 정하는 바에 따라 각 등기소를 관할하는 상급법원의 장이 관할 등기소를 지정한다.

(2) 관할에 관한 특례

① '(1)'에도 불구하고 관할 등기소가 다른 여러 개의 부동산과 관련하여 등기목적과 등기원인이 동일하거나 그 밖에 대법원규칙으로 정하는 등기신청이 있는 경우에는 그 중 하나의 관할 등기소에서 해당 신청에 따른 등기사무를 담당할 수 있다.

② '(1)'에도 불구하고 등기관이 당사자의 신청이나 직권에 의한 등기를 하고 아래와 같은 사유로 다른 부동산에 대하여 등기를 해야 하는 경우에는 그 부동산의 관할 등기소가 다른 때에도 해당 등기를 할 수 있다.

　㉠ 승역지에 지역권등기를 했을 때 이와 관련하여 요역지에 등기해야 하는 경우

　㉡ 기존에 등기된 저당권부채권을 담보하기 위해 다른 부동산을 공동저당권의 대상으로 추가했을 때 이와 관련하여 기존 저당부동산에 등기해야 하는 경우

③ '(1)'에도 불구하고 상속 또는 유증으로 인한 등기신청의 경우에는 부동산의 관할 등기소가 아닌 등기소도 그 신청에 따른 등기사무를 담당할 수 있다.

(3) 관할의 위임 및 변경

① 대법원장은 어느 등기소의 관할에 속하는 사무를 다른 등기소에 위임하게 할 수 있다.

② 어느 부동산의 소재지가 다른 등기소의 관할로 바뀌었을 때에는 종전의 관할 등기소는 전산정보처리조직을 이용하여 그 부동산에 관한 등기기록의 처리권한을 다른 등기소로 넘겨주는 조치를 해야 한다.

(4) 등기사무의 정지

대법원장은 아래의 어느 하나에 해당하거나 이에 준하는 사유가 발생한 경우로서 등기소에서 정상적인 등기사무의 처리가 어려운 경우에는 기간을 정해 등기사무의 정지를 명령하거나 대법원규칙으로 정하는 바에 따라 등기사무의 처리를 위해 필요한 처분을 명령할 수 있다.

① 「재난 및 안전관리 기본법」상의 재난이 발생한 경우

② 정전 또는 정보통신망의 장애가 발생한 경우

2. 등기관

(1) 의의

등기사무는 등기소에 근무하는 법원서기관·등기사무관·등기주사 또는 등기주사보 중에서 지방법원장(등기소의 사무를 지원장이 관장하는 경우에는 지원장)이 지정하는 자(이하 '등기관'이라 한다)가 처리한다.

(2) 등기관의 등기사무처리

① 등기관은 등기사무를 전산정보처리조직을 이용하여 등기부에 등기사항을 기록하는 방식으로 처리해야 한다.
② 등기관은 접수번호의 순서에 따라 등기사무를 처리해야 한다.
③ 등기관이 등기를 마친 경우 그 등기는 접수한 때부터 효력을 발생하며, '등기를 접수한 때'란 등기신청정보가 전산정보처리조직에 저장된 때를 말한다.
④ 등기관이 등기사무를 처리한 때에는 등기사무를 처리한 등기관이 누구인지 알 수 있는 조치로서, 각 등기관이 '법원 행정전자서명 인증관리센터'에서 발급받은 행정전자서명 인증서에 의한 등기전자서명을 하여 미리 부여받은 식별부호를 기록하는 방법으로 한다.

(3) 등기관의 업무처리의 제한

① 등기관은 자기, 배우자 또는 4촌 이내의 친족(이하 '배우자등'이라 한다)이 등기신청인인 때에는 그 등기소에서 소유권등기를 한 성년자로서 등기관의 배우자등이 아닌 자 2명 이상의 참여가 없으면 등기를 할 수 없다. 배우자등의 관계가 끝난 후에도 같다.
② 등기관은 위의 경우에 조서를 작성하여 참여인과 같이 기명날인 또는 서명을 해야 한다.

3. 등기부

(1) 등기부의 종류
등기부는 토지등기부와 건물등기부로 구분한다.

(2) 등기부의 보존
① 등기부는 영구히 보존해야 한다.
② 등기부는 중앙관리소에 보관·관리해야 하며, 전쟁·천재지변이나 그 밖에 이에 준하는 사태를 피하기 위한 경우 외에는 그 장소 밖으로 옮기지 못한다.
③ 등기부의 부속서류는 전쟁·천재지변이나 그 밖에 이에 준하는 사태를 피하기 위한 경우 외에는 등기소 밖으로 옮기지 못한다. 다만, 신청서나 그 밖의 부속서류에 대하여는 법원의 명령 또는 촉탁이 있거나 법관이 발부한 영장에 의해 압수하는 경우에는 그러하지 않다.

(3) 등기부의 편성
① 등기부를 편성할 때에는 1필의 토지 또는 1개의 건물에 대하여 1개의 등기기록을 둔다.
② 구분건물에 있어서는 1동의 건물에 속하는 전부에 대하여 1개의 등기기록을 사용한다.
③ 등기기록에는 부동산의 표시에 관한 사항을 기록하는 표제부와 소유권에 관한 사항을 기록하는 갑구 및 소유권 외의 권리에 관한 사항을 기록하는 을구를 둔다.

(4) 등기부부본자료
① 등기관이 등기를 마쳤을 때에는 등기부부본자료를 작성해야 한다.
② 등기부부본자료는 전산정보처리조직으로 작성해야 한다.
③ 등기부부본자료는 법원행정처장이 지정하는 장소에 보관해야 한다.
④ 등기부부본자료는 등기부와 동일하게 관리해야 한다.

(5) 등기부의 손상과 복구
① 등기부의 전부 또는 일부가 손상되거나 손상될 염려가 있을 때에는 대법원장은 등기부의 복구·손상방지 등 필요한 처분을 명령할 수 있다.
② 대법원장은 위 처분명령에 관한 권한을 법원행정처장 또는 지방법원장에게 위임한다.
③ 대법원장은 전자문서로 작성된 등기부 부속서류의 멸실방지 등의 처분명령에 관한 권한은 법원행정처장에게, 신청서나 그 밖의 부속서류의 멸실방지 등의 처분명령에 관한 권한은 지방법원장에게 위임한다.
④ 등기부의 전부 또는 일부가 손상되거나 손상될 염려가 있을 때에는 전산운영책임관은 지체 없이 그 상황을 조사한 후 처리방법을 법원행정처장에게 보고해야 한다.
⑤ 등기부의 전부 또는 일부가 손상된 경우에 전산운영책임관은 등기부부본자료에 의해 그 등기부를 복구해야 한다.
⑥ 등기부를 복구한 경우에 전산운영책임관은 지체 없이 그 경과를 법원행정처장에게 보고해야 한다.

(6) 등기기록의 열람 및 발급

1) 신청권자 및 상대방

① 누구든지 수수료를 내고 등기기록에 기록되어 있는 사항의 전부 또는 일부의 열람과 이를 증명하는 등기사항증명서의 발급을 청구할 수 있다. 다만, 등기기록의 부속서류에 대하여는 이해관계 있는 부분만 열람을 청구할 수 있다.

② 등기기록의 열람 및 등기사항증명서의 발급 청구는 관할 등기소가 아닌 등기소에 대하여도 할 수 있다.

2) 신청방법

① 등기소를 방문하여 등기사항증명서를 발급받거나 등기기록 또는 신청서나 그 밖의 부속서류를 열람하고자 하는 사람은 신청서를 제출해야 한다.

② 대리인이 신청서나 그 밖의 부속서류의 열람을 신청할 때에는 신청서에 그 권한을 증명하는 서면을 첨부해야 한다.

③ 전자문서로 작성된 신청서나 그 밖의 부속서류의 열람 신청은 관할 등기소가 아닌 다른 등기소에서도 할 수 있다.

④ 법원행정처장은 신청인이 발급에 필요한 정보를 스스로 입력하여 등기사항증명서를 발급받을 수 있게 하는 장치(무인발급기)를 이용하여 등기사항증명서의 발급업무를 처리하게 할 수 있다.

⑤ 등기사항증명서를 발급받거나 등기기록 또는 신청서나 그 밖의 부속서류의 열람업무는 법원행정처장이 정하는 바에 따라 인터넷을 이용하여 처리할 수 있다.

3) 등기사항증명서의 종류

① 등기사항전부증명서(말소사항 포함)
② 등기사항전부증명서(현재 유효사항)
③ 등기사항일부증명서(특정인 지분)
④ 등기사항일부증명서(현재 소유현황)
⑤ 등기사항일부증명서(지분취득 이력)
⑥ 그 밖에 대법원예규로 정하는 증명서

> **주의** 폐쇄한 등기기록 및 대법원예규로 정하는 등기기록에 대하여는 '①'로 한정한다.

4) 열람방법

① 등기기록의 열람은 등기기록에 기록된 등기사항을 전자적 방법으로 그 내용을 보게 하거나 그 내용을 기록한 서면을 교부하는 방법으로 한다.

② 신청서나 그 밖의 부속서류의 열람은 등기관 또는 그가 지정하는 직원이 보는 앞에서 해야 한다. 다만, 인터넷을 이용하여 열람하는 경우 또는 등기소에 방문하여 전자문서를 열람하는 경우에는 전자적 방법으로 그 내용을 보게 한다.

5) 발급방법

① 등기사항증명서를 발급할 때에는 등기사항증명서의 종류를 명시하고, 등기기록의 내용과 다름이 없음을 증명하는 내용의 증명문을 기록하며, 발급연월일과 중앙관리소 전산운영책임관의 직명을 적은 후 전자이미지관인을 기록해야 한다.

② 등기사항증명서가 여러 장으로 이루어진 경우에는 연속성을 확인할 수 있는 조치를 하여 발급하고, 그 등기기록 중 갑구 또는 을구의 기록이 없을 때에는 증명문에 그 뜻을 기록해야 한다.

③ 신탁원부, 공동담보(전세)목록, 도면 또는 매매목록은 그 사항의 증명도 함께 신청하는 뜻의 표시가 있는 경우에만 등기사항증명서에 이를 포함하여 발급한다(열람 시에도 준용).

④ 구분건물에 대한 등기사항증명서의 발급에 관하여는 1동의 건물의 표제부와 해당 전유부분에 관한 등기기록을 1개의 등기기록으로 본다(열람 시에도 준용).

⑤ 등기신청이 접수된 부동산에 관하여는 그 등기를 마칠 때까지 등기사항증명서를 발급하지 못한다. 다만, 그 부동산에 등기신청사건이 접수되어 처리 중에 있다는 뜻을 등기사항증명서에 표시하여 발급할 수 있다.

6) 등기사항 등의 공시제한

① 등기사항증명서를 발급하거나 등기기록 또는 신청서나 그 밖의 부속서류를 열람하게 할 때에는 등기명의인의 표시에 관한 사항 중 주민등록번호 또는 부동산등기용등록번호의 일부를 공시하지 않을 수 있다.

② 법원행정처장은 등기기록의 분량과 내용에 비추어 무인발급기나 인터넷에 의한 열람 또는 발급이 적합하지 않다고 인정되는 때에는 이를 제한할 수 있다. 신청서나 그 밖의 부속서류의 인터넷에 의한 열람의 경우에도 또한 같다.

(7) 등기기록의 폐쇄

1) 폐쇄사유

① 등기부의 전환 : 등기관이 등기기록에 등기된 사항을 새로운 등기기록에 옮겨 기록한 때에는 종전 등기기록을 폐쇄해야 한다.

② 기록과다 : 등기기록에 기록된 사항이 많아 취급하기에 불편하게 되는 등 합리적 사유로 등기기록을 옮겨 기록할 필요가 있는 경우에 등기관은 현재 효력이 있는 등기만을 새로운 등기기록에 옮겨 기록할 수 있다. 이 경우 종전 등기기록을 폐쇄해야 한다.

③ 합병으로 인한 소멸 : 갑 토지를 을 토지에 합병한 경우에 등기관이 합필등기를 할 때에는 갑 토지의 등기기록을 폐쇄해야 한다. 건물 합병의 경우에도 마찬가지이다.

④ 구분등기 : 구분건물이 아닌 갑 건물을 구분하여 갑 건물과 을 건물로 한 경우에 등기관이 구분등기를 할 때에는 구분 후의 갑 건물과 을 건물에 대하여 등기기록을 개설하고, 종전의 갑 건물의 등기기록을 폐쇄해야 한다.

⑤ 멸실등기 : 등기관이 토지의 멸실등기를 할 때에는 등기기록을 폐쇄해야 한다.

> **주의** 구분건물의 멸실에 있어서는 그 등기기록을 폐쇄하지 않는다.

⑥ 소유권보존등기의 말소

⑦ 중복등기의 정리

2) 폐쇄등기부

① 폐쇄한 등기기록은 영구히 보존해야 한다.

② 등기사항의 열람과 증명에 관한 규정은 모두 폐쇄등기기록에 준용한다.

3) 폐쇄된 등기기록의 부활

① 폐쇄된 등기기록의 소유권의 등기명의인 또는 등기상 이해관계인은 폐쇄되지 않은 등기기록의 최종 소유권의 등기명의인과 등기상 이해관계인을 상대로 하여 그 토지가 폐쇄된 등기기록의 소유권의 등기명의인의 소유임을 확정하는 판결(판결과 동일한 효력이 있는 조서를 포함한다)이 있음을 증명하는 정보를 등기소에 제공하여 폐쇄된 등기기록의 부활을 신청할 수 있다.

② 위 신청이 있을 때에는 폐쇄된 등기기록을 부활하고 다른 등기기록을 폐쇄해야 한다.

(8) 등기기록별 서식

1) 토지

[토지] 충청남도 당진군 석문면 삼봉리 1000-1 　　　　　　　　고유번호 1111-2002-002222

[표 제 부]			(토지의 표시)			
표시번호	접 수	소재지번	지목	면적	등기원인 및 기타사항	
1 (전 1)	1991년 1월 1일	충청남도 당진군 석문면 삼봉리 1000-1	임야	500㎡	부동산등기법 제177조의6 제1항의 규정에 의하여 2002년 05월 22일 전산이기	

[갑 구]			(소유권에 관한 사항)	
순위번호	등기목적	접 수	등기원인	권리자 및 기타사항
1 (전 2)	소유권이전	1988년10월1일 제40001호	1988년9월29일 매매	소유자 송경준 810101-******* 　서울특별시 동작구 대방동 200-2 거래가액 금 80,000,000원

[을 구]			(소유권 외의 권리에 관한 사항)	
순위번호	등기목적	접 수	등기원인	권리자 및 기타사항
1	근저당권설정	2015년1월15일 제11020호	2015년1월5일 설정계약	채권최고액 금 50,000,000원 채무자 송경준 　서울특별시 동작구 대방동 200-2 근저당권자 석문농협 145454-0001111 　충청남도 당진군 석문면 통정리 100-1 　(삼봉지점)

2) 건물

[건물] 서울특별시 서초구 서초동 1555-5 　　　　　　　　　　　고유번호 1111-2015-007777

[표 제 부]			(건물의 표시)	
표시번호	접 수	소재지번, 건물명칭 및 번호	건물내역	등기원인 및 기타사항
1	2015년8월1일	서울특별시 서초구 서초동 1555-5 [도로명주소] 서울특별시 서초구 반포대로28길 55	철근콘크리트구조 평스라브지붕 5층 제2종근린생활시설 지1층 134.76㎡ 1층 100.05㎡ 2층 130.65㎡ 3층 130.65㎡	

[갑 구]			(소유권에 관한 사항)	
순위번호	등기목적	접 수	등기원인	권리자 및 기타사항
1	소유권보존	2015년8월1일 제44499호		공유자 지분 2분의 1 송경준 910101-******* 　서울특별시 동작구 대방동 200-2 지분 2분의 1 고연준 880101-******* 　서울특별시 송파구 신천동 100-1

[을 구]			(소유권 외의 권리에 관한 사항)	
순위번호	등기목적	접 수	등기원인	권리자 및 기타사항
1	근저당권설정	2016년3월3일 제60499호	2016년2월28일 설정계약	채권최고액 금 800,000,000원 채무자 송경준 　서울특별시 동작구 대방동 200-2 근저당권자 주식회사위패스은행 110111-0123456 　서울특별시 성동구 성수동 100-1 　(위패스빌딩)

3) 구분건물

[구분건물] 서울특별시 서초구 방배동 1-1 제1층 제101호   고유번호 1101-1998-010101

[표 제 부]		(1동의 건물의 표시)		
표시번호	접 수	소재지번, 건물명칭 및 번호	건물내역	등기원인 및 기타사항
1	2014년5월1일	서울특별시 서초구 방배동 1-1 위패스빌라 [도로명주소] 서울특별시 서초구 서래로1길 11	철근콘크리트조 경사스라브지붕 3층 연립주택 1층 434.34㎡ 2층 434.34㎡ 3층 434.34㎡	도면편철 책123장

		(대지권의 목적인 토지의 표시)		
표시번호	소재지번	지목	면적	등기원인 및 기타사항
1	서울특별시 서초구 방배동 1-1	대	1,000㎡	2014년5월1일

[표 제 부]		(전유부분의 건물의 표시)		
표시번호	접 수	건물번호	건물내역	등기원인 및 기타사항
1	2014년5월1일	제1층 제101호	철근콘크리트조 212.12㎡	도면편철 책123장

		(대지권의 표시)		
표시번호	대지권종류	대지권비율		등기원인 및 기타사항
1	1 소유권대지권	1,000분의 166.66		2014년5월1일 대지권

[갑 구]			(소유권에 관한 사항)	
순위번호	등기목적	접 수	등기원인	권리자 및 기타사항
1	소유권보존	2014년5월1일 제34567호		소유자 송경준 910101-******* 서울특별시 동작구 대방동 200-2

[을 구]			(소유권 외의 권리에 관한 사항)	
순위번호	등기목적	접 수	등기원인	권리자 및 기타사항
1	전세권설정	2020년3월3일 제34343호	2020년2월22일 설정계약	전세금 금 700,000,000원 범위 제1층 제101호 전부 존속기간 2020년3월5일부터 2022년3월4일까지 전세권자 고연준 880101-******* 서울특별시 송파구 신천동 100-1

최신·기출·분석

제33회 기출문제 15번

01. 전산이기된 등기부 등에 관한 설명으로 틀린 것은?

① 등기부는 영구(永久)히 보존해야 한다.
② 등기부는 법관이 발부한 영장에 의하여 압수하는 경우에는 대법원규칙으로 정하는 보관·관리장소 밖으로 옮길 수 있다.
③ 등기관이 등기를 마쳤을 때는 등기부부본자료를 작성해야 한다.
④ 등기원인을 증명하는 정보에 대하여는 이해관계 있는 부분만 열람을 청구할 수 있다.
⑤ 등기관이 등기기록의 전환을 위해 등기기록에 등기된 사항을 새로운 등기기록에 옮겨 기록한 때에는 종전 등기기록을 폐쇄해야 한다.

‖ 해설 및 정답 ‖

[등기부의 보존]
1. 등기부는 영구히 보존해야 한다.
2. **등기부**는 중앙관리소에 보관·관리해야 하며, 전쟁·천재지변이나 그 밖에 이에 준하는 사태를 피하기 위한 경우 외에는 그 장소 밖으로 **옮기지 못한다**.
3. **등기부의 부속서류**는 전쟁·천재지변이나 그 밖에 이에 준하는 사태를 피하기 위한 경우 외에는 등기소 밖으로 **옮기지 못한다**. 다만, **신청서나 그 밖의 부속서류**에 대하여는 **법원의 명령 또는 촉탁**이 있거나 **법관이 발부한 영장**에 의해 압수하는 경우에는 **그러하지 않다**.

답 ②

Ⅱ. 등기의 효력

1. 등기의 유효요건

(1) 형식적 유효요건

① 관할등기소에 등기할 것 : 관할을 위반한 등기는 당연무효이고, 직권말소의 대상이 된다.
② 등기할 수 있는 사항일 것 : 사건이 등기할 사항이 아닌 경우에 해당하는 등기신청이 있으면 각하해야 함이 원칙이고, 이를 간과하고 등기가 경료되었다면 이 등기는 실체관계에 부합하더라도 당연무효이고, 직권말소의 대상이 된다.
③ 중복등기가 아닐 것 : 1부동산 1등기기록의 원칙상 이미 보존등기가 된 부동산에 대해 중복하여 보존등기의 신청이 있는 경우 그 신청은 각하해야 함이 원칙이고, 이를 간과하고 중복등기가 경료되었다면 그 등기의 효력은 아래와 같다.
  ㉠ 중복등기명의인이 동일한 경우 : 나중에 경료된 등기는 무효이다.
  ㉡ 중복등기명의인이 다른 경우 : 먼저 경료된 등기가 원인무효가 아닌 한 나중에 경료된 등기는 무효이다.

> **주의** 신청절차에 흠결이 있는 등기(무권대리인이 신청한 등기 등)는 당사자에게 등기신청의사가 있고 또한 실체적 유효요건을 갖추고 있는 한 유효하다.

(2) 실체적 유효요건

등기에 부합하는 부동산과 등기명의인이 존재하고 등기된 대로의 물권행위가 존재해야 한다. 만약 등기가 실체관계에 부합하지 않는 경우에는 아래와 같이 처리한다.

① 중간생략등기 : 부동산물권이 A→B→C로 순차적으로 이전되어야 할 경우 중간 취득자 B의 등기를 생략하고 최초의 양도인 A로부터 직접 최후의 양수인 C에게 하는 등기로, C 명의로 경료된 등기의 효력은 아래와 같다.
  ㉠ 당사자 간에 적법한 원인행위가 성립되어 일단 중간생략등기가 이루어진 이상 중간생략등기에 관한 합의가 없었다는 이유만으로 그 등기가 무효라고 할 수는 없다.
  ㉡ 다만, 토지거래허가구역 내의 토지에 있어서는 각 매매계약의 당사자는 각각의 매매계약(A→B, B→C)에 관해 토지거래허가를 받지 않은 이상, 당사자들 사이에 중간생략등기의 합의가 있었더라도 C 명의의 등기는 무효이다.
② 모두생략등기 : 미등기부동산이 전전양도된 경우 최후의 양수인이 소유권보존등기를 한 경우에도 그 등기가 실질적 법률관계에 부합한다면 무효라고 볼 수 없다.
③ 실제와 다른 등기원인에 의한 등기 : 실제 등기원인은 '증여'이나 '매매'를 등기원인으로 신청하여 소유권이전등기가 이루어졌더라도 실체관계에 부합하는 등기이므로 무효는 아니다.
④ 실체관계와 등기의 시간적 불일치 : 등기원인 없이 소유권이전등기가 된 후에 적법한 매매가 이루어졌다면 실체관계에 부합하게 되었으므로 유효인 등기가 된다.

(3) 무효등기의 유용

① 어떤 등기가 실체에 부합되지 않아서 무효이나, 사후적으로 그에 부합하는 실체관계가 있게 된 경우에 기존의 무효등기를 말소하지 않고 새로운 실체관계를 공시하는 등기로 이용하는 것을 말한다.
② 무효등기의 유용을 위해서는, 유용에 관한 합의가 이루어지기 전에 등기상 이해관계 있는 제3자가 생기지 않아야 한다.
③ 인정되는 경우
　㉠ 등기원인 없이 소유권이전등기가 된 후에 그 등기에 부합하는 적법한 매매가 이루어진 경우
　㉡ 피담보채권의 변제로 저당권이 소멸한 후에 같은 내용의 저당권설정계약을 체결한 경우
④ 인정되지 않는 경우 : 표제부등기의 유용은 허용되지 않는다. 즉, 기존 건물이 멸실되고 새로이 건물이 신축된 경우, 기존 건물의 등기를 신축건물의 등기로 유용할 수는 없다.

2. 일반적인 등기의 효력

(1) 물권변동적 효력

① 「민법」은 부동산에 관한 물권변동은 등기해야 그 효력이 있다고 규정하고 있다.
② 등기관이 등기를 마친 경우 그 등기는 접수한 때부터 효력을 발생하므로, 등기에 따른 물권변동의 효력은 등기를 접수한 때에 발생한다.

(2) 순위확정적 효력

① 같은 등기에 관해 등기한 권리의 순위는 법률에 다른 규정이 없으면 등기한 순서에 따른다.
② 등기의 순서는 등기기록 중 같은 구에서 한 등기 상호간에는 순위번호에 따르고, 다른 구에서 한 등기 상호간에는 접수번호에 따른다.
③ 부기등기의 순위는 주등기의 순위에 따른다. 그러나 부기등기 상호간의 순위는 그 등기 순서에 따른다.

(3) 대항력

① 등기함으로써 등기내용에 관해 당사자 이외의 제3자에게 대항할 수 있게 된다.
② 임차권등기, 환매특약등기, 신탁등기, 각종 등기의 임의적 신청정보(존속기간, 지료, 이자 등) 등은 등기하지 않아도 당사자 사이에 효력이 발생하나, 등기하면 제3자에게도 이를 주장할 수 있다.

(4) 점유적 효력

「민법」상 점유취득시효기간은 20년이지만 등기한 경우 그 기간이 10년으로 단축된다. 즉, 등기는 부동산에 대한 취득시효기간을 단축하는 효력을 가진다.

(5) 후등기 저지력
① 어떤 등기가 존재하는 이상 이와 양립할 수 없는 등기를 할 수 없게 된다.
② 이는 등기가 형식적으로 존재하는 상태 자체를 존중하는 취지이므로, 실체법상 무효인 등기에도 인정된다.

(6) 추정력
① 등기에 대응하는 실체적 권리관계가 존재하는 것으로 추정되는 효력을 말한다.
② 이는 법률상 추정이므로, 그러한 실체관계가 존재하지 않는다고 주장하는 자가 그에 관한 증명책임을 진다.
③ 아래와 같은 등기에는 추정력이 인정되지 않는다.
　㉠ 가등기
　㉡ 동일인 명의의 중복보존등기 중 후등기
　㉢ 허무인·사자명의 등기
　㉣ 표제부등기

3. 가등기의 효력

(1) 청구권보전가등기
① 가등기는 본등기가 이루어지기 전에는 청구권보전의 효력만 있고, 물권변동적 효력·추정력 등 실체법상의 효력이 발생하지 않고 처분금지효력도 없다.
② 본등기가 이루어진 후에는 가등기 후에 마쳐진 제3자의 권리에 관한 등기는 본등기의 내용과 저촉되는 범위 내에서 실효되거나 후순위로 된다.

(2) 담보가등기
① 가등기된 부동산이 경매되는 경우 담보가등기권자는 가등기된 순위로 우선변제청구권을 행사할 수 있다.
② 담보가등기권자 스스로 가등기된 부동산에 대해 경매를 청구할 수 있다.

4. 가압류·가처분등기의 효력
① 가압류·가처분등기가 경료된 부동산에 대해 채무자로 하여금 매매·근저당권설정 등 일체의 처분을 금지하는 효력이 생긴다.
② 다만, 가압류·가처분등기에 위반한 처분행위가 절대적으로 무효가 되는 것은 아니고, 단지 가압류·가처분채권자에 대해 집행보전의 목적을 달성하는 데 필요한 범위 내에서 대항할 수 없을 뿐이다.

최신·기출·분석

제34회 기출문제 15번

01. 등기한 권리의 순위에 관한 설명으로 <u>틀린</u> 것은?(다툼이 있으면 판례에 따름)

① 부동산에 대한 가압류등기와 저당권설정등기 상호간의 순위는 접수번호에 따른다.
② 2번 저당권이 설정된 후 1번 저당권 일부이전의 부기등기가 이루어진 경우, 배당에 있어서 그 부기등기가 2번 저당권에 우선한다.
③ 위조된 근저당권해지증서에 의해 1번 근저당권등기가 말소된 후 2번 근저당권이 설정된 경우, 말소된 1번 근저당권등기가 회복되더라도 2번 근저당권이 우선한다.
④ 가등기 후에 제3자 명의의 소유권이전등기가 이루어진 경우, 가등기에 기한 본등기가 이루어지면 본등기는 제3자 명의 등기에 우선한다.
⑤ 집합건물 착공 전의 나대지에 대하여 근저당권이 설정된 경우, 그 근저당권등기는 집합건물을 위한 대지권등기에 우선한다.

‖ 해설 및 정답 ‖

[말소회복등기의 효력 및 순위]
말소회복등기는 어떤 등기의 전부 또는 일부가 부적법하게 말소된 경우에 그 말소된 등기를 회복함으로써 말소 당시에 소급하여 말소가 되지 않았던 것과 같은 효과를 생기게 하는 등기를 말한다. 따라서 **회복된 등기는 말소된 종전 등기와 동일 순위**를 가지게 된다.

답 ③

Ⅲ. 등기의 객체

1. 서설
① 「부동산등기법」상 등기의 대상은, '등기할 수 있는 물건'에 대하여 '등기할 수 있는 권리'에 한한다.
② 등기할 수 있는 물건은 '토지'와 '건물'을 말한다.
③ 등기할 수 있는 권리는 원칙적으로 '부동산에 관한 물권'이다.
④ '부동산의 일부' 또는 '권리의 일부'에 대해서도 등기할 수 있는 경우가 있다.

2. 등기할 수 있는 물건

(1) 토지
① 「공간정보의 구축 및 관리 등에 관한 법률」에 의한 1필지가 등기의 대상이다.
② 토지 중에서도 사권(私權)의 목적이 될 수 있는 경우에만 등기의 대상이 된다.
　㉠ 사권의 목적이 될 수 없는 공유수면 하의 토지 등은 등기의 대상이 되지 않는다.
　㉡ 사권의 목적이 되는 토지라면 공용제한을 받고 있더라도 등기의 대상이 된다.
　㉢ 「하천법」상 하천에 대해서는 소유권·저당권에 관한 등기는 가능하나, 지상권·지역권·전세권·임차권에 관한 등기는 할 수 없다.

(2) 건물
① '등기할 수 있는 건물'이란, 「건축법」상 건축물(토지에 정착하는 공작물 중 지붕과 기둥 또는 벽이 있는 것과 이에 딸린 시설물 등)로서 정착성, 외기분단성, 용도성의 요건을 갖춘 것을 말한다.
② 구분건물(1동의 건물 중 구조상 구분된 여러 개의 부분이 독립한 건물로서 사용될 수 있을 때에 그 각 부분)에 대해서도 등기할 수 있는데, 구분건물로서 객관적 요건을 갖췄더라도 소유자의 의사에 따라 구분건물로 등기할 수도 있고 일반건물로 등기할 수도 있다.
③ 개방형 축사의 경우 일정한 요건(소를 사육할 용도, 대장에 축사로 등록, 연면적 100㎡ 초과 등)을 갖추면 건물로서 등기할 수 있다.

등기능력 ○	등기능력 ×
·「하천법」상 하천	· 공유수면 하의 토지
·「도로법」상 도로	· 교량, 터널, 토굴
· 방조제(지목: 제방)	· 방조제의 부대시설(배수갑문)
· 농업용 고정식 유리온실	· 농지개량시설의 공작물(방수문), 비닐하우스
· 유류저장탱크, 싸이로(Silo), 비각	· 급유탱크, 주유소의 캐노피
· 컨테이너구조 슬레이트지붕건물	· 컨테이너 건물, 견본주택(모델하우스)
· 구분건물의 전유부분, 규약상 공용부분	· 구분건물의 구조상 공용부분(복도, 계단)
· 부속건물	· 옥외풀장

3. 등기할 수 있는 권리

(1) 부동산 물권

① 「민법」상 소유권, 지상권, 지역권, 전세권, 저당권에 관하여 등기할 수 있다.
② 점유권, 유치권, 특수지역권, 분묘기지권, 주위토지통행권 등은 물권이지만 등기할 수 없다.

(2) 그 외

① 권리질권 및 채권담보권은 부동산물권은 아니지만 일정한 경우 등기할 수 있다.
② 부동산임차권과 환매권 또한 물권은 아니지만 예외적으로 등기할 수 있다. 이들 권리는 반드시 등기할 필요는 없지만 등기하면 대항력이 생긴다.

4. 일부에 관한 등기

(1) 소유권보존등기의 가부

부동산의 일부만에 대한 소유권보존등기 또는 지분만에 대한 소유권보존등기 모두 불가능하다.

(2) 부동산의 일부

① 1필의 토지 일부에 대하여는 분할을 거치지 않고서는 소유권이전이나 저당권설정등기를 하지 못한다. 반면, 지상권·지역권·전세권·임차권 등 용익권은 1필의 토지 일부에 대해서도 등기할 수 있다.
② 1동의 건물을 구분 또는 분할하지 않고서는 소유권이전이나 저당권설정등기를 하지 못한다. 다만, 전세권은 1동의 건물 일부에 대해서도 등기할 수 있다.

(3) 권리의 일부(지분)

지분이전등기나 지분을 목적으로 하는 저당권설정등기는 가능하다. 반면, 지분을 목적으로 하는 전세권 등 용익권을 설정할 수는 없다.

구 분	소유권보존	소유권이전, 저당권	용익권
부동산의 일부	×	×	○
권리의 일부(지분)	×	○	×

최신·기출·분석

제34회 기출문제 14번

01. 부동산등기법상 등기할 수 <u>없는</u> 것을 모두 고른 것은?

| ㄱ. 분묘기지권 | ㄴ. 전세권저당권 |
| ㄷ. 주위토지통행권 | ㄹ. 구분지상권 |

① ㄱ, ㄷ   ② ㄴ, ㄹ   ③ ㄱ, ㄴ, ㄷ
④ ㄱ, ㄷ, ㄹ   ⑤ ㄴ, ㄷ, ㄹ

∥ 해설 및 정답 ∥

[등기할 수 있는 권리]

1. 부동산 물권
① 「민법」상 소유권, 지상권, 지역권, 전세권, 저당권에 관하여 등기할 수 있다.
② 점유권, 유치권, 특수지역권, **분묘기지권, 주위토지통행권** 등은 물권이지만 **등기할 수 없다**.

2. 그 외
① 권리질권 및 채권담보권은 부동산물권은 아니지만 일정한 경우 등기할 수 있다.
② 부동산임차권과 환매권 또한 물권은 아니지만 예외적으로 등기할 수 있다. 이들 권리는 반드시 등기할 필요는 없지만 등기하면 대항력이 생긴다.

답 ①

Ⅳ. 등기의 주체

1. 서설

① 등기할 권리의 주체 : 등기당사자능력이 있는 자에 한한다. 자연인, 법인 및 일정한 경우 법인 아닌 사단·재단의 경우 등기당사자능력이 인정된다.

② 등기(개시)행위의 주체 : 등기는 등기당사자(등기권리자와 등기의무자)가 공동신청함을 원칙으로 한다. 다만, 일정한 경우 등기당사자 일방이 단독으로 신청하거나 제3자가 신청할 수 있다. 또한 등기는 신청에 의하지 않고 관공서의 촉탁이나 등기관의 직권으로 또는 법원의 명령에 의해 이루어지기도 한다.

③ 등기(실행)행위의 주체 : 등기관이 등기부에 등기사항을 기록한다.

2. 등기당사자능력

(1) 인정되는 경우

① 자연인 : 미성년자, 제한능력자, 외국인, 재외국민 모두 원칙적으로 당사자능력이 있다.
② 법인 : 특별법상 조합이나 공법인인 국가나 지방자치단체도 당사자능력이 있다.
③ 법인 아닌 사단·재단
  ㉠ 종중, 문중, 그 밖에 대표자나 관리인이 있는 교회, 사찰, 정당, 아파트 입주자대표회의 등이 해당한다.
  ㉡ 법인 아닌 사단·재단의 명의로 그 대표자나 관리인이 신청한다.

(2) 인정되지 않는 경우

① 태아 : 다만, 태아가 출생한 경우에는 경정등기로 상속재산에 대한 등기를 할 수 있다.
② 「민법」상 조합 : 다만, 조합원 전원 명의로의 합유등기는 가능하다.
③ 학교 : 시설물로서의 학교는 등기당사자능력이 없다. 사립학교의 경우 '학교법인' 명의로, 국·공립학교의 경우 '국가' 또는 '지방자치단체' 명의로 등기해야 한다.
④ 읍·면·리·동 : 지방자치단체의 하위 행정조직에 불과하므로 등기당사자능력이 없다.

3. 등기의 신청주의 원칙

(1) 공동신청(원칙)

등기는 등기권리자와 등기의무자가 공동신청함을 원칙으로 한다(등기의 진정성 보장 목적).

구 분	등기권리자	등기의무자
소유권이전	매수인	매도인
환매특약	매도인	매수인
근저당권설정	근저당권자	근저당권설정자
근저당권이전	근저당권을 이전받는 자	근저당권자
가등기에 기한 본등기	가등기권리자	가등기의무자

(2) 단독신청

1) 등기의 성질상 공동신청이 불가능한 경우

① 소유권보존등기 또는 소유권보존등기의 말소등기 : 등기명의인(으로 될 자)이 단독신청한다.

② 상속, 법인의 분할·합병에 따른 소유권이전등기 : 등기권리자가 단독신청한다.

③ 부동산표시변경등기 및 등기명의인표시변경등기 : 등기명의인이 단독신청한다.

④ 말소등기신청 시 아래의 어느 하나에 해당하는 경우
  ㉠ 등기명의인의 사망 또는 해산에 따른 권리소멸 약정등기가 되어 있는 경우로서 등기명의인이 사망 또는 해산한 경우 : 등기권리자가 단독신청할 수 있다.
  ㉡ 등기의무자의 소재불명 : 공시최고 신청 후 제권판결을 받아 등기권리자가 단독신청할 수 있다.
  ㉢ 권리가 혼동으로 소멸하는 경우 : 등기명의인이 단독신청한다.

2) 등기의 진정성을 해할 염려가 없는 경우

① 판결에 의한 등기 : 승소한 등기권리자 또는 승소한 등기의무자가 단독신청한다.
  ㉠ 여기서 '판결'이라 함은 '확정된 이행판결'을 말하므로, 미확정판결(예 : 가집행선고부 판결 등)이나 확인판결 및 형성판결은 해당하지 않는다.
  ㉡ 다만, 공유물분할판결은 형성판결에 해당하지만 예외적으로 등기권리자 또는 등기의무자가 공유물분할판결에 의해 단독신청할 수 있다.
  ㉢ 확정판결과 동일한 효력이 있는 화해조서·인낙조서·조정조서·화해권고결정·조정에 갈음하는 결정 등에 따른 단독신청도 가능하다. **주의** 공정증서는 ×

② 신탁등기 및 신탁등기의 말소등기 : 수탁자가 단독신청한다.

③ 가등기 및 가등기의 말소등기
  ㉠ 가등기 또한 공동신청함이 원칙이나, 가등기의무자의 승낙이 있거나 가등기를 명하는 법원의 가처분명이 있을 때에는 가등기권리자가 단독신청할 수 있다.
  ㉡ 가등기의 말소는 가등기명의인이 단독신청할 수 있고, 가등기명의인의 승낙이 있을 때에는 가등기의무자 또는 등기상 이해관계인도 단독신청할 수 있다.

④ 수용으로 인한 소유권이전등기 : 등기권리자가 단독신청할 수 있다.

(3) 포괄승계인에 의한 등기신청

① 등기원인이 발생한 후에 등기권리자 또는 등기의무자에 대해 상속이나 그 밖의 포괄승계가 있는 경우에는 상속인이나 그 밖의 포괄승계인이 그 등기를 신청할 수 있다.

② 등기원인은 피상속인의 생전 법률행위이고 원칙적으로 공동신청(피상속인의 생전 법률행위의 상대방과 상속인)에 의한다는 점에서 상속등기와 구별된다(상속등기의 원인은 '상속'이고, 상속인의 단독신청에 의함).

③ 예를 들어, 甲이 乙에게 부동산을 매도했으나 소유권이전등기를 하기 전에 ㉠甲이 사망한 때에는 甲의 상속인 A가 등기의무자가 되어 매수인인 乙과 소유권이전등기를 공동신청해야 하고, ㉡乙이 사망한 경우에는 乙의 상속인 B가 등기권리자가 되어 매도인인 甲과 소유권이전등기를 공동신청해야 한다.

(4) 대위에 의한 등기신청

1) 의의

① 등기명의인 또는 등기권리의무자가 아니면서 이들을 대신해 자기 이름으로 등기를 신청하는 것을 말한다.

② 대위자의 성명·주소·대위원인이 등기부에 기록되고, 대위자 자신의 이름으로 등기를 신청한다는 점에서 후술할 '대리인에 의한 등기신청'과 구별된다.

2) 「민법」상 채권자대위에 의한 등기신청

① '채권자대위'란 채권자가 자기 채권을 보전하기 위해 채무자의 권리를 대신 행사하는 것을 말한다. 채권자는 채무자를 대위하여 등기를 신청할 수 있다.

② 채권자대위에 의한 등기신청의 요건은 아래와 같다.

㉠ 채무자에게 등기신청권이 있어야 한다. 따라서 채무자인 상속인이 상속포기를 한 경우에는 채권자가 채무자를 대위하여 상속등기를 신청할 수 없다(상속인이 상속포기를 할 수 있는 기간 내에는 대위상속등기 가능).

㉡ 채무자에게 유리한 등기여야 한다. 따라서 채무자가 등기의무자의 지위에 있는 경우에는 대위등기를 할 수 없고, 채무자가 등기권리자의 지위에 있는 경우 및 표시변경등기와 같이 유·불리가 없는 중성적 등기는 대위가 가능하다.

㉢ 채무자가 등기를 신청하지 않고 있어야 한다. 즉, 채무자에 의해 등기신청이 이루어진 상태에서는 대위등기를 할 수 없다.

③ 채무자가 단독신청할 수 있는 등기가 아닌 이상 그 상대방과 공동신청해야 함이 원칙이다.

④ 채권자의 채권자도 대위등기를 신청할 수 있다.

3) 「부동산등기법」상 대위등기신청

① 구분건물의 소유자가 소유권보존등기신청 시, 1동의 건물에 속하는 나머지 구분건물의 소유자를 대위하여 그 건물의 표시에 관한 등기를 신청할 수 있다.

② 구분건물이 아닌 건물로 등기된 건물에 접속하여 구분건물을 신축한 경우, 그 신축건물의 소유권보존등기를 신청할 때에는 구분건물이 아닌 건물을 구분건물의 소유자를 대위하여 그 건물을 구분건물로 변경하는 건물의 표시변경등기를 신청할 수 있다.

③ 구분건물의 소유명의인은 1동의 건물에 속하는 다른 구분건물의 소유명의인을 대위하여 대지권의 변경이나 소멸에 관한 등기를 신청할 수 있다.

④ 건물이 멸실된 경우 건물 소유명의인이 1개월 내에 멸실등기를 신청하지 않는 경우, 건물대지의 소유자가 건물 소유명의인을 대위하여 멸실등기를 신청할 수 있다.

⑤ 존재하지 않는 건물에 대한 등기에 대해 그 소유명의인이 멸실등기를 신청하지 않는 경우, 건물대지의 소유자가 건물 소유명의인을 대위하여 멸실등기를 신청할 수 있다.

⑥ 수익자나 위탁자는 수탁자를 대위하여 신탁등기를 단독신청할 수 있다.

(5) 대리인에 의한 등기신청

1) 의의
① 등기신청권자 본인이 아닌 대리인이 등기를 신청하는 것을 말한다.
② 법정대리인에 의한 등기신청과 임의대리인에 의한 등기신청으로 구별할 수 있다.

2) 법정대리인에 의한 등기신청
① 제한능력자의 경우 친권자 또는 후견인이 대리인으로서 등기를 신청할 수 있고, 부재자의 경우 부재자재산관리인, 상속인 또는 수증자의 경우 상속재산관리인 또는 유언집행자가 대리인으로서 등기를 신청할 수 있다.
② 친권자가 미성년인 자녀를 대리하여 등기를 신청할 때는 부모가 공동으로 해야 한다. 다만, 아래의 어느 하나에 해당하는 경우에는 부모 중 일방이 단독으로 신청할 수 있다.
　㉠ 부모의 의견이 일치하지 않아 가정법원이 친권행사자를 정한 경우
　㉡ 부모 중 일방이 사실상·법률상 친권을 행사할 수 없는 경우
③ ㉠친권자 중 일방이 미성년인 자녀와 이해가 상반되거나 ㉡동일한 친권에 따르는 수인의 미성년인 자녀 사이에 이해가 상반되는 경우, 법원이 선임한 특별대리인이 그 미성년인 자녀를 대리한다.

3) 임의대리인에 의한 등기신청
① 임의대리인의 자격에는 제한이 없음이 원칙이나, ㉠전자신청의 경우 변호사나 법무사가 아닌 자는 대리인이 될 수 없고, ㉡변호사나 법무사가 아닌 자는 등기신청의 대리행위를 업으로 하지 못한다.
② 임의대리인은 행위능력자임을 요하지 않으나, 의사능력은 있어야 한다.
③ 등기권리자가 등기의무자를 대리하여 자기의 등기를 신청할 수 있고, 동일한 법무사가 등기권리자와 등기의무자 쌍방을 대리하는 것도 허용된다.
④ 대리권은 등기신청행위의 종료시까지 있으면 충분하므로, 등기신청이 접수된 후 등기완료 전에 본인이나 대리인이 사망한 경우에도 그 등기신청은 적법하다.

최신·기출·분석

제35회 기출문제 14번

01. 등기권리자와 등기의무자가 공동으로 등기신청을 해야 하는 것은?(단, 판결 등 집행권원에 의한 등기신청은 제외함)

① 소유권보존등기의 말소등기를 신청하는 경우
② 법인의 합병으로 인한 포괄승계에 따른 등기를 신청하는 경우
③ 등기명의인표시의 경정등기를 신청하는 경우
④ 토지를 수용한 사업시행자가 수용으로 인한 소유권이전등기를 신청하는 경우
⑤ 변제로 인한 피담보채권의 소멸에 의해 근저당권설정등기의 말소등기를 신청하는 경우

‖해설 및 정답‖
⑤ 피담보채권이 소멸함에 따라 하는 근저당권설정등기의 말소등기는 근저당권자가 등기의무자, 근저당권설정자 또는 그로부터 소유권을 취득한 제3자가 등기권리자가 되어 공동신청한다.

제34회 기출문제 13번

02. 등기신청에 관한 설명으로 <u>틀린</u> 것은?

① 정지조건이 붙은 유증을 원인으로 소유권이전등기를 신청하는 경우, 조건성취를 증명하는 서면을 첨부하여야 한다.
② 사립대학이 부동산을 기증받은 경우, 학교 명의로 소유권이전등기를 할 수 있다.
③ 법무사는 매매계약에 따른 소유권이전등기를 매도인과 매수인 쌍방을 대리하여 신청할 수 있다.
④ 법인 아닌 사단인 종중이 건물을 매수한 경우, 종중의 대표자는 종중 명의로 소유권이전등기를 신청할 수 있다.
⑤ 채권자대위권에 의한 등기신청의 경우, 대위채권자는 채무자의 등기신청권을 자기의 이름으로 행사한다.

‖해설 및 정답‖
② 시설물로서의 학교는 등기당사자능력이 없다. 사립학교의 경우 '**학교법인**' 명의로, 국·공립학교의 경우 '국가' 또는 '지방자치단체' 명의로 등기해야 한다.

답 01 ⑤ 02 ②

최신·기출·분석

제33회 기출문제 14번

03. 등기신청인에 관한 설명 중 옳은 것을 모두 고른 것은?

> ㄱ. 부동산표시의 변경이나 경정의 등기는 소유권의 등기명의인이 단독으로 신청한다.
> ㄴ. 채권자가 채무자를 대위하여 등기신청을 하는 경우, 채무자가 등기신청인이 된다.
> ㄷ. 대리인이 방문하여 등기신청을 대리하는 경우, 그 대리인은 행위능력자임을 요하지 않는다.
> ㄹ. 부동산에 관한 근저당권설정등기의 말소등기를 함에 있어 근저당권 설정 후 소유권이 제3자에게 이전된 경우, 근저당권설정자 또는 제3취득자는 근저당권자와 공동으로 그 말소등기를 신청할 수 있다.

① ㄱ, ㄷ ② ㄴ, ㄹ ③ ㄱ, ㄷ, ㄹ
④ ㄴ, ㄷ, ㄹ ⑤ ㄱ, ㄴ, ㄷ, ㄹ

‖해설 및 정답‖

ㄴ. 대위등기신청이란, 등기명의인 또는 등기권리의무자가 아니면서 이들을 대신해 **자기 이름으로 등기를 신청**하는 것을 말한다. 대위자의 성명·주소·대위원인이 등기부에 기록되고, 대위자 자신의 이름으로 등기를 신청한다는 점에서 '대리인에 의한 등기신청'과 구별된다.

답 ③

최신·기출·분석

제33회 기출문제 16번

04. 등기신청에 관한 설명으로 **틀린** 것은?(다툼이 있으면 판례에 따름)

① 상속인이 상속포기를 할 수 있는 기간 내에는 상속인의 채권자가 대위권을 행사하여 상속등기를 신청할 수 없다.

② 가등기를 마친 후에 가등기권자가 사망한 경우, 그 상속인은 상속등기를 할 필요 없이 상속을 증명하는 서면을 첨부하여 가등기의무자와 공동으로 본등기를 신청할 수 있다.

③ 건물이 멸실된 경우, 그 건물소유권의 등기명의인이 1개월 이내에 멸실등기신청을 하지 않으면 그 건물대지의 소유자가 그 건물소유권의 등기명의인을 대위하여 멸실등기를 신청할 수 있다.

④ 피상속인으로부터 그 소유의 부동산을 매수한 매수인이 등기신청을 하지 않고 있던 중 상속이 개시된 경우, 상속인은 신분을 증명할 수 있는 서류를 첨부하여 피상속인으로부터 바로 매수인 앞으로 소유권이전등기를 신청할 수 있다.

⑤ 1동의 건물에 속하는 구분건물 중 일부만에 관하여 소유권보존등기를 신청하면서 나머지 구분건물의 표시에 관한 등기를 동시에 신청하는 경우, 구분건물의 소유자는 1동에 속하는 다른 구분건물의 소유자를 대위하여 그 건물의 표시에 관한 등기를 신청할 수 있다.

‖ 해설 및 정답 ‖

① 채권자대위에 의한 대위신청이 가능하려면 채무자에게 등기신청권이 있어야 한다. 따라서 채무자인 상속인이 이미 상속포기를 한 경우에는 채권자가 채무자를 대위하여 상속등기를 신청할 수 없고, 상속인이 <u>상속포기를 할 수 있는 기간 내에는 아직 상속등기신청권이 있으므로 대위상속등기가 가능</u>하다.

답 ①

4. 등기의 신청주의의 예외

(1) 등기의 촉탁

1) 의의
① 관공서(국가·지방자치단체 또는 법원)가 등기를 맡기는 경우를 말한다.
② 신청에 의한 등기와 실질이 같으므로, 등기의 신청에 관한 규정을 준용한다.

2) 등기당사자로서의 촉탁
① 국가 또는 지방자치단체가 등기권리자인 경우에는 국가 또는 지방자치단체는 등기의무자의 승낙을 받아 해당 등기를 지체 없이 등기소에 촉탁해야 한다.
② 국가 또는 지방자치단체가 등기의무자인 경우에는 국가 또는 지방자치단체는 등기권리자의 청구에 따라 지체 없이 해당 등기를 등기소에 촉탁해야 한다.
③ 관공서가 등기권리자로서 등기를 촉탁할 수 있는 경우라도 등기의무자와 공동으로 등기를 신청할 수 있다.

3) 공권력의 주체로서의 촉탁
① '처분제한에 관한 등기' 및 토지수용에 따른 소유권이전등기(관공서가 사업시행자인 경우)가 이에 해당한다.

> 참고 처분제한에 관한 등기 : 가압류·가처분에 관한 등기, 경매개시결정등기, 임차권등기명령에 의한 임차권등기, 체납처분으로 인한 압류등기 등

② 관공서가 체납처분으로 인한 압류등기를 촉탁하는 경우에는 등기명의인 또는 상속인, 그 밖의 포괄승계인을 갈음하여 부동산의 표시, 등기명의인의 표시의 변경, 경정 또는 상속, 그 밖의 포괄승계로 인한 권리이전의 등기를 함께 촉탁할 수 있다.
③ 관공서가 공매처분을 한 경우에 등기권리자의 청구를 받으면 지체 없이 아래의 등기를 등기소에 촉탁해야 한다.
  ㉠ 공매처분으로 인한 권리이전의 등기
  ㉡ 공매처분으로 인해 소멸한 권리등기의 말소
  ㉢ 체납처분에 관한 압류등기 및 공매공고등기의 말소

4) 등기촉탁서 제출방법
① 관공서가 촉탁정보 및 첨부정보를 적은 서면을 제출하는 방법으로 등기촉탁을 하는 경우에는 우편으로 그 촉탁서를 제출할 수 있다.
② 관공서가 등기촉탁을 하는 경우로서 소속 공무원이 직접 등기소에 출석하여 촉탁서를 제출할 때에는 그 소속 공무원임을 확인할 수 있는 신분증명서를 제시해야 한다.

(2) 등기의 명령
① 법원이 등기관에게 등기를 명하는 경우를 말한다.
② 등기관의 결정 또는 처분에 대한 이의신청에 따라 명하는 가등기 또는 부기등기 등이 이에 해당한다.

(3) 직권에 의한 등기
① 신청이나 촉탁 또는 명령이 없이도 등기관의 직권으로 등기하는 경우를 말한다.
② 어떤 등기의 실행 전에 선행되어야 하거나, 실행과 동시에 부대하여 이루어져야 하는 등기가 이에 해당한다.
  ㉠ 미등기부동산에 대한 법원의 처분제한등기 촉탁이 있는 경우, 미등기부동산에 대한 소유권보존등기
  ㉡ 환매권 행사에 따른 소유권이전등기의 신청이 있는 경우, 환매특약등기에 대한 말소등기
  ㉢ 수용으로 인한 소유권이전등기의 신청(촉탁)이 있는 경우, 대상 토지의 권리에 관한 등기기록에 대한 말소등기
  ㉣ 말소등기 시, 말소할 권리를 목적으로 하는 제3자의 권리에 관한 등기의 말소등기
  ㉤ 가등기에 기한 본등기 시, 본등기된 권리를 침해하는 제3자의 중간처분등기에 대한 말소등기
  ㉥ 승소한 가처분권자의 등기신청 시, 가처분등기에 대한 말소등기
  ㉦ 구분건물 등기기록에 대지권에 관한 등기를 한 경우, 대지권의 목적인 토지의 등기기록에 기재하는 '대지권이라는 뜻의 등기'
  ㉧ '대지권이라는 뜻의 등기'를 한 토지의 등기기록에 소유권보존등기나 소유권이전등기 외에 권리에 관한 등기가 있는 경우, 구분건물 등기기록에 기재하는 '토지 등기기록에 별도의 등기가 있다는 뜻의 등기'
③ 등기기록의 내용상 오류 또는 형식상 불일치가 발생하는 경우, 이를 해소하기 위한 등기가 이에 해당한다.
  ㉠ 행정구역·명칭의 변경에 따른 부동산의 표시 또는 등기명의인의 표시에 관한 변경등기
  ㉡ 소유권이전등기 신청 시 등기명의인의 주소변경으로 등기기록과 신청정보 상 주소가 불일치하는 경우, 등기명의인의 표시에 관한 변경등기
  ㉢ 토지의 이동 등으로 등기부의 부동산의 표시와 지적공부가 불일치하게 된 사실을 지적소관청으로부터 통지받은 경우, 부동산의 표시에 관한 변경등기(통지일로부터 1개월 이내에 등기명의인의 신청이 없는 경우에 한함)
  ㉣ 등기관의 잘못으로 인해 등기기록에 착오나 누락이 있음을 등기관이 발견한 경우, 해당 등기의 경정등기
  ㉤ 관할 위반이나 사건이 등기한 것이 아닌 경우를 위반하여 기록된 등기가 있는 경우, 해당 등기의 말소등기

최신·기출·분석

제35회 기출문제 23번

01. 등기의 촉탁에 관한 설명으로 틀린 것은?

① 관공서가 상속재산에 대해 체납처분으로 인한 압류등기를 촉탁하는 경우, 상속인을 갈음하여 상속으로 인한 권리이전의 등기를 함께 촉탁할 수 없다.
② 법원의 촉탁으로 실행되어야 할 등기가 신청된 경우, 등기관은 그 등기신청을 각하해야 한다.
③ 법원은 수탁자 해임의 재판을 한 경우, 지체 없이 신탁원부 기록의 변경등기를 등기소에 촉탁해야 한다.
④ 관공서가 등기를 촉탁하는 경우 우편으로 그 촉탁서를 제출할 수 있다.
⑤ 촉탁에 따른 등기절차는 법률에 다른 규정이 없는 경우에는 신청에 따른 등기에 관한 규정을 준용한다.

‖해설 및 정답‖
① 관공서가 체납처분으로 인한 압류등기를 촉탁하는 경우에는 등기명의인 또는 상속인, 그 밖의 포괄승계인을 갈음하여 부동산의 표시, 등기명의인의 표시의 변경, 경정 또는 상속, 그 밖의 포괄승계로 인한 권리이전의 등기를 함께 촉탁할 수 <u>있다</u>.

답 ①

Unit 3 등기절차 총론

Ⅰ. 등기의 신청

1. 신청방법

(1) 방문신청

① 신청인 또는 그 대리인이 등기소에 출석하여 신청정보 및 첨부정보를 적은 서면을 제출하는 방법이다.
② 신청서나 그 밖의 등기에 관한 서면을 작성할 때에는 자획을 분명히 해야 하고, 서면에 적은 문자의 정정, 삽입 또는 삭제를 한 경우에는 그 글자 수를 난외(欄外)에 적으며 문자의 앞뒤에 괄호를 붙이고 이에 날인 또는 서명해야 한다. 이 경우 삭제한 문자는 해독할 수 있게 글자체를 남겨두어야 한다.
③ 대리인이 변호사나 법무사인 경우에는 사무원을 등기소에 출석하게 하여 그 서면을 제출할 수 있다. 해당 사무원은 자격자대리인의 사무소 소재지를 관할하는 지방법원장이 허가하는 1명으로 한다.

(2) 전자신청

① 전산정보처리조직(애플리케이션 포함)을 이용하여 신청정보 및 첨부정보를 보내는 방법이다.
② 전자신청은 당사자가 직접 하거나 자격자대리인(변호사·법무사)이 당사자를 대리하여 한다.
③ 법인 아닌 사단이나 재단은 전자신청을 할 수 없다.
④ 외국인의 경우 외국인등록 또는 국내거소신고를 한 경우에 한해 전자신청이 가능하다.
⑤ 전자신청을 하기 위해서는 그 등기신청을 하는 당사자 또는 자격자대리인이 최초의 등기신청 전에 사용자등록을 해야 한다. 사용자등록을 신청하려는 경우 등기소에 출석하여 사용자등록신청서를 제출해야 한다.
⑥ 신청정보 및 첨부정보를 전자문서로 등기소에 송신하고, 사용자등록번호와 등기필정보 및 전자서명정보를 함께 송신해야 한다.

2. 신청정보

(1) 제공방법

① 등기의 신청은 1건당 1개의 부동산에 관한 신청정보를 제공하는 방법으로 해야 한다.

② 다만, 등기목적·등기원인이 동일한 경우 등에는 같은 등기소의 관할 내에 있는 여러 개의 부동산에 관한 신청정보를 일괄하여 제공하는 방법으로 할 수 있다.

(2) 내용

① 부동산의 표시에 관한 사항

　㉠ 토지: 소재와 지번, 지목, 면적

　㉡ 건물: 소재, 지번, 건물명칭 및 번호, 건물의 종류, 구조와 면적, 부속건물의 종류·구조·면적

　㉢ 구분건물: 1동의 건물의 표시로서 소재지번·건물명칭 및 번호·구조·종류·면적, 전유부분의 건물의 표시로서 건물번호·구조·면적, 대지권의 표시. 다만, 1동의 건물의 구조·종류·면적은 건물의 표시에 관한 등기나 소유권보존등기를 신청하는 경우로 한정한다.

② 등기원인과 그 연월일

③ 등기의 목적

④ 신청인의 성명(명칭), 주소(소재지), 주민등록번호(부동산등기용등록번호)

⑤ 등기권리자가 2인 이상인 경우: 공유자별 지분 또는 합유라는 뜻

⑥ 신청인이 법인인 경우: 대표자의 성명·주소

⑦ 신청인이 법인 아닌 사단이나 재단인 경우: 대표자나 관리인의 성명·주소·주민등록번호

⑧ 대리인에 의한 등기신청 시: 대리인의 성명·주소

⑨ 등기필정보

　㉠ 권리에 관한 등기를 공동신청 또는 승소한 등기의무자가 단독신청하는 경우에 한정한다,

　㉡ 등기필정보가 없을 때에는 ⓐ등기의무자등이 등기소에 출석하여 등기관으로부터 등기의무자등임을 확인받거나 ⓑ자격자대리인이 등기의무자등으로부터 위임받았음을 확인하거나 ⓒ등기의무자등의 작성부분에 관해 공증을 받아야 한다.

⑩ 등기소의 표시

⑪ 신청연월일

(3) 등기신청서 양식(예시)

접 수	년 월 일	처리인	등기관 확인	각종 통지
	제 호			

소유권이전등기신청(매매)

부동산의 표시

1. 서울특별시 용산구 한남동 123-4 대 200m²
2. 서울특별시 용산구 이태원동 10-1 대 300m²
3. 서울특별시 용산구 이태원동 산10 임야 1,500m²

거래신고관리번호 : 1234-2025-4-2468013   거래가액 : 금 5,000,000,000원

이 상

등기원인과 그 연월일	2025년 1월 1일 매매
등기의 목적	소유권이전
이전할 지분	

구분	성명 (상호·명칭)	주민등록번호 (등기용등록번호)	주 소(소재지)	지 분 (개인별)
등기의무자	재단법인 위패스 대표이사 김묘엽	123456-7890123	서울특별시 강남구 도산대로 345(신사동) 서울특별시 서초구 반포대로 155(잠원동)	
등기권리자	전주이씨 강남공파 종중 대표자 이현우	789012-3456789 900101-1234567	서울특별시 강남구 압구정로 220(청담동) 서울특별시 서초구 서래로 10(반포동)	

시가표준액 및 국민주택채권매입금액		
부동산 표시	부동산별 시가표준액	부동산별 국민주택채권매입금액
1.	금 원	금 원
2.	금 원	금 원
3.	금 원	금 원
국 민 주 택 채 권 매 입 총 액		금 원
국 민 주 택 채 권 발 행 번 호		

취득세(등록면허세) 금	원	지방교육세 금	원
		농어촌특별세 금	원

세 액 합 계	금 원	
등 기 신 청 수 수 료	금 원	
	납부번호:	
	일괄납부: 건	원

등기의무자의 등기필정보		
부동산고유번호	1102-2025-112345	
성명(명칭)	일련번호	비밀번호
재단법인 위패스	WTPE-ASRV-Y7W3	39-3712

첨 부 서 면			
1. 취득세영수필확인서	1통	1. 대표자자격증명서면	1통
1. 등기신청수수료영수필확인서	1통	1. 주민등록표초본	1통
1. 매매계약서	1통	1. 토지대장등본	2통
1. 토지거래허가서	3통	1. 임야대장등본	1통
1. 주무관청의 허가서	1통	1. 자필서명정보	1통
1. 법인등기사항증명서	1통	1. 인감증명서	3통
1. 위임장	1통	1. 부동산거래계약신고필증	1통
1. 정관	1통	1. 매매목록	1통
1. 부동산등기용등록번호증명서	1통		

2025 년 1 월 14 일

위 신청인   인 (전화:)

(또는) 위 대리인   법무사 송경준   직인 (전화: 02-1234-5678)

서울특별시 서초구 서초대로 11(서초동)

서울중앙 지방법원 등기국 귀중

3. 첨부정보

(1) 등기원인 증명정보
① 권리변동의 원인이 되는 법률행위 또는 법률사실의 성립을 증명하는 정보를 말한다.
② 매매계약서, 저당권설정계약서, 상속증명서면, 유언증서, 판결서 정본 등이 해당한다.
③ 계약을 원인으로 소유권이전등기를 신청할 때에는 아래의 경우를 제외하고는 계약서 등에 검인을 받아야 한다.
　㉠ 토지거래허가를 받거나 부동산거래신고를 한 경우
　㉡ 계약의 일방 당사자가 국가 또는 지방자치단체인 경우

(2) 등기원인에 대한 허가 등 증명정보
① 토지거래허가서 : 토지거래허가구역 내의 일정한 면적 이상의 토지에 관해 소유권·지상권을 이전·설정하는 계약(예약 포함)에 따라 등기를 신청하는 경우에 제공한다.
② 농지취득자격증명서 : 농지를 취득하려는 자가 소유권에 관한 등기를 신청하는 경우에 제공한다. 단, 주거지역·상업지역·공업지역 내의 농지이거나 녹지지역 내의 농지 중 도시계획시설사업에 필요한 농지의 경우에는 제공하지 않는다.
③ 토지취득허가서 : 외국인이 토지취득에 따른 등기를 신청하는 경우에 제공한다. 단, 토지거래허가를 받은 경우에는 제공하지 않는다.
④ 주무관청의 허가서 : 학교법인·재단법인·공익법인 등이 기본재산을 처분함에 따른 등기를 신청하는 경우에 제공한다.
⑤ 등기원인증명정보가 집행력 있는 판결인 경우 원칙적으로 제공할 필요가 없다. 다만, 등기원인에 대해 행정관청의 허가 등을 받을 것이 요구되는 때에는 해당 허가서 등의 현존사실이 판결서에 기재되어 있는 경우에 한해 제출의무가 면제된다. 그러나 '소유권이전등기'를 신청할 때에는 해당 허가서 등의 현존사실이 판결서에 기재되어 있더라도 반드시 제공해야 한다.

(3) 이해관계인의 승낙 등 증명정보
권리변경·경정등기, 말소등기, 말소회복등기의 신청에 있어서 해당 등기로 인해 등기기록의 형식상 불이익을 받을 우려가 있는 자(등기상 이해관계인)가 있는 경우, 그의 승낙서 또는 그에게 대항할 수 있는 재판이 있음을 증명하는 서면을 제공해야 한다.

(4) 법인대표자자격 증명정보
신청인이 법인인 경우에 제공한다. 법인등기사항증명서가 이에 해당한다.

(5) 대리권한 증명정보
① 법정대리의 경우 미성년자의 기본증명서 및 가족관계등록사항증명서 등이 이에 해당한다.
② 임의대리의 경우 등기신청위임장이 이에 해당한다.
③ 법인의 등기를 대표자가 대리신청하는 경우 법인등기사항증명서, 법인 아닌 사단이나 재단의 등기를 대표자(관리인)이 대리신청하는 경우 정관(또는 규약) 및 대표자자격증명서면 등이 이에 해당한다.

(6) 주소(사무소 소재지) 증명정보

① 새로 등기명의인이 되는 등기권리자의 주소(사무소 소재지) 증명정보를 제공한다. 주민등록표등(초)본 등이 이에 해당한다.
② 소유권이전등기를 신청하는 경우에는 등기의무자의 주소(사무소 소재지) 증명정보도 제공한다. 다만, 판결에 의한 소유권이전등기신청 시에는 등기권리자의 것만을 제공하면 된다.
③ 등기의무자의 동일성 확인이 필요한 경우에는 등기의무자의 주소(사무소 소재지) 증명정보도 제공한다.

(7) 주민등록번호(부동산등기용등록번호) 증명정보

① 새로 등기명의인이 되는 등기권리자의 주민등록번호(부동산등기용등록번호) 증명정보를 제공한다.
② 내국인인 자연인의 경우, 주민등록표등(초)본 등이 이에 해당한다.
③ 국내 법인인 경우, 법인등기사항증명서 등이 이에 해당한다.
④ 재외국민·외국인·법인 아닌 사단이나 재단의 경우 부동산등기용등록번호증명서면이 이에 해당한다. 다만, 재외국민으로서 주민등록번호를 부여받은 적이 있는 경우에는 주민등록표등(초)본으로 대체할 수 있고, 외국인의 경우에는 외국인등록번호증명서면이나 국내거소신고번호증명서면으로 대체할 수 있다.
⑤ 부동산등기용등록번호의 부여절차는 아래 표와 같다.

등기권리자	등록번호 부여기관
국가, 지방자치단체, 국제기관, 외국정부	국토교통부장관
법인	주된 사무소 소재지 관할 등기소의 등기관
법인 아닌 사단이나 재단 국내에 사무소의 설치등기를 하지 않은 외국법인	시장, 군수 또는 구청장
외국인	체류지(국내에 체류지가 없는 경우에는 대법원 소재지) 관할 지방출입국·외국인관서의 장
주민등록번호가 없는 재외국민	대법원 소재지 관할등기소 (서울중앙지방법원 등기국)의 등기관

(8) 대장 등 부동산표시 증명정보

① 소유권이전등기를 신청하는 경우에 제공한다.
② 소유권보존등기나 부동산표시변경등기 신청 시에는 등기원인 증명정보로서의 역할을 한다.

(9) 자격자대리인의 자필서명정보

① 자격자대리인이 ㉠공동으로 신청하는 권리에 관한 등기나 ㉡승소한 등기의무자가 단독신청하는 권리에 관한 등기를 신청하는 경우에 제공한다.

② 자격자대리인은 주민등록증·인감증명서·본인서명사실확인서 등 법령에 따라 작성된 증명서의 제출이나 제시, 그 밖에 이에 준하는 확시한 방법으로 위임인이 등기의무자인지 여부를 확인하오 자필서명해야 한다.

(10) 인감증명서

① 방문신청을 하는 경우에는 신청서(또는 위임장) 및 첨부서면에 날인한 인감에 대한 인감증명서를 제공한다.

② 전자신청의 경우 공인인증서 정보가 함께 송신되므로 인감증명정보를 송신할 필요가 없다.

③ 인감증명서를 제출하도록 하는 것은 등기의무자 또는 등기상 이해관계인의 진정한 의사를 확인하기 위함이다.

④ 인감증명서를 제출해야 하는 경우는 아래 표와 같다.

㉠ 소유권	소유권의 등기명의인이 등기의무자로서 등기를 신청하는 경우 → 등기의무자의 인감증명
㉡ 가등기말소	소유권에 관한 가등기명의인이 가등기말소등기를 신청하는 경우 → 가등기명의인의 인감증명
㉢ 등기필정보 분실	소유권 외의 권리의 등기명의인이 등기의무자로서 등기필정보가 없어 공증서면 등에 의해 등기를 신청하는 경우 → 등기의무자의 인감증명
㉣ 합필등기	토지소유자들의 확인서를 첨부하여 토지합필등기를 신청하는 경우 → 토지소유자들의 인감증명
㉤ 분필등기	권리자의 확인서를 첨부하여 토지분필등기를 신청하는 경우 → 권리자의 인감증명
㉥ 협의분할	협의분할에 의한 상속등기를 신청하는 경우 → 분할협의서에 날인한 상속인 전원의 인감증명
㉦ 제3자의 동의 또는 승낙	첨부정보로 등기상 이해관계 있는 제3자의 동의 또는 승낙증명정보를 제공한 경우 → 제3자의 인감증명
㉧ 법인 아닌 사단이나 재단	(ㄱ) 대표자 또는 관리인의 인감증명 (ㄴ) 사원총회결의서 등을 제공한 경우, 사실확인에 상당하다고 인정되는 2인 이상 성년자의 인감증명

⑤ 인감증명을 제출해야 하는 자가 국가 또는 지방자치단체인 경우에는 인감증명을 제출할 필요가 없다.

⑥ 위 ㉣~㉧에 해당하는 서면이 공정증서이거나 당사자가 서명 또는 날인했다는 뜻의 공증을 받은 서면인 경우에는 인감증명을 제출할 필요가 없다.

⑦ 인감증명을 제출하는 대신 신청서 등에 서명을 하고 본인서명사실확인서를 제출하거나 전자본인서명확인서의 발급증을 제출할 수 있다.
⑧ 인감증명을 제출해야 하는 자가 법인 또는 국내에 영업소나 사무소의 설치등기를 한 외국법인인 경우에는 대표자의 인감증명을 제출해야 하고, 인감증명 대신 전자인감증명서 발급증을 제출할 수 있다.
⑨ 법정대리인이 위 ㉠~㉢에 해당하는 등기신청을 하거나, ㉣~㉦의 서류를 작성하는 경우에는 법정대리인의 인감증명을 제출해야 한다.
⑩ 인감증명을 제출해야 하는 자가 재외국민인 경우에는 위임장이나 첨부서면에 본인이 서명 또는 날인했다는 뜻의 재외공관의 인증을 받음으로써 인감증명의 제출을 갈음할 수 있다.
⑪ 인감증명을 제출해야 하는 자가 외국인인 경우에는 본국 관공서가 발행한 인감증명을 제출하거나, 신청서나 위임장 또는 첨부서면에 본인이 서명 또는 날인했다는 뜻의 본국 관공서의 증명이나 대한민국 공증인(재외공관의 인증 포함)을 받음으로써 인감증명의 제출을 갈음할 수 있다.

(11) 거래계약신고필증 및 매매목록
① 부동산거래계약을 등기원인으로 하는 소유권이전등기를 신청하는 경우에 시장·군수 또는 구청장으로부터 제공받은 거래계약신고필증정보를 거래가액과 함께 제공한다.
② 이 경우 거래부동산이 2개 이상인 경우 또는 거래부동산이 1개라 하더라도 여러 명의 매도인과 여러 명의 매수인 사이의 매매계약인 경우에는 매매목록도 제공해야 한다.

(12) 번역문 및 공증담당영사의 확인서
① 첨부정보가 외국어로 작성된 경우에는 그 번역문을 붙여야 한다.
② 첨부정보가 외국 공문서 등인 경우에는 공증담당영사로부터 문서의 확인을 받거나 아포스티유(Apostille)를 붙여야 한다.

(13) 도면
① 건물 소유권보존등기 신청 시, 대지 위에 여러 개의 건물이 있는 경우 건물의 소재도를 제공한다(다만, 건물의 표시를 증명하는 정보로서 건축물대장 정보를 등기소에 제공한 경우 제외).
② 구분건물 소유권보존등기 신청 시, 1동의 건물의 소재도, 각 층의 평면도와 전유부분의 평면도를 제공한다(다만, 건물의 표시를 증명하는 정보로서 건축물대장 정보를 등기소에 제공한 경우 제외).
③ 토지의 일부에 대한 지상권·지역권·전세권·임차권설정등기 신청 시, 그 부분을 표시한 지적도를 제공한다.
④ 건물의 일부에 대한 전세권·임차권설정등기 신청 시, 그 부분을 표시한 건물도면을 제공한다.
⑤ 토지의 일부에 지상권·전세권·임차권이나 승역지의 일부에 관하여 하는 지역권의 등기가 있는 경우로서 분필등기 신청 시, 그 부분을 표시한 지적도를 제공한다.
⑥ 건물의 일부에 전세권·임차권등기가 있는 경우로서 분할이나 구분등기 신청 시, 그 부분을 표시한 건물도면을 제공한다.

※ 등기신청주체에 따른 추가적 첨부정보

법인 아닌 사단이나 재단	⊙ 정관이나 그 밖의 규약 ⓒ 대표자나 관리인임을 증명하는 정보(다만, 등기되어 있는 대표자나 관리인이 신청하는 경우에는 X) ⓒ 총유물의 관리 및 처분에 관한 결의가 있음을 증명하는 정보(법인 아닌 사단이 등기의무자인 경우에 한정) ⓔ 대표자나 관리인의 주소 및 주민등록번호를 증명하는 정보
포괄승계인에 의한 등기신청	가족관계등록에 관한 정보 등 상속증명정보 또는 법인등기사항에 관한 정보 등 그 밖의 포괄승계가 있었다는 사실을 증명하는 정보
대위에 의한 등기신청	대위원인을 증명하는 정보

4. 등기신청의 취하

(1) 의의

등기신청인이 그가 한 등기신청을 스스로 철회하는 것을 말한다.

(2) 취하권자

① 등기신청인 : 공동신청의 경우 취하도 공동으로 해야 한다.
② 대리인 : 임의대리인이 취하하려면 취하에 관한 특별수권이 있어야 한다.

(3) 시기와 방법

① 등기관이 등기를 완료하기 전 또는 등기신청을 각하하기 전까지 취하할 수 있다.
② 방문신청 또는 전자신청의 방법으로 취하할 수 있다.
③ 수 개의 부동산에 관해 일괄신청을 한 경우에는 그 중 일부에 대해서만 취하할 수도 있다.

(4) 등기관의 조치

① 등기신청서접수장의 비고란에 취하되었음을 기록한다.
② 등기신청서와 그 부속서류를 신청인 또는 대리인에게 반환한다.

최신·기출·분석

제35회 기출문제 15번

01. 등기소에 제공해야 하는 부동산등기의 신청정보와 첨부정보에 관한 설명으로 <u>틀린</u> 것은?

① 등기원인을 증명하는 정보가 등기절차의 인수를 명하는 집행력 있는 판결인 경우, 승소한 등기의무자는 등기신청 시 등기필정보를 제공할 필요가 없다.
② 대리인에 의하여 등기를 신청하는 경우, 신청정보의 내용으로 대리인의 성명과 주소를 제공해야 한다.
③ 매매를 원인으로 소유권이전등기를 신청하는 경우, 등기의무자의 주소 또는 사무소 소재지를 증명하는 정보를 제공해야 한다.
④ 등기상 이해관계 있는 제3자의 승낙이 필요한 경우, 이를 증명하는 정보 또는 이에 대항할 수 있는 재판이 있음을 증명하는 정보를 첨부정보로 제공해야 한다.
⑤ 첨부정보가 외국어로 작성된 경우에는 그 번역문을 붙여야 한다.

∥해설 및 정답∥
① 등기권리자와 등기의무자가 공동으로 권리에 관한 등기를 신청하는 경우에 신청인은 그 신청정보와 함께 제1항에 따라 통지받은 등기의무자의 등기필정보를 등기소에 제공해야 한다. **승소한 등기의무자가 단독으로 권리에 관한 등기를 신청하는 경우에도 또한 같다.**

답 ①

최신·기출·분석

제34회 기출문제 16번

02. 등기신청을 위한 첨부정보에 관한 설명으로 옳은 것을 모두 고른 것은?

> ㄱ. 토지에 대한 표시변경등기를 신청하는 경우, 등기원인을 증명하는 정보로서 토지대장 정보를 제공하면 된다.
>
> ㄴ. 매매를 원인으로 소유권이전등기를 신청하는 경우, 등기의무자의 주소를 증명하는 정보도 제공하여야 한다.
>
> ㄷ. 상속등기를 신청하면서 등기원인을 증명하는 정보로서 상속인 전원이 참여한 공정증서에 의한 상속재산분할협의서를 제공하는 경우, 상속인들의 인감증명을 제출할 필요가 없다.
>
> ㄹ. 농지에 대한 소유권이전등기를 신청하는 경우, 등기원인을 증명하는 정보가 집행력 있는 판결인 때에는 특별한 사정이 없는 한 농지취득자격증명을 첨부하지 않아도 된다.

① ㄱ, ㄴ 　　② ㄷ, ㄹ 　　③ ㄱ, ㄴ, ㄷ
④ ㄱ, ㄷ, ㄹ 　　⑤ ㄴ, ㄷ, ㄹ

‖ 해설 및 정답 ‖

ㄹ. 등기원인증명정보가 집행력 있는 판결인 경우 원칙적으로 제공할 필요가 없다. 다만, 등기원인에 대해 행정관청의 허가 등을 받을 것이 요구되는 때에는 해당 허가서 등의 현존사실이 판결서에 기재되어 있는 경우에 한해 제출의무가 면제된다. 그러나 '**소유권이전등기**'를 신청할 때에는 해당 허가서 등의 **현존사실이 판결서에 기재되어 있더라도 반드시 제공**해야 한다.

답 ③

Ⅱ. 등기관의 심사

1. 형식적 심사주의(원칙)

① 등기관은 등기신청에 대해 실체법상 권리관계와의 일치 여부를 심사할 권한은 없고, 오직 신청정보와 첨부정보 및 등기부에 의해 등기요건에 합당한지 여부를 심사할 권한만 있다.

② 판결을 원인으로 하는 등기신청이 있는 경우에 등기절차를 명하는 확정판결이 당연무효인지 여부에 대한 심사권은 없다.

③ 건물소유권보존등기사무를 처리하는 등기관은 이미 등기된 건물과 동일한지 여부를 심사할 권한은 없고 오직 신청서류와 등기부에 의해 등기요건에 합당한지 여부를 심사할 권한밖에 없다.

④ 신청정보 및 첨부정보가 작성자의 진의에 의해 작성된 것인지, 실제 그러한 법률관계가 존재하는지, 실체법상 유효한지 여부는 심사대상이 아니다.

⑤ 신청정보의 내용 자체로부터 무효의 등기신청임이 명백히 인정되거나 첨부정보 상호간에 모순이 있는 경우에 등기신청을 각하하는 것은 실체관계의 심사가 아니라 형식적 심사권의 범위 내에 해당한다.

2. 예외적 실질심사

아래의 사항은 실체법적 사항에 해당하나 예외적으로 등기관이 그 실질관계에 대해 심사할 수 있다.

① 유언의 방식 위배 여부
　　참고 유증으로 인한 유류분 침해 여부는 심사대상 ×
② 신탁등기에서 신탁목적에의 부합 여부
③ 명백한 위조 또는 변조
④ 상속인의 범위 및 상속지분의 판단
⑤ 「부동산 실권리자명의 등기에 관한 법률」 위배 여부

Ⅲ. 등기신청의 각하

1. 의의
① 등기신청을 확정적으로 수리하지 않는 등기관의 처분을 말한다.
② 등기신청의 각하는 법률이 정한 사유에 해당하는 경우에 한해, 이유를 적은 결정으로써 해야 한다.

2. 각하사유(법 제29조)
① 사건이 그 등기소의 관할이 아닌 경우
② 사건이 등기할 것이 아닌 경우
　㉠ 등기능력 없는 물건 또는 권리에 대한 등기를 신청한 경우
　㉡ 법령에 근거가 없는 특약사항의 등기를 신청한 경우
　㉢ 구분건물의 전유부분과 대지사용권의 분리처분금지에 위반한 등기를 신청한 경우
　㉣ 농지를 전세권설정의 목적으로 하는 등기를 신청한 경우
　㉤ 저당권을 피담보채권가 분리하여 양도하거나, 피담보채권과 분리하여 다른 채권의 담보로 하는 등기를 신청한 경우
　㉥ 일부지분에 대한 소유권보존등기를 신청한 경우
　㉦ 공동상속인 중 일부가 자신의 상속지분만에 대한 상속등기를 신청한 경우
　㉧ 관공서 또는 법원의 촉탁으로 실행되어야 할 등기를 신청한 경우
　㉨ 이미 보존등기된 부동산에 대해 다시 보존등기를 신청한 경우
　㉩ 그 밖에 신청취지 자체에 의해 법률상 허용될 수 없음이 명백한 등기를 신청한 경우
③ 신청할 권한이 없는 자가 신청한 경우
④ 방문신청 시 당사자나 그 대리인이 출석하지 않은 경우
⑤ 신청정보의 제공이 방식에 맞지 않는 경우
⑥ 신청정보의 부동산 또는 등기의 목적인 권리의 표시가 등기기록과 불일치하는 경우
⑦ 신청정보의 등기의무자 표시가 등기기록과 불일치하는 경우. 다만, 아래의 어느 하나에 해당하는 경우는 제외.
　㉠ 포괄승계인이 등기신청을 하는 경우
　㉡ 신청정보와 등기기록의 등기의무자가 동일인임을 확인할 수 있는 경우
⑧ 신청정보와 등기원인증명정보가 불일치하는 경우
⑨ 등기에 필요한 첨부정보를 제공하지 않은 경우
⑩ 취득세, 등록면허세 또는 수수료를 내지 않거나 등기신청과 관련하여 부과된 의무를 불이행하는 경우
⑪ 신청정보 또는 등기기록의 부동산의 표시가 대장과 불일치하는 경우(관공서가 등기촉탁을 하는 경우는 해당 ×)

3. 각하사유의 보정

① 등기신청의 잘못된 부분이 보정될 수 있는 경우로서 신청인이 등기관이 보정을 명한 다음 날까지 그 잘못된 부분을 보정했을 때에는 각하되지 않는다.

② 등기신청에 흠결이 있는 경우 등기관은 신청인에게 보정하도록 권고하는 것이 바람직하나, 반드시 보정명령을 해야 할 의무가 있는 것은 아니다.

③ 등기관은 흠결사항에 대한 보정이 없으면 그 등기신청을 각하할 수밖에 없는 경우에만 보정명령을 할 수 있다.

4. 각하사유를 간과하고 등기를 실행한 경우

① 관할 위반, 사건이 등기할 것이 아닌 경우임에도 실행한 등기는 당연무효이므로 직권말소 및 이의신청의 대상이 된다.

② 위 2가지 사유를 제외한 각하사유를 간과하고 실행한 등기는 당연무효는 아니므로 직권말소 또는 이의신청의 대상이 될 수 없다.

5. 각하사유가 아님에도 등기신청을 각하한 경우

등기신청인인 등기권리자 또는 등기의무자에 한해 이의신청을 할 수 있다.

최신·기출·분석

제35회 기출문제 16번

01. 등기신청의 각하사유로서 '사건이 등기할 것이 아닌 경우'를 모두 고른 것은?

> ㄱ. 구분건물의 전유부분과 대지사용권의 분리처분 금지에 위반한 등기를 신청한 경우
> ㄴ. 농지를 전세권설정의 목적으로 하는 등기를 신청한 경우
> ㄷ. 공동상속인 중 일부가 자신의 상속지분만에 대한 상속등기를 신청한 경우
> ㄹ. 소유권 외의 권리가 등기되어 있는 일반건물에 대해 멸실등기를 신청한 경우

① ㄱ, ㄴ ② ㄴ, ㄹ ③ ㄷ, ㄹ
④ ㄱ, ㄴ, ㄷ ⑤ ㄱ, ㄴ, ㄷ, ㄹ

∥ 해설 및 정답 ∥

> ㄹ. 멸실등기는 토지나 건물 전부가 물리적으로 멸실되거나 애초에 부존재하는 건물에 대한 등기가 있는 경우에 해당 등기기록을 폐쇄하는 것을 말한다. 즉, **부동산 자체의 소멸에 따른 조치**이므로 해당 부동산을 목적으로 하는 권리에 관한 등기가 되어 있더라도 이는 멸실등기를 하는 데에 있어서 장애요소가 아니다.

답 ④

최신·기출·분석

제34회 기출문제 21번

02. 부동산등기법 제29조제2호의 '사건이 등기할 것이 아닌 경우'에 해당하는 것을 모두 고른 것은?(다툼이 있으면 판례에 따름)

> ㄱ. 위조한 개명허가서를 첨부한 등기명의인 표시변경등기신청
> ㄴ. 「하천법」상 하천에 대한 지상권설정등기신청
> ㄷ. 법령에 근거가 없는 특약사항의 등기신청
> ㄹ. 일부지분에 대한 소유권보존등기신청

① ㄱ
② ㄱ, ㄴ
③ ㄷ, ㄹ
④ ㄴ, ㄷ, ㄹ
⑤ ㄱ, ㄴ, ㄷ, ㄹ

‖ 해설 및 정답 ‖

ㄱ. 명백히 **허위 또는 무효인 서류**를 근거로 등기명의인 표시변경등기가 이루어졌다는 사유는 법 제29조 제9호의 **첨부정보를 등기소에 제공하지 않은 경우**에 해당할 뿐 동법 제2호의 당연무효인 등기는 아니다(판례).

ㄴ. 「하천법」 제4조 제2항
하천을 구성하는 토지와 그 밖의 하천시설에 대하여는 **사권(私權)을 행사할 수 없다**. 다만, 다음 각 호의 어느 하나에 해당하는 경우에는 그러하지 아니하다.
 1. **소유권**을 이전하는 경우
 2. **저당권**을 설정하는 경우

[입법취지] 2008년 시행된 전부개정된 「하천법」에 의하면, 하천의 국유화에 따라 발생하는 사유재산권 침해 및 국가의 재정부담을 완화하기 위해 국유제를 폐지하되, 하천을 구성하는 사유지에 대하여 소유권이전 및 저당권설정 등 일부 사권(私權) 행사를 제외하고는 사권을 행사할 수 없도록 하는 한편 국가하천으로 지정된 사유토지에 대해 매수청구제를 도입하였음.

답 ④

Ⅳ. 등기의 실행

1. 등기사항의 기록

등기관은 등기기록에 아래와 같이 등기사항을 기록해야 한다.

표제부 (표시에 관한 등기)	토지	㉠ 표시번호 ㉡ 접수연월일 ㉢ 소재와 지번 ㉣ 지목 ㉤ 면적 ㉥ 등기원인
	건물	㉠ 표시번호 ㉡ 접수연월일 ㉢ 소재, 지번, 건물명칭(대장에 건물명칭이 기재되어 있는 경우) ㉣ 건물의 종류, 구조와 면적 ㉤ 등기원인 ㉥ 건물번호 및 도면의 번호(같은 지번 위에 여러 개의 건물이 있는 경우에 한함)
	구분건물 1동 건물 표제부	㉠ 표시번호 ㉡ 접수연월일 ㉢ 소재, 지번, 건물명칭 및 번호 ㉣ 건물의 종류, 구조와 면적 ㉤ 등기원인 ㉥ 대지권의 목적인 토지의 표시
	구분건물 전유부분 표제부	㉠ 표시번호 ㉡ 접수연월일 ㉢ 건물번호 ㉣ 건물의 종류, 구조와 면적 ㉤ 등기원인 ㉥ 대지권의 표시
갑구·을구 (권리에 관한 등기)		㉠ 순위번호 ㉡ 등기목적 ㉢ 접수연월일 및 접수번호 ㉣ 등기원인 및 그 연월일 ㉤ 권리자의 성명(명칭)·주민등록번호(부동산등기용등록번호)·주소(사무소 소재지) ㉥ 법인 아닌 사단이나 재단 명의의 등기 시 대표자나 관리인의 성명·주소·주민등록번호 ㉦ 권리자가 2인 이상인 경우 권리자별 지분 ㉧ 등기할 권리가 합유인 때에는 그 뜻

2. 부기등기

(1) 의의
'부기등기'란 주등기 또는 부기등기의 순위번호에 가지번호를 붙여서 하는 등기를 말한다.

(2) 부기로 하는 등기
① 등기명의인표시의 변경이나 경정의 등기
② 소유권 외의 권리의 이전등기
③ 소유권 외의 권리를 목적으로 하는 권리에 관한 등기
④ 소유권 외의 권리에 대한 처분제한 등기
⑤ 권리의 변경이나 경정의 등기
⑥ 환매특약등기
⑦ 권리소멸약정등기
⑧ 공유물 분할금지의 약정등기
⑨ 토지합필의 특례에 따른 등기
　㉠ 종전 토지의 소유권의 등기를 공유지분으로 변경하는 등기
　㉡ 종전 토지의 소유권에 관한 이해관계인의 등기를 공유지분에 존속하는 것으로 변경하는 등기
⑩ 일부 등기사항만 말소된 경우 그 말소된 등기의 회복등기
⑪ 추가적 공동(근)저당권설정등기 시 종전에 등기한 부동산에 기록하는 공동담보라는 뜻의 등기

(3) 관련문제
① 부기등기는 갑구나 을구에 실행하고, 표제부에는 할 수 없다.
② 기존 주등기가 말소되면 그 등기에 부기된 부기등기는 등기관이 직권으로 말소한다.
③ 권리의 변경이나 경정의 등기는 등기상 이해관계인의 승낙이 필요하고, 승낙을 얻지 못한 경우 주등기로 실행한다(단, 일부말소 의미의 경정등기는 승낙을 얻지 못하면 주등기로도 할 수 없다).

(4) 등기기록 예시

[을　구]				(소유권 외의 권리에 관한 사항)
순위번호	등기목적	접수	등기원인	권리자 및 기타사항
1	근저당권설정	2025년 1월 1일 제12345호	2025년 1월 1일 설정계약	채권최고액 금 500,000,000원 채무자 이현우 　서울특별시 서초구 서래로 10(반포동) 근저당권자 송경준 910101-1234567 　서울특별시 송파구 송파대로 345(가락동)
1-1	1번근저당권부 채권질권설정	2025년 2월 1일 제23456호	2025년 2월 1일 설정계약	채권액 600,000,000원 채무자 송경준 　서울특별시 송파구 송파대로 345(가락동) 채권자 고연준 880101-1345678 　서울특별시 송파구 송파대로 10(신천동)

3. 등기필정보의 작성 및 통지

(1) 의의
① '등기필정보'란 등기부에 새로운 권리자가 기록되는 경우에 그 권리자를 확인하기 위해 등기관이 작성한 정보를 말한다.
② 등기관이 새로운 권리에 관한 등기를 마쳤을 때에는 등기필정보를 작성하여 등기권리자에게 통지해야 한다.

(2) 등기필정보의 작성방법
① 등기필정보는 아라비아숫자와 그 밖의 부호의 조합으로 이루어진 일련번호와 비밀번호로 구성한다.
② 등기필정보는 부동산 및 등기명의인별로 작성한다. 다만, 신청정보의 접수일자 및 접수번호가 동일한 경우에는 부동산이 다르더라도 등기명의인별로 작성할 수 있다.

(3) 등기필정보의 통지방법
① 방문신청의 경우 : 등기필정보를 적은 서면(등기필정보통지서)를 교부한다.
② 전자신청의 경우 : 전산정보처리조직을 이용하여 송신한다.

(4) 등기필정보 통지의 상대방
① 등기명의인이 된 신청인에게 통지한다. 다만, 관공서가 등기권리자를 위해 등기를 촉탁한 경우에는 그 관공서 또는 등기권리자에게 통지한다.
② 법정대리인이 등기를 신청한 경우에는 그 법정대리인에게, 법인의 대표자나 지배인이 신청한 경우에는 그 대표자나 지배인에게, 법인 아닌 사단이나 재단의 대표자나 관리인이 신청한 경우에는 그 대표자나 관리인에게 통지한다.

(5) 등기필정보를 작성 또는 통지할 필요가 없는 경우
① 등기권리자가 등기필정보의 통지를 원치 않는 경우
② 국가 또는 지방자치단체가 등기권리자인 경우
③ 등기필정보를 전산정보처리조직으로 통지받아야 할 자가 수신이 가능한 때부터 3개월 이내에 전산정보처리조직을 이용하여 수신하지 않는 경우
④ 등기필정보통지서를 수령할 자가 등기를 마친 때부터 3개월 이내에 그 서면을 수령하지 않은 경우
⑤ 승소한 등기의무자가 등기신청을 한 경우
⑥ 등기권리자를 대위하여 등기신청을 한 경우
⑦ 등기관이 직권으로 미등기부동산의 소유권보존등기를 한 경우
⑧ 공유자 중 일부가 공유물의 보존행위로서 공유자 전원을 등기권리자로 하여 권리에 관한 등기를 신청한 경우(등기권리자가 그 나머지 공유자인 경우에 한함)

4. 등기완료의 통지

① 등기관이 등기를 마쳤을 때에는 신청인 등에게 그 사실을 알려야 한다.
② 등기완료통지는 신청인 및 아래의 어느 하나에 해당하는 자에게 해야 한다.
　㉠ 승소한 등기의무자의 등기신청에 있어서 등기권리자
　㉡ 대위자의 등기신청에서 피대위자
　㉢ 등기필정보가 없어 등기관의 확인이나 공증을 받아 등기를 신청하는 경우의 등기의무자
　㉣ 등기관이 직권으로 미등기부동산의 소유권보존등기를 한 경우 소유권보존등기의 명의인
　㉤ 공유자 중 일부가 공유물의 보존행위로서 공유자 전원을 등기권리자로 하여 권리에 관한 등기를 신청한 경우 그 나머지 공유자
　㉥ 관공서가 촉탁하는 등기에서 관공서

5. 관련기관에 대한 통지

① 등기관이 아래의 어느 하나에 해당하는 등기를 했을 때에는 지체 없이 그 사실을 토지의 경우에는 지적소관청에, 건물의 경우에는 건축물대장 소관청에 각각 알려야 한다.
　㉠ 소유권의 보존 또는 이전
　㉡ 소유권의 등기명의인표시의 변경 또는 경정
　㉢ 소유권의 변경 또는 경정
　㉣ 소유권의 말소 또는 말소회복
② 등기관이 소유권의 보존 또는 이전의 등기(가등기를 포함한다)를 했을 때에는 지체 없이 그 사실을 부동산 소재지 관할 세무서장에게 통지해야 하며, 전산정보처리조직을 이용할 수 있다.

최신·기출·분석

제33회 기출문제 19번

01. 부기로 하는 등기로 옳은 것은?

① 부동산멸실등기
② 공유물 분할금지의 약정등기
③ 소유권이전등기
④ 토지분필등기
⑤ 부동산표시변경 등 표제부의 등기

답 ②

최신·기출·분석

제34회 기출문제 24번

02. 등기필정보에 관한 설명으로 옳은 것은?

① 등기필정보는 아라비아 숫자와 그 밖의 부호의 조합으로 이루어진 일련번호와 비밀번호로 구성한다.
② 법정대리인이 등기를 신청하여 본인이 새로운 권리자가 된 경우, 등기필정보는 특별한 사정이 없는 한 본인에게 통지된다.
③ 등기절차의 인수를 명하는 판결에 따라 승소한 등기의무자가 단독으로 등기를 신청하는 경우, 등기필정보를 등기소에 제공할 필요가 없다.
④ 등기권리자의 채권자가 등기권리자를 대위하여 등기신청을 한 경우, 등기필정보는 그 대위채권자에게 통지된다.
⑤ 등기명의인이 포괄승계인은 등기필정보의 실효신고를 할 수 없다.

‖ 해설 및 정답 ‖

② 법정대리인이 등기를 신청한 경우에는 그 **법정대리인에게**, 법인의 대표자나 지배인이 신청한 경우에는 그 **대표자나 지배인에게**, 법인 아닌 사단이나 재단의 대표자나 관리인이 신청한 경우에는 그 **대표자나 관리인에게** 통지한다.
③ 등기권리자와 등기의무자가 **공동으로 권리에 관한 등기**를 신청하는 경우에 신청인은 그 신청정보와 함께 등기의무자의 **등기필정보를 등기소에 제공**해야 한다. **승소한 등기의무자가 단독으로 권리에 관한 등기를 신청하는 경우**에도 또한 같다.
④ 등기관이 새로운 권리에 관한 등기를 마쳤을 때에는 등기필정보를 작성하여 등기권리자에게 통지해야 한다. 다만, 아래의 어느 하나에 해당하는 경우에는 그러하지 않다.
1. 등기권리자가 등기필정보의 통지를 원치 않는 경우
2. 국가 또는 지방자치단체가 등기권리자인 경우
3. 등기필정보를 전산정보처리조직으로 통지받아야 할 자가 수신이 가능한 때부터 3개월 이내에 전산정보처리조직을 이용하여 수신하지 않는 경우
4. 등기필정보통지서를 수령할 자가 등기를 마친 때부터 3개월 이내에 그 서면을 수령하지 않은 경우
5. 승소한 등기의무자가 등기신청을 한 경우
6. **등기권리자를 대위하여 등기신청을 한 경우**
7. 등기관이 직권으로 미등기부동산의 소유권보존등기를 한 경우
8. 공유자 중 일부가 공유물의 보존행위로서 공유자 전원을 등기권리자로 하여 권리에 관한 등기를 신청한 경우(등기권리자가 그 나머지 공유자인 경우에 한함)
⑤ **등기명의인** 또는 그 상속인 그 밖의 **포괄승계인**은 등기필정보의 **실효신고를 할 수 있다**. 등기관은 등기필정보의 실효신고가 있는 경우에 해당 등기필정보를 실효시키는 조치를 해야 한다.

답 ①

V. 이의신청

1. 이의신청의 객체
① 이의신청이 되는 것은 등기관의 부당한 결정 또는 처분이다.
② 등기관의 결정이란 등기신청을 각하하는 결정 등을 말하고, 처분이란 등기신청의 접수 및 등기의 실행 등을 말한다.

2. 이의신청의 주체
① 등기신청의 각하결정에 대해서는 등기신청인인 등기권리자 및 등기의무자에 한해 이의신청을 할 수 있고, 제3자는 이의신청을 할 수 없다.
② 등기를 실행한 처분에 대해서는, 그 등기가 관할위반 또는 사건이 등기할 것이 아닌 경우에 한해 등기신청인은 물론 등기상 이해관계 있는 제3자도 이의신청을 할 수 있다(등기상 이해관계인 여부의 판단은 아래 참조).
　㉠ 상속인이 아닌 자는 상속등기가 위법하다 하여 이의신청을 할 수 없다.
　㉡ 저당권설정자는 저당권의 양수인과 양도인 사이의 저당권이전의 부기등기에 대해 이의신청을 할 수 없다.
　㉢ 말소등기의무자는 제3자의 승낙서 등이 첨부되지 않았다는 사유로 말소등기에 대해 이의신청을 할 수 없다.

3. 이의신청의 관할
이의신청의 대상인 결정 또는 처분을 한 등기관이 속한 지방법원에 이의신청을 할 수 있다.

4. 이의신청의 방법 및 효력
① 이의신청의 대상인 결정 또는 처분을 한 등기관이 속한 등기소에 이의신청서를 제출하거나 전산정보처리조직을 이용하여 이의신청정보를 보내는 방법으로 한다.
② 이의신청의 기간에는 제한이 없으므로, 이의의 이익이 있는 한 언제라도 이의신청을 할 수 있다.
③ 새로운 사실이나 새로운 증거방법을 근거로 이의신청을 할 수는 없다.
④ 이의신청에는 집행정지의 효력이 없다.

5. 이의신청에 대한 등기관의 조치

(1) 이의가 이유 있다고 인정할 경우

① 각하결정에 대한 이의신청이 이유 있다면 각하한 신청에 따른 등기를 실행한다.

② 실행된 등기에 대한 이의신청이 이유 있다면, 그 등기가 관할위반 또는 사건이 등기할 것이 아니라는 사유로 이의한 경우라면, 그 등기를 직권으로 말소한다.

(2) 이의가 이유 없다고 인정할 경우

① 이의신청일부터 3일 이내에 의견을 붙여 이의신청서 또는 이의신청정보를 전산정보처리조직을 이용하여 결정 또는 처분을 한 등기관이 속한 지방법원에 보내야 한다.

② 등기를 마친 후에 이의신청이 있는 경우에는 등기상 이해관계 있는 자에게 이의신청 사실을 알려야 한다.

③ 실행된 등기에 대해, 그 등기가 관할위반 또는 사건이 등기할 것이 아니라는 사유 외의 사유로 이의한 경우라면, 이의신청서 또는 이의신청정보를 전산정보처리조직을 이용하여 관할 지방법원에 보내야 한다.

6. 법원의 조치

① 관할 지방법원은 이의에 대해 이유를 붙여 결정을 해야 한다. 이 경우 이의가 이유 있다고 인정하면 등기관에게 그에 해당하는 처분을 명령하고 그 뜻을 이의신청인과 등기상 이해관계인에게 알려야 한다.

② 각하결정에 대한 이의가 이유 있다고 인정하여 등기관이 관할 지방법원의 명령(기록명령)에 따라 등기를 할 때에는 명령을 한 지방법원, 명령의 연월일 및 명령에 따라 등기를 한다는 뜻을 기록해야 한다.

③ 관할 지방법원은 이의신청에 대해 결정하기 전에 등기관에게 가등기 또는 이의가 있다는 뜻의 부기등기를 명할 수 있다.

④ 위 가등기 또는 부기등기는 등기관이 관할 지방법원으로부터 이의신청에 대한 기각결정(각하, 취하를 포함한다)의 통지를 받았을 때에 말소한다.

⑤ 관할 지방법원의 결정에 대해서는 「비송사건절차법」에 따라 항고할 수 있다.

최신·기출·분석

제34회 기출문제 20번

01. 등기관의 처분에 대한 이의신청에 관한 설명으로 틀린 것은?

① 등기신청인이 아닌 제3자는 등기신청의 각하결정에 대하여 이의신청을 할 수 없다.
② 이의신청은 대법원규칙으로 정하는 바에 따라 관할 지방법원에 이의신청서를 제출하는 방법으로 한다.
③ 이의신청기간에는 제한이 없으므로 이의의 이익이 있는 한 언제라도 이의신청을 할 수 있다.
④ 등기관의 처분시에 주장하거나 제출하지 아니한 새로운 사실을 근거로 이의신청을 할 수 없다.
⑤ 등기관의 처분에 대한 이의신청이 있더라도 그 부동산에 대한 다른 등기신청은 수리된다.

‖ 해설 및 정답 ‖
② 이의신청은 이의신청의 대상인 결정 또는 처분을 한 등기관이 속한 **등기소에** 이의신청서를 제출하거나 전산정보처리조직을 이용하여 이의신청정보를 보내는 방법으로 한다.

답 ②

등기절차 각론

2025 위패스 공인중개사 합격셀렉트

등기의 종류			
부동산의 종류에 따른 분류 (등기부의 분류)	토지등기	토지에 관한 등기	
	건물등기	일반건물에 관한 등기	
	집합건물등기	구분건물에 관한 등기	
구(區)에 따른 분류 (등기기록의 분류)	표시에 관한 등기(표제부)	부동산의 물리적 현황을 공시하는 등기	
	소유권에 관한 등기(갑구)	부동산의 소유권관계를 공시하는 등기	
	소유권 외의 권리에 관한 등기(을구)	부동산의 소유권 외의 권리관계를 공시하는 등기	
개시방법에 따른 분류	신청등기	등기당사자의 신청에 의해 이루어지는 등기	
	촉탁등기	법원이나 관공서의 촉탁에 의해 이루어지는 등기	
	명령등기	법원의 명령에 의해 이루어지는 등기	
	직권등기	등기관의 직권에 의해 이루어지는 등기	
기록형식에 따른 분류	주등기	기존 등기와 독립하여 순위번호를 붙여서 하는 등기	
	부기등기	기존 등기의 순위번호에 가지번호를 붙여서 하는 등기	
권리의 종류에 따른 분류	소유권에 관한 등기	①**소유권보존등기**(토지·건물/구분건물)	
		②**소유권이전등기**(매매/상속/유증/수용/진정명의회복/대지사용권)	
		③**소유권에 관한 그 밖의 등기**	합유에 관한 등기
			환매에 관한 등기
			신탁에 관한 등기
			규약상 공용부분에 관한 등기
	④**용익권에 관한 등기**	지상권에 관한 등기	
		지역권에 관한 등기	
		전세권에 관한 등기	
		임차권에 관한 등기	
	⑤**담보권에 관한 등기**	(근)저당권에 관한 등기	
		권리질권에 관한 등기	
		채권담보권에 관한 등기	
권리의 변동에 따른 분류	기입등기	보존등기	최초로 등기기록을 개설하는 등기
		설정등기	소유권 외의 권리를 설정함에 따른 등기
		이전등기	등기대상 권리의 이전내용을 공시하는 등기
	⑥**변경등기**	등기사항 일부의 후발적 불일치를 바로잡는 등기	
	⑦**경정등기**	등기사항 일부의 원시적 불일치를 바로잡는 등기	
	⑧**말소등기**	등기사항 전부가 불일치하여 이를 소멸시키는 등기	
	⑨**말소회복등기**	부적법하게 말소된 등기사항을 회복시키는 등기	
	멸실등기	부동산 전부가 물리적으로 소멸(부존재)함에 따른 등기	
효력에 따른 분류	종국등기(본등기)	등기의 일반적인 효력을 가지는 등기	
	⑩**예비등기(가등기)**	등기의 일반적 효력이 인정되지 않는 임시적 등기	

Ⅰ. 소유권보존등기

1. 토지·건물의 소유권보존등기

(1) 신청인

1) 대장상 최초의 소유자로 등록되어 있는 자 또는 그 상속인, 그 밖의 포괄승계인
   ① 대장상 '국'으로부터 소유권이전등록을 받은 자는 예외적으로 직접 자기 명의로 소유권보존등기를 신청할 수 있다(토지에 한함).
   ② 포괄승계인에는 상속인, 포괄유증을 받은 자, 회사의 합병 후 존속하는 회사 등이 포함된다.
   ③ 특정유증을 받은 자는 포괄승계인에 포함되지 않으므로 직접 자기 명의로 소유권보존등기를 신청할 수 없다.

2) 확정판결에 의해 자기의 소유권을 증명하는 자
   ① 판결의 종류를 불문하고 판결이유 중에 신청인의 소유임을 확정하는 내용이 포함되어 있으면 충분하다.
   ② 판결의 상대방은 대장상 최초의 소유자로 등록되어 있는 자 또는 그 상속인과 그 밖의 포괄승계인이어야 함이 원칙이고, 예외적으로 아래의 어느 하나에 해당하는 경우에도 인정된다.
      ㉠ 토지의 경우 : 국가 또는 대장상 국가로부터 소유권이전등록을 받은 자
      ㉡ 건물의 경우 : 지방자치단체

3) 수용으로 인하여 소유권을 취득했음을 증명하는 자
   미등기부동산을 수용한 사업시행자는 직접 자기 명의로 소유권보존등기를 신청할 수 있다.

4) 특별자치도지사, 시장, 군수 또는 구청장의 확인에 의해 자기의 소유권을 증명하는 자
   건물의 경우에 한하며, 자치구가 아닌 일반구의 구청장은 확인권자가 아니다.

(2) 신청정보
   ① 위 '2.'의 어느 하나에 해당하여 등기를 신청한다는 뜻을 신청서에 기재한다.
   ② 등기원인과 그 연월일은 신청서에 기재할 필요가 없다.

(3) 첨부정보
   ① 등기원인 증명정보 : 소유자임을 증명하기 위한 대장등본, 상속증명서면, 판결정본 및 확정증명서, 재결서 등본 및 보상금수령증 등을 제공한다.
   ② 부동산표시 증명정보 : 토지의 경우 토지대장 또는 임야대장을 제공하고, 건물의 경우 건축물대장 외에 대지 위에 여러 개의 건물이 있을 때에는 건물의 소재도를 제공한다(건축물대장을 제공한 경우에는 ×).

(4) 등기의 실행
   ① 등기기록을 새로이 편성하고, 표제부와 갑구에 등기사항을 기록한다.
   ② 등기원인과 그 연월일을 기록하지 않는다.
   ③ 등기필정보를 작성하여 보존등기명의인에게 교부하고 등기완료의 뜻을 통지한다.

2. 구분건물의 소유권보존등기

(1) 신청인

① 일반적인 토지·건물의 소유권보존등기를 신청할 수 있는 자로서의 요건은 갖추고 있어야 하며, 구분건물의 특성으로 인해 아래와 같은 추가적 규정이 존재한다.

② 구분건물은 1동의 건물에 속하는 전부에 대하여 1개의 등기기록을 사용하므로, 구분건물의 소유권보존등기는 1동의 건물에 속하는 구분건물 전체의 소유자가 각자 자기 소유의 구분건물에 대한 보존등기를 동시에 신청해야 한다.

③ 1동의 건물에 속하는 구분건물 중 일부만에 관해 소유권보존등기를 신청하는 경우에는 나머지 구분건물의 표시에 관한 등기를 동시에 신청해야 한다. 이 경우, 등기신청인은 1동에 속하는 다른 구분건물의 소유자를 대위하여 그 건물의 표시에 관한 등기를 신청할 수 있다.

(2) 신청정보

일반적인 건물에 대한 소유권보존등기 신청 시 제공하는 신청정보 외에, 1동의 건물의 표시·전유부분의 표시·대지권의 표시를 신청정보의 내용으로 제공한다.

(3) 첨부정보

① 일반적인 건물에 대한 소유권보존등기 신청 시 제공하는 첨부정보 외에, 대지권의 등기와 관련하여 아래의 어느 하나에 해당되는 경우에는 규약이나 공정증서를 제공한다.
  ㉠ 대지권의 목적인 토지가 규약상 대지인 경우
  ㉡ 각 구분소유자가 가지는 대지권의 비율이 전유부분의 면적 비율에 따르지 않는 경우
  ㉢ 건물의 소유자가 그 건물이 속하는 1동의 건물이 있는 건물의 대지에 대하여 가지는 대지사용권이 대지권이 아닌 경우

② 부동산표시 증명정보 : 건축물대장 외에 1동의 건물의 소재도·각 층의 평면도·전유부분의 평면도(건축물대장을 제공한 경우에는 ×)를 제공한다.

(4) 등기의 실행

① '1동의 건물의 표제부'와 각 '전유부분의 표제부' 및 '갑구'를 같이 개설한다.

② 대지권의 목적인 토지의 등기기록 중 해당 구에 직권으로 '대지권이라는 뜻의 등기'도 해야 한다.

③ 1동의 건물의 표제부에 '대지권의 목적인 토지의 표시'에 관한 사항을 기록하고, 전유부분의 표제부에는 '대지권의 표시'에 관한 사항을 기록해야 한다.

④ 대지권의 목적인 토지 등기기록에 소유권보존등기·소유권이전등기 외의 권리에 관한 등기가 있는 경우에는 전유부분 표제부에 '토지 등기기록에 별도의 등기가 있다는 뜻'을 기록해야 한다.

⑤ 건물 등기기록에 소유권보존등기·소유권이전등기 외의 권리에 관한 등기가 있는 경우에는 그 등기에 '건물만에 관한 것이라는 뜻'을 기록해야 한다.

⑥ 등기관은 대지권등기를 했을 때에는 직권으로 대지권의 목적인 토지의 등기기록에 소유권, 지상권, 전세권 또는 임차권이 대지권이라는 뜻을 기록해야 한다.

(5) 대지권등기의 효과
① 구분건물에 대지사용권으로서 건물과 분리하여 처분할 수 없는 것(대지권)이 있는 경우에는 등기관은 1동 건물의 등기기록의 표제부에 대지권의 목적인 토지의 표시에 관한 사항을 기록하고, 전유부분의 등기기록의 표제부에는 대지권의 표시에 관한 사항을 기록한다.
② 대지권을 등기한 후에 한 건물의 권리에 관한 등기는 대지권에 대해 동일한 등기로서 효력이 있다. 다만, 그 등기에 건물만에 관한 것이라는 뜻의 부기가 되어 있을 때에는 그러하지 않다.
③ 대지권에 대한 등기로서의 효력이 있는 등기와 대지권의 목적인 토지의 등기기록 중 해당 구에 한 등기의 순서는 접수번호에 따른다.
④ 대지권이 등기된 구분건물의 등기기록에는 건물만에 관한 소유권이전등기 또는 저당권설정등기, 그 밖에 이와 관련이 있는 등기를 할 수 없다.
⑤ 토지의 소유권이 대지권인 경우에 대지권이라는 뜻의 등기가 되어 있는 토지의 등기기록에는 소유권이전등기, 저당권설정등기, 그 밖에 이와 관련이 있는 등기를 할 수 없다.
⑥ 지상권, 전세권 또는 임차권이 대지권인 경우에는 위 '⑤'를 준용한다.
⑦ 대지권등기 전에 토지와 건물 어느 일방에 마쳐진 등기는 후에 대지권등기를 하더라도 다른 일방에 미치지 않는다(대지권등기보다 우선한다).

3. 관련문제

(1) 공유물의 소유권보존등기

① 소유권보존등기는 보존행위에 해당되므로, 공유자 중 1인이 단독으로 공유자 전원을 위해 전원 명의로의 소유권보존등기를 신청할 수 있다.
② 공유자 중 1인 또는 수인이 각자 지분만에 대한 소유권보존등기를 신청할 수는 없다.
③ 대장상 수인의 공유로 등록되어 있으나 각각의 지분비율이 기재되어 있지 않은 경우에는 지분비율이 균등한 것으로 추정되나, 만약 실제 지분이 불균등하다면 ㉠실제 지분을 증명하는 서면 및 ㉡실제 지분이 균등하게 산정한 지분보다 적은 자의 인감증명을 첨부해야 한다.

(2) 처분제한등기에 선행하는 직권보존등기

① 등기관이 미등기부동산에 대해 법원의 촉탁에 따라 처분제한의 등기를 할 때에는 직권으로 소유권보존등기를 하고, 처분제한의 등기를 명하는 법원의 재판에 따라 소유권의 등기를 한다는 뜻을 기록해야 한다.
② 등기관이 직권으로 건물에 대한 소유권보존등기를 하는 경우에는 등기명의인이 소유권보존등기의 신청인으로서의 요건(법 제65조)을 충족하지 않아도 된다.
③ 보존등기대상 건물이 「건축법」상 사용승인을 받아야 할 건물임에도 사용승인을 받지 않았다면 그 사실을 표제부에 기록해야 한다. 추후에 사용승인이 이루어진 때에는 보존등기명의인은 1개월 이내에 위 기록에 대한 말소등기를 신청해야 한다.
④ 소유권 외의 권리에 대한 처분제한등기의 촉탁 또는 소유권의 일부에 대한 처분제한등기의 촉탁이 있는 경우에는 직권으로 소유권보존등기를 할 수 없다.

4. 신청서 예시

(1) 건물

	건물소유권보존등기신청		
접 수	년 월 일 / 제 호	처리인	등기관 확인 / 각종 통지

부동산의 표시
서울특별시 성동구 마장동 11 [도로명주소] 서울특별시 성동구 위패스로 10 철근콘크리트조 슬래브지붕 4층 근린생활시설 1층 200m² 2층 200m² 3층 200m² 4층 200m² 지하층 200m² 이 상

등기원인과 그 연월일	
등기의 목적	소유권보존
신청 근거 규정	부동산등기법 제65조 제1호

구분	성명 (상호·명칭)	주민등록번호 (등기용등록번호)	주 소(소재지)	지 분 (개인별)
등기신청인	이승주	880101-1234567	서울특별시 서초구 반포대로10길 1(서초동)	3분의2
	고연준	880101-1345678	서울특별시 송파구 송파대로22길 10(신천동)	3분의1

시가표준액 및 국민주택채권매입금액		
부동산 표시	부동산별 시가표준액	부동산별 국민주택채권매입금액
1.	금 원	금 원
2.	금 원	금 원
3.	금 원	금 원
국 민 주 택 채 권 매 입 총 액		금 원
국 민 주 택 채 권 발 행 번 호		

취득세(등록면허세) 금	원	지방교육세 금	원
		농어촌특별세 금	원
세 액 합 계	금 원		

등 기 신 청 수 수 료	금 원	
	납부번호:	
	일괄납부: 건	원

첨 부 서 면	
1. 취득세영수필확인서 1통 1. 등기신청수수료영수필확인서 1통 1. 건축물대장등본 1통 1. 공유지분증명서 1통 1. 인감증명서 1통 1. 위임장 1통 1. 주민등록표초본 2통	

2025 년 1 월 20 일

위 신청인   인 (전화:)

(또는) 위 대리인   법무사 송경준   직인 (전화 : 02-1234-5678)

서울특별시 서초구 서초대로 11(서초동)

서울중앙 지방법원 등기국 귀중

(2) 구분건물

		구분건물소유권보존등기신청		
접 수	년 월 일 제 호	처리인	등기관 확인	각종 통지

부동산의 표시

1동의 건물의 표시
서울특별시 동작구 대방동 135
[도로명주소] 서울특별시 동작구 여의대방로30길 55
철근콘크리트조 슬래브지붕 2층 근린생활시설
1층 150m² 2층 150m²

전유부분의 건물의 표시
1. 건물의 번호: 1-101
　구조: 철근콘크리트조
　면적: 제1층 제101호 120m²

2. 건물의 번호
　구조: 철근콘크리트조
　면적: 제2층 제201호 120m²

각 전유부분의 대지권의 표시
대지권의 목적인 토지의 표시
　1. 서울특별시 동작구 대방동 135 대 200m²
대지권의 종류 1. 소유권대지권
대지권의 비율 1-101 200분의 80
　　　　　　　 2-201 200분의 120
등기원인과 그 연월일 2025년 2월 1일 대지권

이 상

등기원인과 그 연월일	
등기의 목적	소유권보존
신청 근거 규정	부동산등기법 제65조 제1호

구분	성명 (상호·명칭)	주민등록번호 (등기용등록번호)	주 소(소재지)	지 분 (개인별)
등기신청인	고연준	880101-1234567	서울특별시 송파구 송파대로22길 10(신천동)	

시가표준액 및 국민주택채권매입금액		
부동산 표시	부동산별 시가표준액	부동산별 국민주택채권매입금액
1.	금 원	금 원
2.	금 원	금 원
3.	금 원	금 원
국 민 주 택 채 권 매 입 총 액		금 원
국 민 주 택 채 권 발 행 번 호		

취득세(등록면허세) 금 원	지방교육세 금 원
	농어촌특별세 금 원

세 액 합 계	금 원
등 기 신 청 수 수 료	금 원
	납부번호:
	일괄납부: 건 원

첨 부 서 면

1. 취득세영수필확인서   1통
1. 등기신청수수료영수필확인서   1통
1. 집합건축물대장등본(표제부)   1통
1. 집합건축물대장등본(전유부)   2통
1. 토지대장등본   1통
1. 규약(또는 공정증서)   1통
1. 주민등록표초본   1통
1. 위임장   1통

2025년 1월 20일

위 신청인   인 (전화:)

(또는) 위 대리인   법무사 송경준   직인 (전화 : 02-1234-5678)

서울특별시 서초구 서초대로 11(서초동)

서울중앙 지방법원 등기국 귀중

최신·기출·분석

제33회 기출문제 18번

01. 대장은 편성되어 있으나 미등기인 부동산의 소유권보존등기에 관한 설명으로 **틀린** 것은?

① 등기관이 보존등기를 할 때에는 등기원인과 그 연월일을 기록해야 한다.
② 대장에 최초 소유자로 등록된 자의 상속인은 보존등기를 신청할 수 있다.
③ 수용으로 인하여 소유권을 취득하였음을 증명하는 자는 미등기토지에 대한 보존등기를 신청할 수 있다.
④ 군수의 확인에 의해 미등기건물에 대한 자기의 소유권을 증명하는 자는 보존등기를 신청할 수 있다.
⑤ 등기관이 법원의 촉탁에 따라 소유권의 처분제한의 등기를 할 때는 직권으로 보존등기를 한다.

∥ 해설 및 정답 ∥
① 등기관이 소유권보존등기를 할 때에는 등기원인과 그 연월일을 **기록하지 않는다**.

답 ①

최신·기출·분석

>> 제34회 기출문제 22번

02. 구분건물의 등기에 관한 설명으로 틀린 것은?

① 대지권의 표시에 관한 사항은 전유부분의 등기기록 표제부에 기록하여야 한다.
② 토지전세권이 대지권인 경우에 대지권이라는 뜻의 등기가 되어 있는 토지의 등기기록에는 특별한 사정이 없는 한 저당권설정등기를 할 수 없다.
③ 대지권의 변경이 있는 경우, 구분건물의 소유권의 등기명의인은 1동의 건물에 속하는 다른 구분건물의 소유권의 등기명의인을 대위하여 대지권변경등기를 신청할 수 있다.
④ 1동의 건물에 속하는 구분건물 중 일부만에 관하여 소유권보존등기를 신청하는 경우에는 나머지 구분건물의 표시에 관한 등기를 동시에 신청하여야 한다.
⑤ 집합건물의 규약상 공용부분이라는 뜻을 정한 규약을 폐지한 경우, 그 공용부분의 취득자는 소유권이전등기를 신청하여야 한다.

‖해설 및 정답‖

② 대지권의 종류에 따른 토지등기기록에의 등기 가부(可否)

대지권의 종류	가능한 등기	불가능한 등기
소유권	지상권, 지역권, 전세권, 임차권등기	소유권이전등기, 저당권설정등기
지상권·전세권·임차권	소유권이전(가)등기, 저당권설정등기, (가)압류등기	지상권·전세권·임차권의 이전등기, 지상권(전세권) 목적의 저당권설정등기

⑤ 공용부분이라는 뜻을 정한 **규약이 폐지**되면 해당 건물은 독자적인 등기능력을 회복하는바, 지체 없이 소유권**보존**등기를 하면서 공용부분이라는 뜻의 등기를 말소해야 한다.

답 ②,⑤

최신·기출·분석

제34회 기출문제 23번

03. 소유권등기에 관한 설명으로 틀린 것은?(다툼이 있으면 판례에 따름)

① 미등기 건물의 건축물대장상 소유자로부터 포괄유증을 받은 자는 자기 명의로 소유권보존등기를 신청할 수 있다.
② 미등기 부동산이 전전양도된 경우, 최후의 양수인이 소유권보존등기를 한 때에도 그 등기가 결과적으로 실질적 법률관계에 부합된다면, 특별한 사정이 없는 한 그 등기는 무효라고 볼 수 없다.
③ 미등기 토지에 대한 소유권을 군수의 확인에 의해 증명한 자는 그 토지에 대한 소유권보존등기를 신청할 수 있다.
④ 특정유증을 받은 자로서 아직 소유권등기를 이전받지 않은 자는 직접 진정명의회복을 원인으로 한 소유권이전등기를 청구할 수 없다.
⑤ 부동산 공유자의 공유지분 포기에 따른 등기는 해당 지분에 관하여 다른 공유자 앞으로 소유권이전등기를 하는 형태가 되어야 한다.

‖ 해설 및 정답 ‖

③ **특별자치도지사, 시장, 군수 또는 구청장의 확인**에 의해 자기의 소유권을 증명하는 자가 소유권보존등기의 신청인이 될 수 있는 것은 **건물**의 경우에 한정된다.
④ '진정명의회복을 원인으로 한 소유권이전등기'란, 진정한 소유자가 현재 등기명의인으로부터 소유권이전등기의 말소가 아닌 소유권이전등기에 의해 자신의 등기명의를 회복하는 등기를 말한다(판례에 의해 인정). 아래의 어느 하나에 해당하는 자가 신청할 수 있다.
1. **이미 자기 앞으로** 소유권을 표상하는 등기가 되어 있었거나 법률규정에 의해 소유권을 취득한 자
2. **이미 자기 앞으로** 소유권을 표상하는 등기가 되어 있었거나 지적공부상 소유자로 등록되어 있던 자로서 소유권보존등기를 신청할 수 있었던 자
⑤ 공유자가 그 **지분을 포기**하거나 상속인없이 사망한 때에는 그 지분은 **다른 공유자에게** 각 지분의 비율로 귀속한다(「민법」 제267조).

답 ③

Ⅱ. 소유권이전등기

1. 매매를 원인으로 하는 소유권이전등기

(1) 신청인
매수인이 등기권리자, 매도인이 등기의무자가 되어 공동신청함이 원칙이다.

(2) 신청정보
① 등기원인은 '매매'로, 그 연월일은 '매매계약 성립일'을 기재한다.
② 소유권의 일부에 관한 이전등기를 할 때에는 이전되는 지분을 기재한다. 이 경우 등기원인에 공유물분할금지의 약정이 있을 때에는 그 약정에 관한 사항도 기재한다.
③ 「부동산 거래신고 등에 관한 법률」에 따라 신고한 거래가액 및 거래신고관리번호를 기재한다.
④ 등기의무자인 매도인의 등기필정보를 제공한다.

(3) 첨부정보
① 매매계약서 등에 검인을 받아 등기원인 증명정보로 제공한다. 다만, 토지거래허가를 받거나 부동산거래신고를 한 경우 또는 계약의 일방 당사자가 국가나 지방자치단체인 경우에는 그러하지 않다.
② 매수인뿐만 아니라 매도인의 주소(또는 사무소 소재지) 증명정보도 제공한다. 다만, 판결에 의한 소유권이전등기신청 시에는 매수인의 주소증명정보만을 제공한다.
③ 새로 등기명의인이 되는 매수인의 주민등록번호(또는 부동산등기용등록번호) 증명정보를 제공한다.
④ 대장등본 등 부동산표시 증명정보를 제공한다.
⑤ 매도인의 인감증명을 제공한다.
⑥ 시장·군수 또는 구청장으로부터 제공받은 거래계약신고필증정보를 제공한다.
⑦ 거래부동산이 2개 이상인 경우 또는 거래부동산이 1개라 하더라도 여러 명의 매도인과 여러 명의 매수인 사이의 매매계약인 경우에는 매매목록을 제공한다.

(4) 등기의 실행
① 소유권의 일부이전등기신청 시 공유물분할금지약정이 있을 때에는 그 약정에 관한 사항을 기록한다. 이 약정의 변경등기는 공유자 전원이 공동으로 신청해야 한다.
② 「부동산 거래신고 등에 관한 법률」이 정한 부동산매매계약을 등기원인으로 한 소유권이전등기를 하는 경우에는 아래의 구분에 따라 거래가액을 기록한다.
　㉠ 매매목록의 제공이 필요 없는 경우 : 등기기록 중 갑구의 권리자 및 기타사항란에 거래가액을 기록하는 방법
　㉡ 매매목록이 제공된 경우 : 거래가액과 부동산의 표시를 기록한 매매목록을 전자적으로 작성하여 번호를 부여하고 등기기록 중 갑구의 권리자 및 기타사항란에 그 매매목록의 번호를 기록하는 방법
③ 매수인에게 등기필정보를 작성·교부하고, 등기신청인에게 등기완료의 통지를 한다.

(5) 신청서 예시

접 수	년 월 일	처리인	등기관 확인	각종 통지
	제 호			

소유권일부이전등기신청(매매)

부동산의 표시
경기도 의정부시 녹양동 10 전 1,200m²   거래신고관리번호: 1234-2025-6-1234567　　　　　　거래가액 : 금 5,000,000,000원   <div align="center">이　상</div>

등기원인과 그 연월일	2025년 1월 1일 매매
등기의 목적	소유권일부이전
이전할 지분	2분의 1
특 약	이 부동산은 4년간 공유물분할을 하지 아니한다.

구분	성명 (상호·명칭)	주민등록번호 (등기용등록번호)	주 소(소재지)	지 분 (개인별)
등기의무자	이승주	880101-1234567	서울특별시 서초구 반포대로10길 1(서초동)	
등기권리자	고연준	880202-1234789	서울특별시 송파구 송파대로22길 10(신천동)	2분의 1

부동산 표시	시가표준액 및 국민주택채권매입금액	
	부동산별 시가표준액	부동산별 국민주택채권매입금액
1.	금 원	금 원
2.	금 원	금 원
3.	금 원	금 원
국 민 주 택 채 권 매 입 총 액		금 원
국 민 주 택 채 권 발 행 번 호		

취득세(등록면허세) 금 원	지방교육세 금 원
	농어촌특별세 금 원

세 액 합 계	금 원
등 기 신 청 수 수 료	금 원
	납부번호:
	일괄납부: 건 원

등기의무자의 등기필정보

부동산고유번호	1102-2025-112345	
성명(명칭)	일련번호	비밀번호
이승주	WTPE-ASRV-Y7W3	29-3732

첨 부 서 면

1. 취득세영수필확인서   1통
1. 등기신청수수료영수필확인서   1통
1. 매매계약서   1통
1. 토지이용계획확인서   1통
1. 농지취득자격증명서   1통
1. 위임장   1통

1. 주민등록표초본   2통
1. 토지대장등본   1통
1. 자필서명정보   1통
1. 인감증명서   1통
1. 부동산거래계약신고필증   1통

2025 년 1 월 15 일

위 신청인   인 (전화:)

(또는) 위 대리인   법무사 송경준   직인 (전화 : 02-1234-5678)

서울특별시 서초구 서초대로 11(서초동)

서울중앙 지방법원 등기국 귀중

2. 상속을 원인으로 하는 소유권이전등기

(1) 신청인

① 등기권리자인 상속인이 단독으로 신청한다.
② 상속인이 여러 명인 경우 상속인 전원이 신청하거나 상속인 중 1인이 상속인 모두를 위해 신청할 수 있다.

(2) 신청정보

① 등기원인은 '상속'으로, 그 연월일은 '피상속인의 사망일'로 기재한다.
② 상속재산분할협의를 거쳐 상속등기를 신청하는 경우의 등기원인은 '협의분할에 의한 상속'으로 기재한다.
③ 상속인이 여러 명인 경우 상속인 각자의 상속지분을 기재한다.

(3) 첨부정보

① 등기원인(상속)을 증명하는 정보로 피상속인의 기본증명서·가족관계증명서·친양자입양관계증명서·제적등본 및 상속인의 기본증명서·가족관계증명서를 제공한다.
② 상속재산분할협의를 거친 경우 상속재산분할협의서 및 상속인 전원의 인감증명을 제공한다.
③ 상속인 중 상속을 포기한 자가 있는 경우에는 상속포기심판서 정본을 제공한다.

(4) 등기의 실행

① 상속인이 여러 명인 경우 상속인 각자의 상속지분을 기록한다.
② 등기명의인이 되는 상속인을 위한 등기필정보를 작성·교부하고, 등기완료의 뜻을 통지한다.

(5) 관련문제

① 상속등기의 생략
  ㉠ 가등기를 마친 후에 가등기권리자 또는 가등기의무자가 사망한 경우, 그 상속인은 상속등기를 거치지 않고 상속증명서면을 첨부하여 가등기신청의 상대방과 공동으로 본등기를 신청할 수 있다.
  ㉡ 피상속인으로부터 그 소유의 부동산을 매수한 매수인이 등기신청을 하지 않고 있던 중 상속이 개시된 경우, 상속인은 상속증명서면을 첨부하여 피상속인으로부터 바로 매수인 앞으로 소유권이전등기를 신청할 수 있다.
② 대위에 의한 상속등기
  ㉠ 상속등기가 아직 경료되지 않은 부동산에 대한 가압류결정이 있는 경우, 가압류등기의 촉탁 전에 가압류채권자가 상속인을 대위하여 상속등기를 해야 한다.
  ㉡ 관공서가 체납처분으로 인한 압류등기를 촉탁하는 경우, 상속인을 갈음하여 상속으로 인한 권리이전의 등기를 함께 촉탁할 수 있다.
  ㉢ 수용으로 인한 소유권이전등기를 신청하는 등기권리자는 상속인을 갈음하여 상속으로 인한 소유권이전등기를 신청할 수 있다.

(6) 신청서 예시

접 수	년 월 일	처리인	등기관 확인	각종 통지
	제 호			

소유권이전대위등기신청(상속)

부동산의 표시
서울특별시 영등포구 도림동 200 [도로명주소] 서울특별시 영등포구 도영로 30(도림동) 목조기와지붕 단층주택 80m²   <div align="center">이   상</div>

등기원인과 그 연월일	2025년 1월 1일 상속
등기의 목적	소유권이전
대위원인	2023년 12월 1일 소비대차계약에 의한 대여금반환청구권

구분	성명 (상호·명칭)	주민등록번호 (등기용등록번호)	주 소(소재지)	지 분 (개인별)
등기의무자	망 조대출	501231-1567890	서울특별시 영등포구 도영로 30(도림동)	
등기권리자	상속인 박부인 조장남 조차남 대위신청인 장사채	480808-2765432 850505-1567891 860606-1567901	서울특별시 영등포구 도영로 30(도림동) 서울특별시 강서구 공항대로45길 20(등촌동) 서울특별시 동대문구 무학로26길 10(용두동) 서울특별시 광진구 아차산로 500(광장동)	7분의 3 7분의 2 7분의 2

시가표준액 및 국민주택채권매입금액				
부동산 표시	부동산별 시가표준액		부동산별 국민주택채권매입금액	
1.	금	원	금	원
2.	금	원	금	원
3.	금	원	금	원
국 민 주 택 채 권 매 입 총 액			금	원
국 민 주 택 채 권 발 행 번 호				
취득세(등록면허세) 금		원	지방교육세 금	원
^^		^^	농어촌특별세 금	원
세 액 합 계		금		원
등 기 신 청 수 수 료		금		원
^^		납부번호:		
^^		일괄납부: 건		원
등기의무자의 등기필정보				
부동산고유번호				
성명(명칭)	일련번호			비밀번호
첨 부 서 면				

1. 취득세영수필확인서	1통		
1. 등기신청수수료영수필확인서	1통	1. 위임장	1통
1. 기본증명서(상세)	4통	1. 주민등록표초본	4통
1. 가족관계증명서(상세)	4통	1. 건축물대장등본	1통
1. 친양자입양관계증명서(상세)	1통	1. 소비대차계약서	1통
1. 제적등본	1통		

2025 년 1 월 15 일

위 신청인 　　　　인 (전화 :　　)

(또는) 위 대리인　　법무사 송경준　　직인 (전화 : 02-1234-5678)

서울특별시 서초구 서초대로 11(서초동)

서울중앙 지방법원 등기국 귀중

3. 유증을 원인으로 하는 소유권이전등기

(1) 신청인

① 포괄유증이건 특정유증이건 불문하고 수증자가 등기권리자, 유언집행자 또는 상속인이 등기의무자가 되어 공동신청한다.
② 수증자가 여러 명인 포괄유증의 경우, 수증자 전원이 공동으로 신청하거나 각자가 자기 지분만에 대하여 소유권이전등기를 신청할 수 있다.

(2) 신청정보

① 등기원인은 '유증'으로, 그 연월일은 '유증자의 사망일'로 기재한다.
② 유증자의 등기필정보를 제공한다.

(3) 첨부정보

① 등기원인(유증)을 증명하는 정보로 유언증서를 제공한다.
　㉠ 유언이 자필증서나 녹음 또는 비밀증서의 방식으로 이루어진 경우에는 유언검인조서를 제공해야 한다.
　㉡ 유언이 공정증서의 방식으로 이루어진 경우에는 별도의 검인을 받을 필요가 없다.
　㉢ 유언이 구수증서의 방식으로 이루어진 경우에는 유언검인심판서를 제공해야 한다.
　㉣ 유증은 유언자의 사망으로 효력이 발생하므로, 유언자의 사망사실을 증명하기 위해 유언자의 기본증명서나 제적등본 등을 제공한다.
　㉤ 유언증서는 유언집행자의 등기신청 대리권한을 증명하는 정보로서의 역할도 한다.
② 유증은 계약이 아니므로 토지거래허가서는 불필요하다.
③ 농지가 법정상속인 아닌 제3자에게 특정유증된 경우에는 농지취득자격증명을 제공해야 하나, 법정상속인에게 특정유증된 경우 또는 포괄유증의 경우에는 제공할 필요가 없다.
④ 검인기일에 상속인들이 유언의 효력을 다툰 경우에는 상속인들이 등기신청에 이의가 없다는 뜻을 기재한 진술서 및 인감증명서를 제공해야 한다.

(4) 등기의 실행

① 유증으로 인해 상속인의 유류분이 침해되더라도 등기관은 등기신청을 수리해야 한다.
② 포괄유증이건 특정유증이건 불문하고 상속등기를 거치지 않고 바로 수증자 명의로 등기를 실행한다(다만, 상속등기가 이미 경료되었다면 상속등기를 말소하지 않고 상속인으로부터 유증으로 인한 소유권이전등기를 신청할 수 있다).

(5) 관련문제

① 유증으로 인한 소유권이전청구권보전의 가등기는, 유언자가 사망한 후인 경우에만 수리할 수 있다.
② 포괄수증자가 특정되지 않은 유언장(예 : 유언집행자에게 포괄수증자를 선택할 권한을 위임한다는 내용)에 의한 소유권이전등기신청은 수리해서는 안 된다.

(6) 신청서 예시

접 수	년 월 일	처리인	등기관 확인	각종 통지
	제 호			

소유권이전등기신청(유증)

부동산의 표시
경기도 광주시 퇴촌면 정지리 120 과수원 1,000m²   이   상

등기원인과 그 연월일	2025년 1월 1일 유증
등기의 목적	소유권이전
이전할 지분	

구분	성명 (상호·명칭)	주민등록번호 (등기용등록번호)	주 소(소재지)	지 분 (개인별)
등기의무자	유증자 망 이몽룡 유언집행자 성춘향	580101-1234567	경기도 광주시 퇴촌면 지위동길 10(정지리) 경기도 광주시 퇴촌면 지위동길 10(정지리)	
등기권리자	최의란	920202-2234789	서울특별시 용산구 이촌로 123(이촌동)	

시가표준액 및 국민주택채권매입금액		
부동산 표시	부동산별 시가표준액	부동산별 국민주택채권매입금액
1.	금 원	금 원
2.	금 원	금 원
3.	금 원	금 원
국 민 주 택 채 권 매 입 총 액		금 원
국 민 주 택 채 권 발 행 번 호		

취득세(등록면허세) 금	원	지방교육세 금	원
		농어촌특별세 금	원
세 액 합 계	금			원
등 기 신 청 수 수 료	금			원
	납부번호:			
	일괄납부: 건			원

등기의무자의 등기필정보			
부동산고유번호	1102-2025-112345		
성명(명칭)	일련번호		비밀번호
이몽룡	WTPE-ASRV-Y7W3		29-3732

첨 부 서 면

1. 취득세영수필확인서   1통
1. 등기신청수수료영수필확인서   1통
1. 유언증서   1통
1. 유언검인조서등본   1통
1. 기본증명서(상세)   1통
1. 농지취득자격증명서   1통

1. 위임장   1통
1. 주민등록표초본   1통
1. 토지대장등본   1통
1. 자필서명정보   1통
1. 인감증명서   1통

2025 년 1 월 15 일

위 신청인   인 (전화:)

(또는) 위 대리인   법무사 송경준   직인 (전화 : 02-1234-5678)

서울특별시 서초구 서초대로 11(서초동)

서울중앙 지방법원 등기국 귀중

4. 수용을 원인으로 하는 소유권이전등기

(1) 의의
「공익사업을 위한 토지 등의 취득 및 보상에 관한 법률」에 따라 사업인정을 받은 공익사업의 사업시행자가 수용에 의해 토지 등을 취득한 경우, 토지 등의 소유권이 피수용자로부터 사업시행자에게로 이전됨에 따른 등기를 말한다.

(2) 신청인
① 사업시행자가 등기권리자가 되어 단독으로 신청할 수 있다(공동신청도 가능).
② 국가 또는 지방자치단체가 등기권리자인 경우, 국가 또는 지방자치단체는 지체 없이 수용으로 인한 소유권이전등기를 등기소에 촉탁해야 한다.

(3) 신청정보
① 등기원인은 '수용'으로, 그 연월일은 '수용개시일'로 기재한다.
② 토지수용위원회의 재결로써 존속이 인정된 권리가 있으면 이를 기재한다.

(4) 첨부정보
① 등기원인을 증명하는 정보로 협의성립확인서 또는 (수용)재결서 등본을 제공한다.
② 보상이나 공탁을 증명하는 정보(보상금수령증 또는 공탁서)를 제공한다.
③ 법률의 규정에 의한 취득이므로 토지거래허가서나 농지취득자격증명서는 제공하지 않는다.

(5) 등기의 실행
① 등기관은 부동산의 등기기록 중 소유권, 소유권 외의 권리, 그 밖의 처분제한에 관한 등기가 있으면 그 등기를 직권으로 말소해야 한다. 다만, 그 부동산을 위해 존재하는 지역권의 등기 또는 토지수용위원회의 재결로써 존속이 인정된 권리의 등기는 그러하지 않다.
② 수용개시일 이전의 상속을 원인으로 한 소유권이전등기는 말소하지 않는다.

(6) 관련문제
① (수용)재결이 실효된 경우, 사업시행자 명의의 소유권이전등기는 말소대상이므로 사업시행자와 피수용자가 말소등기를 공동신청해야 하며, 직권말소된 등기는 직권으로 말소회복해야 한다.
② 사업시행자가 (수용)재결이나 협의성립확인을 거치지 않고 토지를 협의취득한 경우, 이는 매매의 성격을 가지므로 사업시행자와 토지소유자가 소유권이전등기를 공동신청해야 한다. 이 경우 등기원인 증명정보로는 검인받은 공공용지 취득협의서를 제공한다.

(7) 신청서 예시

	소유권이전등기신청(수용)			
접 수	년 월 일 제 호	처리인	등기관 확인	각종 통지

부동산의 표시
경기도 광주시 퇴촌면 정지리 120 과수원 1,000m²   이   상
등기원인과 그 연월일 : 2025년 1월 1일 토지수용
등기의 목적 : 소유권이전
존속할 지분 : 2020년 7월 7일 접수 제10001호로 등기한 지역권설정등기

구분	성명 (상호·명칭)	주민등록번호 (등기용등록번호)	주 소(소재지)	지 분 (개인별)
등기의무자	최의란	920202-2234789	서울특별시 용산구 이촌로 123(이촌동)	
등기권리자	주식회사 위패스 건설 대표이사 김묘엽	1101010-1424244	서울특별시 강남구 도산대로 345(신사동) 서울특별시 서초구 반포대로 155(잠원동)	

시가표준액 및 국민주택채권매입금액				
부동산 표시	부동산별 시가표준액		부동산별 국민주택채권매입금액	
1.	금	원	금	원
2.	금	원	금	원
3.	금	원	금	원
국 민 주 택 채 권 매 입 총 액			금	원
국 민 주 택 채 권 발 행 번 호				

취득세(등록면허세) 금	원	지방교육세 금	원
^	^	농어촌특별세 금	원
세 액 합 계	금			원
등 기 신 청 수 수 료	금			원
^	납부번호:			
^	일괄납부:	건		원

등기의무자의 등기필정보		
부동산고유번호		
성명(명칭)	일련번호	비밀번호

첨 부 서 면

1. 등기신청수수료영수필확인서   1통
1. 재결서등본   1통
1. 공탁서원본   1통
1. 법인등기사항증명서   1통
1. 위임장   1통
1. 토지대장등본   1통

2025 년 5 월 25 일

위 신청인   인 (전화:)

(또는) 위 대리인   법무사 송경준   직인 (전화 : 02-1234-5678)

서울특별시 서초구 서초대로 11(서초동)

서울중앙 지방법원 등기국 귀중

5. 진정명의회복을 원인으로 하는 소유권이전등기

(1) 의의
진정한 소유자가 현재 등기명의인으로부터 소유권이전등기의 말소가 아닌 소유권이전등기에 의해 자신의 등기명의를 회복하는 등기를 말한다(판례에 의해 인정).

(2) 신청인
① 이미 자기 앞으로 소유권을 표상하는 등기가 되어 있었거나 법률규정에 의해 소유권을 취득한 자가 현재 등기명의인을 상대로 승소판결을 받아 단독신청할 수 있다.
② 이미 자기 앞으로 소유권을 표상하는 등기가 되어 있었거나 지적공부상 소유자로 등록되어 있던 자로서 소유권보존등기를 신청할 수 있었던 자가 등기권리자, 현재 등기명의인이 등기의무자가 되어 공동신청할 수도 있다.

(3) 신청정보
① 등기원인은 '진정명의회복'으로 기재하고, 그 연월일은 기재하지 않는다.
② 공동신청의 경우 등기의무자의 등기필정보를 제공한다.

(4) 첨부정보
① 단독신청의 경우 판결서 정본을, 공동신청의 경우 당사자의 확인서 등을 등기원인 증명정보로 제공한다.
② 토지거래허가서, 농지취득자격증명서 등은 불필요하며, 계약을 원인으로 하는 소유권이전이 아니므로 판결서 등에 검인을 받을 필요도 없다.
③ 공동신청에 의하는 경우 등기의무자의 인감증명을 제공해야 한다.

(5) 등기실행
통상의 소유권이전등기와 동일하게 실행하나, 등기원인일자를 기재하지 않는다.

(6) 관련문제
① 특정유증을 받은 자로서 아직 소유권이전등기를 이전받지 않은 자는 직접 진정명의회복을 원인으로 한 소유권이전등기를 청구할 수 없다.
② 진정명의회복을 원인으로 하는 소유권이전등기절차의 이행을 명하는 판결에 의해 현재 등기명의인의 소유권이전등기에 대해 말소등기를 신청할 수는 없다.

(7) 신청서 예시

접 수	년 월 일	처리인	등기관 확인	각종 통지
	제 호			

소유권이전등기신청(판결)

부동산의 표시
서울특별시 강남구 대치동 1001 잡종지 300m²   이 상

등기원인과 그 연월일	진정명의회복
등기의 목적	소유권이전

구분	성명 (상호·명칭)	주민등록번호 (등기용등록번호)	주 소(소재지)	지 분 (개인별)
등기의무자	이승주	880101-1234567	서울특별시 서초구 반포대로10길 1(서초동)	
등기권리자	이현우	900101-1234567	서울특별시 서초구 서래로 10(반포동)	

시가표준액 및 국민주택채권매입금액		
부동산 표시	부동산별 시가표준액	부동산별 국민주택채권매입금액
1.	금 원	금 원
2.	금 원	금 원
3.	금 원	금 원
국 민 주 택 채 권 매 입 총 액		금 원
국 민 주 택 채 권 발 행 번 호		

취득세(등록면허세) 금	원	지방교육세 금	원
		농어촌특별세 금	원
세 액 합 계	금		원
등 기 신 청 수 수 료	금		원
	납부번호:		
	일괄납부: 건		원

등기의무자의 등기필정보			
부동산고유번호				
성명(명칭)	일련번호		비밀번호

첨 부 서 면

1. 취득세(또는 등록면허세)영수필확인서	1통
1. 등기신청수수료영수필확인서	1통
1. 판결정본 및 확정증명서	1통
1. 위임장	1통
1. 주민등록표초본	1통
1. 토지대장등본	1통

2025년 3월 1일

위 신청인   인 (전화:)

(또는) 위 대리인   법무사 송경준   직인 (전화 : 02-1234-5678)

서울특별시 서초구 서초대로 11(서초동)

서울중앙 지방법원 등기국 귀중

6. 대지사용권이전등기

(1) 의의

구분건물을 신축한 자가 대지사용권을 가지고 있는 경우에 대지권에 관한 등기를 하지 않고 구분건물에 관하여만 소유권이전등기를 마쳤을 때에는 현재의 구분건물의 소유명의인과 공동으로 대지사용권(토지 지분)에 관한 이전등기를 신청할 수 있다.

(2) 신청인

① 구분건물의 현재 소유명의인이 등기권리자, 구분건물을 신축한 자(분양자)가 등기의무자가 되어 공동신청한다.
② 위 등기는 대지권에 관한 등기와 동시에 신청해야 한다(구분건물 소유자가 단독신청).

(3) 신청정보

① 등기원인은 '구분건물의 전유부분 취득', 그 연월일은 '전유부분에 관한 소유권이전등기를 마친 날'로 기재한다.
② 등기필정보를 제공할 필요가 없다.

(4) 첨부정보

등기원인 증명정보 및 등기권리자의 주소 및 주민등록번호 증명정보를 제공하지 않는다.

(5) 등기실행

대지권등기와 동시에 신청하지 않은 경우에는 '사건이 등기할 것이 아닌 경우'에 해당되어 신청을 각하한다.

(6) 관련문제

구분건물이 전전양도된 경우, 최초 분양자(구분건물을 신축한 자)는 중간매수인에게로의 대지사용권이전등기를 거치지 않고 바로 최종매수인에게로의 대지사용권이전등기를 할 수 있다.

(7) 신청서 예시

접 수	년 월 일 제 호	처리인	등기관 확인	각종 통지

소유권일부이전등기신청(대지사용권이전)   (동시신청 1)

부동산의 표시
경기도 광주시 퇴촌면 정지리 120 대 800m²   이 상

등기원인과 그 연월일	2025년 12월 10일 건물 제101동 제201호 전유부분 취득
등기의 목적	소유권일부이전
이전할 지분	800분의 50

구분	성명 (상호·명칭)	주민등록번호 (등기용등록번호)	주 소(소재지)	지 분 (개인별)
등기의무자	주식회사 위패스건설 대표이사 김묘엽	110101-1101101	서울특별시 강남구 도산대로 345(신사동) 서울특별시 서초구 반포대로 155(잠원동)	
등기권리자	고연준	880202-1234789	서울특별시 송파구 송파대로 22길10(신천동)	

시가표준액 및 국민주택채권매입금액				
부동산 표시	부동산별 시가표준액		부동산별 국민주택채권매입금액	
1.	금	원	금	원
2.	금	원	금	원
3.	금	원	금	원
국 민 주 택 채 권 매 입 총 액			금	원
국 민 주 택 채 권 발 행 번 호				

취득세(등록면허세) 금		원	지방교육세 금	원
			농어촌특별세 금	원
세 액 합 계	금			원
등 기 신 청 수 수 료	금			원
	납부번호:			
	일괄납부:	건		원

등기의무자의 등기필정보			
부동산고유번호			
성명(명칭)	일련번호		비밀번호

첨 부 서 면			
1. 취득세영수필확인서	1통	1. 위임장	1통
1. 등기신청수수료영수필확인서	1통	1. 토지대장등본	1통
1. 토지이용계획확인서	1통	1. 자필서명정보	1통
1. 법인등기사항증명서	1통	1. 인감증명서	1통

2025 년 12 월 15 일

위 신청인   인 (전화 :   )

(또는) 위 대리인   법무사 송경준   직인 (전화 : 02-1234-5678)

서울특별시 서초구 서초대로 11(서초동)

서울중앙 지방법원 등기국 귀중

접 수	년 월 일	처리인	등기관 확인	각종 통지
	제 호			

구분건물표시변경등기신청(대지권표시변경) (동시신청 2)

부동산의 표시

1동의 건물의 표시
  경기도 광주시 퇴촌면 정지리 120 토마토아파트 제101동
  [도로명주소] 경기도 광주시 퇴촌면 산수로 999
 	
전유부분의 건물의 표시
  건물의 번호: 제01동 제2층 제201호
  구조: 철근콘크리트구조
  면적: 50m²
 	
변경할 사항
대지권의 표시
  대지권의 목적인 토지의 표시
    1. 경기도 광주시 퇴촌면 정지리 120 대 800m²
  대지권의 종류: 1. 소유권대지권
  대지권의 비율: 800분의 50
  등기원인과 그 연월일: 2025년 11월 1일 대지권
 	
                          이   상

등기원인과 그 연월일	2025년 12월 15일 토지소유권취득
등기의 목적	구분건물표시변경

구분	성명 (상호·명칭)	주민등록번호 (등기용등록번호)	주 소(소재지)	지 분 (개인별)
등기권리자	고연준	880202-1234789	서울특별시 송파구 송파대로 22길 10(신천동)	

등 록 면 허 세	금		원
지 방 면 허 세	금		원
세 액 합 계	금		원
등 기 신 청 수 수 료	금		원
	납부번호:		
	일괄납부:	건	원

등기의무자의 등기필정보		
부동산고유번호	1102-2025-112345	
성명(명칭)	일련번호	비밀번호
이현우	WTPE-ASRV-Y7W3	29-3732

첨 부 서 면

1. 등록면허세영수필확인서   1통
1. 등기신청수수료영수필확인서   1통
1. 위임장   1통

2025 년 12 월 15 일

위 신청인   인 (전화 :   )

(또는) 위 대리인   법무사 송경준   직인 (전화 : 02-1234-5678)

서울특별시 서초구 서초대로 11(서초동)

서울중앙 지방법원 등기국 귀중

최신·기출·분석

제33회 기출문제 13번

01. 매매를 원인으로 한 토지소유권이전등기를 신청하는 경우에 부동산등기규칙상 신청정보의 내용으로 등기소에 제공해야 하는 사항으로 옳은 것은?.

① 등기권리자의 등기필정보
② 토지의 표시에 관한 사항 중 면적
③ 토지의 표시에 관한 사항 중 표시번호
④ 신청인이 법인인 경우에 그 대표자의 주민등록번호
⑤ 대리인에 의하여 등기를 신청하는 경우에 그 대리인의 주민등록번호

‖ 해설 및 정답 ‖

① 등기**의무자**의 등기필정보를 제공해야 한다.
②③ 토지의 표시에 관한 사항 중 **소재와 지번**, **지목**, **면적**을 제공해야 한다.
④⑤ 신청정보로 대리인(대표자)에 관한 사항을 제공해야 하는 경우, 아래의 기준에 따른다.

대리인에 의한 등기신청	법인의 등기신청	비법인사단·재단의 등기신청
대리인의 성명, 주소	대표자의 성명, 주소	대표자(관리인)의 성명, 주소, **주민등록번호**

답 ②

최신·기출·분석

제33회 기출문제 17번

02. 2025년에 체결된 「부동산 거래신고 등에 관한 법률」 제3조제1항제1호의 부동산 매매계약의 계약서를 등기원인증서로 하는 소유권이전등기에 관한 설명으로 <u>틀린</u> 것은?

① 신청인은 위 법률에 따라 신고한 거래가액을 신청정보의 내용으로 등기소에 제공해야 한다.
② 신청인은 시장·군수 또는 구청장이 제공한 거래계약신고필증정보를 첨부정보로서 등기소에 제공해야 한다.
③ 신고 관할관청이 같은 거래부동산이 2개 이상인 경우, 신청인은 매매목록을 첨부정보로서 등기소에 제공해야 한다.
④ 거래부동산이 1개라 하더라도 여러 명의 매도인과 여러 명의 매수인 사이의 매매계약인 경우에는 매매목록을 첨부정보로서 등기소에 제공해야 한다.
⑤ 등기관은 거래가액을 등기기록 중 갑구의 등기원인란에 기록하는 방법으로 등기한다.

‖ 해설 및 정답 ‖

⑤ 「부동산 거래신고 등에 관한 법률」이 정한 부동산매매계약을 등기원인으로 한 소유권이전등기를 하는 경우에는 아래의 구분에 따라 **거래가액을 기록**한다.
  1. 매매목록의 제공이 필요 없는 경우 : 등기기록 중 갑구의 **권리자 및 기타사항란**에 거래가액을 기록하는 방법
  2. 매매목록이 제공된 경우 : 거래가액과 부동산의 표시를 기록한 매매목록을 전자적으로 작성하여 번호를 부여하고 등기기록 중 갑구의 **권리자 및 기타사항란**에 그 매매목록의 번호를 기록하는 방법

답 ⑤

최신·기출·분석

제35회 기출문제 18번

03. 부동산등기에 관한 설명으로 옳은 것은?

① 유증으로 인한 소유권이전등기는 상속등기를 거치지 않으면 유증자로부터 직접 수증자 명의로 신청할 수 없다.
② 유증으로 인한 소유권이전등기 신청이 상속인의 유류분을 침해하는 내용인 경우에는 등기관은 이를 수리할 수 없다.
③ 상속재산분할심판에 따른 상속인의 소유권이전등기는 법정상속분에 따른 상속등기를 거치지 않으면 할 수 없다.
④ 상속등기 경료 전의 상속재산분할협의에 따라 상속등기를 신청하는 경우, 등기원인일자는 '협의분할일'로 한다.
⑤ 권리의 변경등기는 그 등기로 등기상 이해관계 있는 제3자의 권리가 침해되는 경우, 그 제3자의 승낙 또는 이에 대항할 수 있는 재판이 있음을 증명하는 정보의 제공이 없으면 부기등기로 할 수 없다.

‖ 해설 및 정답 ‖

① 포괄유증이건 특정유증이건 불문하고 **상속등기를 거치지 않고** 바로 수증자 명의로 등기를 실행한다.
② 유증으로 인해 상속인의 **유류분이 침해**되더라도 등기관은 등기신청을 **수리**해야 한다.
③④ 상속등기의 등기원인은 상속방법에 따라 '상속', '협의분할에 의한 상속', '조정분할에 의한 상속', '심판분할에 의한 상속'으로 나뉘며, 반드시 법정상속분에 따른 상속등기를 거쳐야 하는 것은 아니다. 어떤 등기원인에 의하든 그 **원인일자는 '피상속인의 사망일'**로 동일하지만, 법정상속분에 따른 상속등기 경료 후에 상속재산 협의분할에 따른 상속등기를 하는 경우에는 등기원인일자를 '협의성립일'로 기재해야 한다.

답 ⑤

최신·기출·분석

제35회 기출문제 17번

04. 진정명의회복을 위한 소유권이전등기에 관한 설명으로 옳은 것을 모두 고른 것은?

> ㄱ. 진정명의회복을 원인으로 하는 소유권이전등기를 신청하는 경우, 그 신청정보에 등기원인일자는 기재하지 않는다.
>
> ㄴ. 토지거래허가의 대상이 되는 토지에 관하여 진정명의회복을 원인으로 하는 소유권이전등기를 신청하는 경우에는 토지거래허가증을 첨부해야 한다.
>
> ㄷ. 진정명의회복을 위한 소유권이전등기청구소송에서 승소확정판결을 받은 자는 그 판결을 등기원인으로 하여 현재 등기명의인의 소유권이전등기에 대하여 말소등기를 신청할 수는 없다.

① ㄱ
② ㄴ
③ ㄱ, ㄷ
④ ㄴ, ㄷ
⑤ ㄱ, ㄴ, ㄷ

∥해설 및 정답∥

ㄴ. 진정명의회복을 위한 소유권이전등기의 신청에 있어 **토지거래허가서, 농지취득자격증명서 등은 불필요**하며, 계약을 원인으로 하는 소유권이전이 아니므로 판결서 등에 검인을 받을 필요도 없다.

ㄷ. 진정명의회복소송의 실질은 말소소송과 같다는 판례가 있다. 그러나 등기원인 증명서면으로 제공하는 진정명의회복소송의 판결서 주문은 '~소유권이전등기절차를 이행하라'의 형태인데, 말소등기의 신청서 제목은 '~말소등기'이고 '말소할 등기'를 특정하여 기재하도록 하고 있는바, 이는 **신청정보와 등기원인을 증명하는 정보가 일치하지 않은** 경우로서 법 제29조제8호의 **각하사유**에 해당한다.

답 ③

Ⅲ. 소유권에 관한 그 밖의 등기

1. 합유에 관한 등기

(1) 합유등기

① 의의 : 부동산을 합유하는 경우 합유라는 뜻을 등기하는 것을 말한다.
② 신청인 : 합유자 전원이 등기권리자, 기존 소유자가 등기의무자가 되어 공동신청한다.
③ 신청정보 : 합유라는 뜻을 신청서에 기재한다.
④ 첨부정보 : 합유자 전원의 주소 및 주민등록번호를 증명하는 서면을 제공한다.
⑤ 등기실행 : 합유인 뜻을 기록해야 하나, 합유자별 지분은 표시하지 않는다.

(2) 합유명의인 변경등기

① 의의 : 합유자 일부의 합유지분 처분에 따라 합유자의 교체나 탈퇴 또는 추가가 있는 경우에 하는 등기를 말한다.
② 신청인 및 신청정보

구 분		합유자 일부 교체	합유자 일부 탈퇴	합유자 추가
신청인	등기의무자	탈퇴한 합유자	탈퇴한 합유자	기존 합유자
	등기권리자	가입한 합유자, 잔존 합유자	잔존 합유자 (또는 단독소유자)	가입한 합유자
신청정보(등기원인)		합유자 변경	합유자 탈퇴	합유자 가입

③ 첨부정보 : 등기의무자의 인감증명을 제공해야 한다.
④ 등기실행 : 종전 합유자 전부를 말소하는 표시를 하고, 부기등기의 형태로 실행한다(소유권변경등기이므로).
⑤ 관련문제 : 합유자 일부의 사망으로 합유명의인이 변경되는 경우, 잔존 합유자의 단독신청에 의해 합유명의인변경등기를 실행한다(합유지분은 상속되지 않고 잔존 합유자에게 귀속되므로 상속등기×)

(3) 소유형태 변경등기

① 단독소유 → 합유 : 단독소유자와 합유자들의 공동신청으로 '소유권이전등기'를 실행하며, 단독소유자를 포함한 합유로의 변경인 경우에는 기존 단독소유자도 합유자로 표시한다.
② 공유 → 합유 : 등기원인을 '변경계약'으로 하는 '소유권변경등기'를 공유자들이 공동신청하며, 부기등기 형태로 실행한다. 단, 공유지분을 목적으로 하는 가압류등기나 가처분등기 등 합유지분에 대해 허용되지 않는 등기가 있다면 가압류권자 등의 동의를 받아야 한다.
③ 합유 → 공유 : 합유자 전원의 합의에 의해 '소유권변경등기'를 해야 한다.
④ 합유 → 총유 : 소유권에 관한 주체의 교체가 되므로 '소유권이전등기'를 해야 한다.

(4) 신청서 예시

		합유명의인변경등기신청		
접 수	년 월 일 제 호	처리인	등기관 확인	각종 통지

부동산의 표시

1. 전북특별자치도 고창군 아산면 반암리 300 양어장 1,300m²
2. 전북특별자치도 고창군 아산면 반암리 300
   [도로명주소] 전북특별자치도 고창군 아산면 인천강서길 11(반암리)
   경량철골조 슬레이트지붕 단층 동물및식물관련시설 400m²

이 상

등기원인과 그 연월일	2025년 1월 1일 합유자변경
등기의 목적	2번 소유권변경
변경할 사항	2024년 1월 1일 접수 제202호로 등기한 순위번호 2번 소유권이전등기사항 중 "합유자 이승자 880101-1234567 서울특별시 서초구 반포대로10길 1(서초동), 이현우 900101-1234567 서울특별시 서초구 서래로 10(반포동)"을 "합유자 이현우 900101-1234567 서울특별시 서초구 서래로 10(반포동), 고연준 880101-1345678 서울특별시 송파구 송파대로22길10(신천동)"으로 변경함.

구분	성명 (상호·명칭)	주민등록번호 (등기용등록번호)	주 소(소재지)	지 분 (개인별)
등기의무자	이승주	880101-1234567	서울특별시 서초구 반포대로10길 1(서초동)	
등기권리자	이현우	900101-1234567	서울특별시 서초구 서래로 10(반포동)	
	고연준	880101-1345678	서울특별시 송파구 송파대로22길 10(신천동)	

시가표준액 및 국민주택채권매입금액				
부동산 표시	부동산별 시가표준액		부동산별 국민주택채권매입금액	
1.	금	원	금	원
2.	금	원	금	원
3.	금	원	금	원
국 민 주 택 채 권 매 입 총 액			금	원
국 민 주 택 채 권 발 행 번 호				
취득세(등록면허세) 금		원	지방교육세 금	원
^		^	농어촌특별세 금	원
세 액 합 계		금		원
등 기 신 청 수 수 료		금		원
^	납부번호:			
^	일괄납부:	건		원
등기의무자의 등기필정보				
부동산고유번호	1102-2025-112345			
성명(명칭)	일련번호			비밀번호
이승주, 이현우	WTPE-ASRV-Y7W3			29-3732
첨 부 서 면				

1. 취득세영수필확인서　　　　　1통
1. 등기신청수수료영수필확인서　　1통
1. 매매계약서　　　　　　　　　1통
1. 합유자 전원의 동의서　　　　　1통
1. 위임장　　　　　　　　　　　1통
1. 주민등록표초본　　　　　　　1통
1. 자필서명정보　　　　　　　　1통
1. 인감증명서　　　　　　　　　3통

2025 년　1 월　15 일

위 신청인　　　　　　　인 (전화 :　　)

(또는) 위 대리인　　법무사 송경준　　직인 (전화 : 02-1234-5678)

서울특별시 서초구 서초대로 11(서초동)

서울중앙 지방법원 등기국 귀중

2. 환매에 관한 등기

(1) 환매특약등기

1) 의의

「민법」상 환매권의 유보에 관한 사항을 기록하는 등기를 말한다.

2) 신청인

매매로 인한 소유권이전등기와 반대로 매도인이 등기권리자, 매수인이 등기의무자가 되어 공동신청한다.

3) 신청정보

① 매매로 인한 소유권이전등기와 동시에 신청해야 하나, 신청정보는 별개의 신청서로 제공해야 한다.
② 등기원인은 '특약'으로 기재하고, 그 연월일은 '매매계약 성립일'을 기재한다.
   참고 환매특약등기와 동시에 신청하는 소유권이전등기의 등기원인은 '환매특약부매매'로 기재한다.
③ 매수인이 지급한 대금, 매매비용, 환매기간(정해진 경우에만)을 기재한다.
④ 등기필정보를 제공하지 않는다(등기의무자인 매수인은 아직 등기명의인이 아니므로 등기필정보가 없음).

4) 첨부정보

① 매매로 인한 소유권이전등기 신청 시 첨부했던 매매계약서를 원용하여 등기원인 증명정보로 제공한다.
② 등기의무자인 매수인은 아직 소유권의 등기명의인이 아니므로 인감증명은 불필요하다.

5) 등기실행

① 매수인이 지급한 대금, 매매비용, 환매기간(정해진 경우에만)을 기록한다.
② 매매로 인한 소유권이전등기와 동일한 접수번호를 부여하고, 부기등기로 실행한다.
③ 매도인에게 등기필정보를 작성·교부한다.
   참고 환매특약등기와 동시에 신청하는 소유권이전등기의 등기필정보는 매수인에게 작성·교부한다.

(2) 환매권의 변동에 관한 등기

구 분	환매권의 이전	환매권의 변경(경정)	환매권의 말소
사유	환매권의 양도	① 환매대금 변경 ② 환매기간 감축 (환매기간 연장×)	① 환매권 행사 ② 환매기간 경과 ③ 환매권소멸계약 ④ 환매권 포기 ⑤ 환매권의 혼동소멸
개시방법	공동신청	공동신청	등기관 직권(①), 공동신청(②③④), 단독신청(⑤)
등기실행	부기등기	부기등기	주등기

(3) 환매권 행사로 인한 소유권이전등기

1) 신청인

환매권부매매의 매도인이 등기권리자, 매수인 또는 전득자이 등기의무자가 되어 공동신청한다.

2) 신청정보

등기원인은 '환매', 그 연월일은 '환매의 의사표시가 상대방에게 도달한 날'을 기재한다.

3) 등기실행

① 환매특약등기를 직권으로 말소한다. 단, 환매권에 가압류·가처분·가등기 등이 경료된 경우 그 등기명의인의 승낙을 얻어야 하고, 승낙을 얻지 못한 경우 환매권 행사로 인한 소유권이전등기도 할 수 없다.

② 환매특약등기 후 경료된 소유권 외의 권리에 관한 등기도 말소의 대상이다(신청 또는 촉탁에 의함).

(4) 신청서 예시

접 수	년 월 일 제 호	처리인	등기관 확인	각종 통지

소유권이전등기신청(환매특약부매매)

부동산의 표시
서울특별시 강남구 대치동 1001 잡종지 300m²   거래신고관리번호: 12345-2025-1-1234567 　　　　　　　거래가액 : 금 1,500,000,000원   　　　　　　　　　　　　　　　　　이   상

등기원인과 그 연월일	2025년 1월 1일 환매특약부 매매
등기의 목적	소유권이전
이전할 지분	

구분	성명 (상호·명칭)	주민등록번호 (등기용등록번호)	주 소(소재지)	지 분 (개인별)
등기의무자	이현우	900101-1234567	서울특별시 서초구 서래로 10(반포동)	
등기권리자	고연준	880101-1345678	서울특별시 송파구 송파대로22길 10(신천동)	

시가표준액 및 국민주택채권매입금액		
부동산 표시	부동산별 시가표준액	부동산별 국민주택채권매입금액
1.	금 원	금 원
2.	금 원	금 원
3.	금 원	금 원
국 민 주 택 채 권 매 입 총 액		금 원
국 민 주 택 채 권 발 행 번 호		

취득세(등록면허세) 금	원	지방교육세 금	원
		농어촌특별세 금	원
세 액 합 계	금		원
등 기 신 청 수 수 료	금		원
	납부번호:		
	일괄납부: 건		원

등기의무자의 등기필정보		
부동산고유번호	1102-2025-112345	
성명(명칭)	일련번호	비밀번호
이현우	WTPE-ASRV-Y7W3	29-3732

첨 부 서 면

1. 취득세영수필확인서	1통	1. 주민등록표초본	2통
1. 등기신청수수료영수필확인서	1통	1. 토지대장등본	1통
1. 매매계약서	1통	1. 자필서명정보	1통
1. 토지거래허가서	1통	1. 인감증명서	1통
1. 위임장	1통	1. 부동산거래신고필증	1통

2025년 1월 15일

위 신청인   인 (전화:)

(또는) 위 대리인   법무사 송경준   직인 (전화 : 02-1234-5678)

서울특별시 서초구 서초대로 11(서초동)

서울중앙 지방법원 등기국 귀중

Unit 4. 등기절차 각론

		환매특약등기신청		(동시신청 2)
접 수	년 월 일 제 호	처리인	등기관 확인	각종 통지

부동산의 표시
서울특별시 강남구 대치동 1001 잡종지 300m²   이 상

등기원인과 그 연월일	2025년 1월 1일 특약
등기의 목적	환매특약
매수인이 지급한 대금	금 1,500,000,000원
매매비용	금 3,000,000원

구분	성명 (상호·명칭)	주민등록번호 (등기용등록번호)	주 소(소재지)	지 분 (개인별)
등기의무자	고연준	880101-1345678	서울특별시 송파구 송파대로22길 10(신천동)	
등기권리자	이현우	900101-1234567	서울특별시 서초구 서래로 10(반포동)	

등 록 면 허 세	금		원
지 방 면 허 세	금		원
세 액 합 계	금		원
등 기 신 청 수 수 료	금		원
	납부번호:		
	일괄납부:	건	원

등기의무자의 등기필정보		
부동산고유번호		
성명(명칭)	일련번호	비밀번호

첨 부 서 면

1. 등록면허세영수필확인서	1통	1. 위임장	1통
1. 등기신청수수료영수필확인서	1통	1. 주민등록표초본(전건원용)	1통
1. 매매계약서(전건원용)	1통	1. 자필서명정보	1통

2025 년 1 월 15 일

위 신청인   인 (전화 :   )

(또는) 위 대리인   법무사 송경준   직인 (전화 : 02-1234-5678)

서울특별시 서초구 서초대로 11(서초동)

서울중앙 지방법원 등기국 귀중

최신·기출·분석

제33회 기출문제 20번

01. 환매특약의 등기에 관한 설명으로 <u>틀린</u> 것은?

① 매매비용을 기록해야 한다.
② 매수인이 지급한 대금을 기록해야 한다.
③ 환매특약등기는 매매로 인한 소유권이전등기가 마쳐진 후에 신청해야 한다.
④ 환매기간은 등기원인에 그 사항이 정하여져 있는 경우에만 기록한다.
⑤ 환매에 따른 권리취득의 등기를 한 경우, 등기관은 특별한 사정이 없는 한 환매특약의 등기를 직권으로 말소해야 한다.

∥ 해설 및 정답 ∥

③ 환매특약의 등기는 매매로 인한 소유권이전등기와 동시에 신청해야 한다. 다만, 신청정보를 별개의 신청서로 제공해야 한다.

답 ③

최신·기출·분석

제35회 기출문제 19번

02. 환매특약 등기에 관한 설명으로 틀린 것은?

① 매매로 인한 소유권이전등기의 신청과 환매특약등기의 신청은 동시에 하여야 한다.
② 환매등기의 경우 매도인이 아닌 제3자를 환매권리자로 하는 환매등기를 할 수 있다.
③ 환매특약등기에 처분금지적 효력은 인정되지 않는다.
④ 매매목적물의 소유권의 일부 지분에 대한 환매권을 보류하는 약정을 맺은 경우, 환매특약등기 신청은 할 수 없다.
⑤ 환매기간은 등기원인에 그 사항이 정하여져 있는 경우에만 기록한다.

∥해설 및 정답∥
② 환매권자는 **매도인에 한정**되므로 제3자를 환매권자로 하는 환매특약등기는 할 수 없다(선례).
③ 환매특약등기에 부동산처분금지의 효력은 인정되지 않으므로, 환매특약등기가 경료된 후에도 매수인은 제3취득자에게 부동산을 전매하고 그에 따른 소유권이전등기를 신청할 수 있다. 다만, 환매권자인 매도인은 제3취득자에게 직접 환매권을 행사할 수 있고, 환매특약등기 후 제3자 앞으로 설정된 저당권, 질권, 지상권 등에 대해서도 환매권의 행사를 이유로 그 등기의 말소를 청구할 수 있다(선례).
④ 한 필지 전부를 매매의 목적물로 하여 매매계약을 체결함과 동시에 그 목적물 소유권의 일부 지분에 대한 환매권을 보류하는 약정은 「민법」상 환매특약에 해당하지 않으므로 이러한 환매특약등기신청은 할 수 없다(선례).

답 ②

3. 신탁에 관한 등기

(1) 신탁등기(신탁설정의 등기)

1) 의의

어떤 부동산에 대한 권리가 신탁목적임을 공시하는 등기를 말한다.

2) 신청인

수탁자가 단독신청한다.

3) 신청방법

① 해당 부동산에 관한 권리의 설정등기, 보존등기, 이전등기 또는 변경등기와 함께 1건의 신청정보로 일괄하여 동시에 신청한다.
② 수익자나 위탁자는 수탁자를 대위하여 신청할 수 있다(이 경우 ①은 적용하지 않는다).
③ 수탁자가 여러 명인 경우, 공동수탁자가 합유관계라는 뜻을 신청서에 기재한다.
④ 신탁원부 작성을 위한 정보를 신청정보(첨부정보)로서 제공한다.

4) 등기실행

① 권리의 설정·보존·이전·변경등기와 함께 동시에 신탁등기를 하는 경우 하나의 순위번호를 사용한다.
② 수탁자가 여러 명인 경우 신탁재산이 합유인 뜻을 기록한다.
③ 위탁자·수탁자·수익자의 성명·주소 등을 기록한 신탁원부를 작성한다(신탁원부는 등기기록의 일부로 본다).
④ 신탁재산이 소유권인 경우 신탁원부의 번호 및 신탁재산에 속하는 부동산의 거래에 관한 주의사항('이 부동산에 관하여 임대차 등의 법률행위를 하는 경우에는 등기사항증명서 뿐만 아니라 등기기록의 일부인 신탁원부를 통하여 신탁의 목적, 수익자, 신탁재산의 관리 및 처분에 관한 신탁조항 등을 확인할 필요가 있음')을 부기등기로 기록한다.

(2) 신탁의 변동에 관한 등기

구 분	수탁자 변경	신탁원부 기록변경	신탁등기의 말소
사유	① 수탁자의 임무종료, ② 수탁자의 사망, 금치산, 한정치산, 파산, 해산, 해임 등	① 위탁자, 수익자, 신탁목적 등 신탁원부 기록사항의 변경 ② 법원의 수탁자 해임재판 등 ③ 수탁자 변경에 관한 등기	① 신탁재산의 처분 ② 신탁의 종료 ③ 신탁부동산이 수탁자의 고유재산으로 된 경우

등기의 종류	- 이전등기
	  (단독수탁자변경),
	- 합유명의인변경등기
	  (공동수탁자 중 1인의 임무종료)
		변경등기	말소등기

개시 방법	신·구 수탁자공동신청(①), 신수탁자 단독신청(②)	수탁자 단독신청(①), 법원 또는 법무부장관 촉탁(②), 등기관 직권(③)	- 권리이전등기와 동시·일괄신청 - 공동신청(①②) 또는 수탁자 단독신청(③)
등기 실행	변경내용을 신탁원부에 직권기록	수탁자 해임의 뜻을 신탁등기기록에 부기 (수탁자 말소✗)	- 권리이전등기와 하나의 순위번호 사용, 종전 신탁등기 말소표시 - 수탁자의 고유재산으로 된 뜻의 등기를 주등기로 실행(③)

(3) 신청서 예시

접 수	년 월 일	처리인	등기관 확인	각종 통지
	제 호			

소유권이전 및 신탁등기신청

부동산의 표시

1. 전북특별자치도 고창군 아산면 반암리 300 양어장 1,300m²
2. 전북특별자치도 고창군 아산면 반암리 300
   [도로명주소] 전북특별자치도 고창군 아산면 인천강서길 11(반암리)
   경량철골조 슬레이트지붕 단층 동물및식물관련시설 400m²

(등록문서번호: 제2025-10호 및 제2025-11호)

이 상

등기원인과 그 연월일	2025년 3월 1일 신탁
등기의 목적	소유권이전 및 신탁

구분	성명 (상호·명칭)	주민등록번호 (등기용등록번호)	주 소(소재지)	지 분 (개인별)
등기의무자	고연준	880101-1345678	서울특별시 송파구 송파대로22길 10(신천동)	
등기권리자	주식회사 위패스신탁 대표이사 김묘엽	110101-1100111	서울특별시 강남구 도산대로 345(신사동) 서울특별시 서초구 반포대로 155(잠원동)	

시가표준액 및 국민주택채권매입금액		
부동산 표시	부동산별 시가표준액	부동산별 국민주택채권매입금액
1.	금 원	금 원
2.	금 원	금 원
3.	금 원	금 원
국 민 주 택 채 권 매 입 총 액		금 원
국 민 주 택 채 권 발 행 번 호		
취득세(등록면허세) 금 원	지방교육세 금 원	
	농어촌특별세 금 원	
세 액 합 계	금 원	
등 기 신 청 수 수 료	금 원	
	납부번호:	
	일괄납부: 건 원	

등기의무자의 등기필정보		
부동산고유번호	1102-2025-112345	
성명(명칭)	일련번호	비밀번호
고연준	WTPE-ASRV-Y7W3	29-3732

첨 부 서 면

1. 등록면허세영수필확인서	1통	1. 주민등록표초본	1통
1. 등기신청수수료영수필확인서	1통	1. 토지대장등본	1통
1. 신탁계약서(검인)	1통	1. 건축물대장등본	1통
1. 토지이용계획확인서	1통	1. 자필서명정보	1통
1. 법인등기사항증명서	1통	1. 인감증명서	1통
1. 위임장	1통	1. 지방세납세증명서	1통

2025 년 3 월 15 일

위 신청인   인 (전화:)

(또는) 위 대리인   법무사 송경준   직인 (전화 : 02-1234-5678)

서울특별시 서초구 서초대로 11(서초동)

서울중앙 지방법원 등기국 귀중

최신·기출·분석

제33회 기출문제 24번

01. 부동산등기법상 신탁등기에 관한 설명으로 틀린 것은?

① 수익자는 수탁자를 대위하여 신탁등기를 신청할 수 있다.
② 신탁등기의 말소등기는 수탁자가 단독으로 신청할 수 있다.
③ 신탁가등기는 소유권이전청구권보전을 위한 가등기와 동일한 방식으로 신청하되, 신탁원부 작성을 위한 정보를 첨부정보로서 제공해야 한다.
④ 여러 명의 수탁자 중 1인의 임무종료로 인한 합유명의인 변경등기를 한 경우에는 등기관은 직권으로 신탁원부 기록을 변경해야 한다.
⑤ 법원이 신탁관리인 선임의 재판을 한 경우, 그 신탁관리인은 지체 없이 신탁원부 기록의 변경등기를 신청해야 한다.

‖해설 및 정답‖

③ 소유권이전청구권가등기와 신탁의 가등기는 동시에 신청할 수 있다. 다만 신탁가등기를 신청할 때에도 신탁원부 작성을 위한 정보를 첨부정보로서 등기소에 반드시 제공해야 한다.
④ 수탁자 변경에 관한 등기를 한 경우 등기관은 직권으로 신탁원부 기록변경의 등기를 해야 한다.
⑤ 법원이나 법무부장관은 아래의 어느 하나에 해당하는 경우 지체 없이 신탁원부 기록의 변경등기를 촉탁해야 한다.

법원의 촉탁	법무부장관의 촉탁
1. 수탁자 해임의 재판	1. 수탁자를 직권으로 해임한 경우
2. **신탁관리인 선임** 또는 해임의 재판	2. 신탁관리인을 직권으로 선임하거나 해임한 경우
3. 신탁 변경의 재판	3. 신탁내용의 변경을 명한 경우

정답 ⑤

4. 규약상 공용부분에 관한 등기

(1) 의의
집합건물의 공용부분은 전유부분과 일체성을 지니므로 공용부분에 관한 물권의 득실변경은 등기가 필요하지 않음이 원칙이다. 그러나 복도, 계단 등 공용부분임이 외관상 명백한 '구조상 공용부분'과 달리 건물부분을 규약으로써 공용부분으로 정한 '규약상 공용부분'의 경우 공용부분임을 외부적으로 공시하기 위해 공용부분이라는 취지를 등기해야 하는바, 이를 '규약상 공용부분에 관한 등기'라 한다.

(2) 공용부분이라는 뜻의 등기
① 신청인 : 공용부분으로 정한 구분건물 소유권의 등기명의인이 단독신청한다.
② 신청정보 : 등기원인은 '규약설정', 그 연월일은 '규약설정일(공정증서 작성일)'로 기재하고, '규약상 공용부분이라는 뜻'과 함께 아래와 같은 방법으로 '공용자의 범위'를 기재한다.
  ㉠ 다른 등기기록에 등기된 건물의 구분소유자가 공용하는 것일 때에는 구분소유자가 소유하는 건물의 번호를 기재한다. (예 : 경기도 광주시 퇴촌면 정지리 120 토마토아파트 제1동 제1층 제101호 내지 제1동 제1층 제102호의 공용부분)
  ㉡ 다른 등기기록에 등기된 건물의 구분소유자 전원이 공용하는 것일 때에는 그 1동 건물의 번호만을 기재한다. (예 : 경기도 광주시 퇴촌면 정지리 120 토마토아파트 제1동의 구분소유)
③ 첨부정보
  ㉠ 공용부분이라는 뜻을 정한 규약이나 공정증서를 등기원인 증명서면으로 제공한다.
  ㉡ 공용부분으로 정한 건물에 소유권의 등기 외의 권리에 관한 등기가 있을 때에는 그 등기명의인의 승낙이 있음을 증명하는 정보 또는 이에 대항할 수 있는 재판이 있음을 증명하는 정보를 제공한다.
④ 등기실행 : 표제부에 공용부분이라는 뜻을 등기하고 각 구의 소유권과 그 밖의 권리에 관한 등기를 말소하는 표시를 한다. 단, 갑구 및 을구를 등기기록에서 제거하지는 않는다.

(3) 규약폐지에 따른 등기
① 의의 : 공용부분이라는 뜻을 정한 규약이 폐지되면 해당 건물은 독자적인 등기능력을 회복하는바, 지체 없이 소유권보존등기를 하면서 공용부분이라는 뜻의 등기를 말소해야 한다.
② 신청인 : 공용부분의 취득자가 단독신청한다.
③ 신청정보 : 등기원인은 '규약폐지', 그 연월일은 '규약폐지일'로 기재한다.
④ 첨부정보 : 규약의 폐지를 증명하는 정보를 등기원인 증명서면으로 제공한다.
⑤ 등기실행 : 공용부분이라는 뜻의 등기를 말소하는 표시를 한다.
⑥ 관련문제 : 소유권보존등기에 관한 규정(소유권보존등기의 신청인 자격을 제한한 규정(법 제65조)은 적용되지 않는다.

IV. 용익권에 관한 등기

1. 지상권에 관한 등기

(1) 지상권설정등기

1) 신청인
   ① 지상권자가 등기권리자, 지상권설정자(토지소유자)가 등기의무자가 되어 공동신청한다
   ② 판결에 의해 관습법상 법정지상권이 인정된 경우에도 해당 판결에 의해 지상권설정등기를 단독신청할 수는 없다(이행판결이 아닌 확인판결이므로).

2) 신청정보

등기원인은 '설정계약', 그 연월일은 '계약성립일'로 기재하고, 그 외에 아래의 사항을 기재한다.

구 분		유의사항
필요적 기재사항	㉠지상권설정의 목적	'건물 기타 공작물이나 수목의 소유'로 제한
	㉡범위	- 전부에 하더라도 반드시 표시 - 공유지분에 대한 지상권설정은 불가능
임의적 기재사항	㉢존속기간	- 「민법」상 최단기간보다 단축한 기간으로 신청해도 수리해야 - 불확정기간, 영구무한으로도 가능
	㉣지료와 지급시기	- 지료증액금지 특약도 가능 - 총지료 일시지급 특약은 불가능

3) 첨부정보
   ① 지상권설정계약서나 판결서 정본 등을 등기원인 증명서면으로 제공한다.
   ② 유상의 지상권설정에 있어서는 토지거래허가서를 제공해야 하나, 농지취득자격증명서는 불필요하다.
   ③ 지상권설정범위가 토지의 일부인 경우 그 부분을 표시한 지적도를 제공한다.

4) 등기실행

신청정보 외에 지상권설정범위가 토지의 일부인 경우 그 부분을 표시한 도면의 번호를 기록한다.

5) 관련문제(구분지상권설정등기 특칙)
   ① 동일 토지에 관해 범위가 다른 2개 이상의 구분지상권도 등기할 수 있다.
   ② 구분건물의 특정 층의 구분소유를 목적으로 하는 구분지상권설정등기는 불가능하다.
   ③ '범위'와 관련하여, 지하 또는 공중의 상하 범위를 평균면 또는 설정대상 토지의 특정지점 수평면을 기준으로 명백히 표시해야 한다.
   ④ 구분지상권의 행사를 위해 토지의 사용을 제한할 수 있다는 약정을 등기할 수 있다.
   ⑤ 도면은 제공할 필요가 없다(범위 기재로 설정위치가 특정되므로).
   ⑥ 일반 지상권등기를 구분지상권 등기로 변경하는 것도 가능하다(단, 수목 소유 목적의 지상권은 ✕).

(3) 신청서 예시

접 수	년 월 일	처리인	등기관 확인	각종 통지
	제 호			

위 표의 상단: **지상권설정등기신청**

부동산의 표시
서울특별시 강남구 대치동 1001 잡종지 300m^2 [등록문서번호: 제2025-22호] 이   상

등기원인과 그 연월일	2025년 2월 1일 설정계약
등기의 목적	지상권설정
설정의 목적	컨테이너조 건물의 소유
범위	동남쪽 60m
존속기간	2025년 2월 1일부터 20년
지료	월 금 1,000,000원
지급시기	매월 말일
특약	장래에 있어 지료를 증액하지 않는다.

구분	성명 (상호·명칭)	주민등록번호 (등기용등록번호)	주 소 (소재지)	지 분 (개인별)
등기의무자	이현우	900101-1234567	서울특별시 서초구 서래로 10(반포동)	
등기권리자	최의란	920202-2234789	서울특별시 용산구 이촌로 123(이촌동)	

등록면허세	금		원
지방면허세	금		원
세액합계	금		원
등기신청수수료	금		원
	납부번호:		
	일괄납부:	건	원

등기의무자의 등기필정보			
부동산고유번호	1102-2025-112345		
성명(명칭)	일련번호		비밀번호
이현우	WTPE-ASRV-Y7W3		29-3732

첨 부 서 면

1. 등록면허세영수필확인서	1통	1. 위임장	1통
1. 등기신청수수료영수필확인서	1통	1. 주민등록표초본	1통
1. 지상권설정계약서	1통	1. 자필서명정보	1통
1. 토지거래허가서	1통	1. 인감증명서	1통

2025 년 2 월 15 일

위 신청인　　　　　인 (전화 :　)

(또는) 위 대리인　　법무사 송경준　직인 (전화 : 02-1234-5678)

서울특별시 서초구 서초대로 11(서초동)

서울중앙 지방법원 등기국 귀중

2. 지역권에 관한 등기

(1) 지역권설정등기

1) 신청인

요역지 소유자(또는 용익권자)가 등기권리자, 승역지 소유자(또는 지상권자)가 등기의무자가 되어 공동신청한다.

2) 신청정보

등기원인은 '설정계약', 그 연월일은 '계약성립일'로 기재하고, 그 외에 아래의 사항을 기재한다.

구 분		유의사항
필요적 기재사항	㉠지역권설정의 목적	통행, 용수, 관망, 부작위의무 등
	㉡범위	- 승역지의 전부 또는 일부(위치 특정) - 승역지가 요역지와 인접해 있을 필요는 없음
	㉢요역지	- 요역지의 소재, 지번, 지목, 면적 등 - 요역지는 1필의 토지 전부여야 함(공유지분에 지역권설정 불가)
임의적 기재사항		지역권은 요역지소유권에 부종하여 이전하는 것이 원칙이나 이를 배제하는 특약 등

3) 첨부정보

① 지역권설정계약서나 판결서 정본 등을 등기원인 증명서면으로 제공한다.
② 지역권설정의 범위가 토지의 일부인 경우 그 부분을 표시한 지적도를 제공한다.

4) 등기실행

아래의 사항에 따라 승역지에 지역권설정등기를 한 후 요역지에 등기사항을 직권기록한다.

승역지 등기기록	요역지 등기기록
- 지역권설정의 목적 - 범위 - 요역지 - 부종성 배제 특약 등 - 승역지 일부에 지역권설정등기를 한 경우 그 부분을 표시한 도면의 번호	- 순위번호 - 등기목적 - 승역지 - 지역권설정의 목적 - 범위 - 등기연월일

(2) 지역권의 변경·말소등기

등기관이 승역지에 지역권변경 또는 말소의 등기를 하였을 때에는 직권으로 요역지의 등기기록에 변경 또는 말소의 등기를 해야 한다.

(3) 신청서 예시

접 수	년 월 일	처리인	등기관 확인	각종 통지
	제 호			

지역권설정등기신청

부동산의 표시
승역지: 전라남도 여수시 남면 두모리 999 구거 100m²   요역지: 전라남도 여수시 남면 두모리 1000 답 600m²   <center>이 상</center>

등기원인과 그 연월일	2025년 1월 1일 설정계약
등기의 목적	지역권설정
설정의 목적	용수
범위	전부
특약	지역권은 요역지상의 소유권과 함께 이전하지 않는다.

구분	성명 (상호·명칭)	주민등록번호 (등기용등록번호)	주 소 (소재지)	지 분 (개인별)
등기의무자	이승주	880101-1234567	서울특별시 서초구 반포대로10길 1(서초동)	
등기권리자	고연준	880202-1234789	서울특별시 송파구 송파대로22길 10(신천동)	

등록면허세	금		원
지방면허세	금		원
세액합계	금		원
등기신청수수료	금		원
	납부번호:		
	일괄납부:	건	원

등기의무자의 등기필정보			
부동산고유번호	1102-2025-112345		
성명(명칭)	일련번호		비밀번호
이승주	WTPE-ASRV-Y7W3		29-3732

첨 부 서 면

1. 등록면허세영수필확인서	1통	1. 주민등록표초본	1통
1. 등기신청수수료영수필확인서	1통	1. 자필서명정보	1통
1. 지역권설정계약서	1통	1. 인감증명서	1통
1. 위임장	1통		

2025년 1월 15일

위 신청인 인 (전화:)

(또는) 위 대리인 법무사 송경준 직인 (전화 : 02-1234-5678)

서울특별시 서초구 서초대로 11(서초동)

서울중앙지방법원 등기국 귀중

3. 전세권에 관한 등기

(1) 전세권설정등기

1) 신청인

전세권자가 등기권리자, 전세권설정자(부동산 소유자)가 등기의무자가 되어 공동신청한다.

2) 신청정보

등기원인은 '설정계약', 그 연월일은 '계약성립일'로 기재하고, 그 외에 아래의 사항을 기재한다.

구 분		유의사항
필요적 기재사항	전세금 또는 전전세금	전세금을 전세권의 본질적 요소이므로 전세금을 지급하지 않는다는 특약은 무효
	범위	부동산의 전부 또는 위치를 특정한 일부로 표시
임의적 기재사항		존속기간, 위약금 또는 배상금, 전세권 양도금지특약, 담보제공금지·임대차금지 등 특약

3) 첨부정보

① 전세권설정계약서나 판결서 정본 등을 등기원인 증명서면으로 제공한다.

② 전세권의 범위가 부동산의 일부인 경우 그 부분을 표시한 지적도나 건물도면을 제공한다.

4) 등기실행

① 신청정보 외에 전세권설정의 범위가 부동산의 일부인 경우 그 부분을 표시한 도면의 번호를 기록한다.

② 여러 부동산에 대한 권리를 목적으로 하는 전세권설정등기 시, 해당 권리가 다른 부동산에 대한 권리와 함께 전세권의 목적으로 제공된 뜻을 기록한다. 전세권의 목적인 부동산이 5개 이상인 경우 공동전세목록을 작성해야 한다.

(2) 전세권이전등기

1) 신청인

전세권의 양수인이 등기권리자, 양도인이 등기의무자가 되어 공동신청한다.

2) 신청정보

① 이전할 전세권의 접수연월일과 접수번호를 기재한다.

② 전세권양도인이 전세권을 취득할 당시 교부받은 등기필정보를 제공한다.

3) 관련문제(전세금반환채권의 일부양도에 따른 전세권 일부이전등기)

① 전세권이 존속기간 만료 등으로 소멸하거나, 존속기간 만료 전이라도 전세권이 소멸했음을 증명한 경우에는 전세금반환채권의 일부양도를 원인으로 한 전세권 일부이전등기를 할 수 있다.

② '양도액'을 신청정보로 제공하고 등기사항으로 기록해야 한다.

(3) 전세권변경등기

1) 의의

전세금의 증감, 존속기간의 변경, 범위의 확대·축소 등의 변경이 발생한 경우에 하는 등기를 말한다.

2) 신청인

전세권자와 전세권설정자의 공동신청에 의하며, 변경등기에 의해 이익을 받는 자가 등기권리자, 불이익을 받는 자가 등기의무자가 된다.

3) 등기실행

등기상 이해관계인의 승낙을 얻은 경우 부기등기로, 얻지 못하면 주등기로 실행한다(전세금 감액 변경의 경우 이해관계인의 승낙 없이는 주등기로도 ×).

구 분	전세금 증액 또는 존속기간 연장	전세금 감액 또는 존속기간 단축
등기의무자/등기권리자	전세권설정자/전세권자	전세권자/전세권설정자
등기상 이해관계인	후순위저당권자	가압류채권자

(4) 신청서 예시

접 수	년 월 일 제 호	전세권일부이전등기신청 처리인	등기관 확인	각종 통지

부동산의 표시
서울특별시 강남구 대치동 1001 잡종지 300m²   이 상

등기원인과 그 연월일	2025년 1월 1일 전세금반환채권일부양도
등기의 목적	1번 전세권일부이전
이전할 전세권	2023년 3월 3일 접수 제12345호로 등기한 전세권설정등기
양도액	금 300,000,0000원

구분	성명 (상호·명칭)	주민등록번호 (등기용등록번호)	주 소(소재지)	지 분 (개인별)
등기의무자	이현우	900101-1234567	서울특별시 서초구 서래로 10(반포동)	
등기권리자	최의란	920202-2234789	서울특별시 용산구 이촌로 123(이천동)	

등 록 면 허 세	금		원	
지 방 면 허 세	금		원	
세 액 합 계	금		원	
등 기 신 청 수 수 료	금		원	
	납부번호:			
	일괄납부:	건		원

등기의무자의 등기필정보

부동산고유번호	1102-2025-112345	
성명(명칭)	일련번호	비밀번호
이현우	WTPE-ASRV-Y7W3	29-3732

첨 부 서 면

1. 등록면허세영수필확인서	1통	1. 위임장	1통
1. 등기신청수수료영수필확인서	1통	1. 주민등록표초본	1통
1. 전세금반환채권일부양도계약서	1통	1. 자필서명정보	1통
1. 갱신거절통지서	1통		

2025 년 1 월 15 일

위 신청인   인 (전화:)

(또는) 위 대리인   법무사 송경준   직인 (전화 : 02-1234-5678)

서울특별시 서초구 서초대로 11(서초동)

서울중앙 지방법원 등기국 귀중

4. 임차권에 관한 등기

(1) 임차권설정등기

① 신청인 : 임차인이 등기권리자, 임대인(소유자 또는 지상권자)가 등기의무자가 되어 공동신청한다.

② 신청정보 : 등기원인은 '임차권설정계약', 그 연월일은 '계약성립일', 그 외에 아래의 사항을 기재한다.

구 분		유의사항
필요적 기재사항	차임	- 차임이 없는 임대차계약의 경우 기재하지 않는다. - 차임을 연매출의 일정 비율로 정할 수 있다.
	범위	부동산의 전부 또는 위치를 특정한 일부로 표시
임의적 기재사항		차임지급시기, 존속기간, 처분능력(권한) 없는 임대인에 의한 단기임대차인 경우 그 뜻, 임차보증금, 임차권의 양도 또는 임차물의 전대에 대한 임대인의 동의
특수적 기재사항		「주택임대차보호법」 또는 「상가건물임대차보호법」에 의한 임차권설정의 경우, 주민등록일자(사업자등록 신청일자), 점유개시일자 및 확정일자

③ 첨부정보

  ㉠ 「주택임대차보호법」 또는 「상가건물임대차보호법」에 의한 임차권설정의 경우, 임대인이 작성한 점유사실확인서·주민등록표등초본(또는 사업자등록증사본)·확정일자 있는 주택임차권설정계약서 등을 제공한다.

  ㉡ 임차권의 범위가 부동산의 일부인 경우 그 부분을 표시한 지적도나 건물도면을 제공한다.

④ 등기실행 : 신청정보 외에 임차권설정의 범위가 부동산의 일부인 경우 그 부분을 표시한 도면의 번호를 기록한다.

(2) 임차권등기명령에 의한 임차권등기

① 의의 : 임대차 종료 후 보증금의 전부 또는 일부를 반환받지 못한 임차인이 법원에 임차권등기명령을 신청함으로써 이루어지는 등기를 말한다.

② 개시방법 : 임차권등기명령의 효력이 발생하면 법원은 지체 없이 등기관에게 임차권등기의 기입을 촉탁한다.

③ 등기사항

  ㉠ 등기목적은 '주택임차권' 또는 '상가건물임차권'으로 기록한다.

  ㉡ 임대차계약 체결일 및 임차보증금액, 임대차의 목적인 주택(상가건물)의 범위(일부인 경우 도면번호), 점유개시일자, 주민등록일자, 확정일자, 차임에 관한 약정 등을 기록한다.

④ 효력 : 임차인의 대항력 또는 우선변제권이 그대로 유지된다(등기 전에 상실한 경우에는 다시 취득). 이후 대항요건을 상실하더라도 이미 취득한 대항력 또는 우선변제권을 상실하지 않는다.

⑤ 등기의 말소 : 집행취소 신청을 하여 법원의 촉탁으로 말소한다.

(3) 신청서 예시

접 수	년 월 일	처리인	등기관 확인	각종 통지
	제 호			

주택임차권설정등기신청

부동산의 표시
서울특별시 영등포구 도림동 200 [도로명주소] 서울특별시 영등포구 도영로 30(도림동) 목조기와지붕 단층주택 80m² 이   상

등기원인과 그 연월일	2025년 1월 1일 주택임차권설정계약
등기의 목적	주택임차권설정
차임	금 600,000원
차임지급시기	매월 말일
범위	전부
존속기간	2025년 2월 1일부터 2027년 1월 31일까지
주민등록일자	2025년 2월 1일
점유개시일자	2025년 2월 1일
확정일자	2025년 2월 1일

구분	성명 (상호·명칭)	주민등록번호 (등기용등록번호)	주 소 (소재지)	지 분 (개인별)
등기의무자	이현우	900101-1234567	서울특별시 서초구 서래로 10(반포동)	
등기권리자	최의란	920202-2234789	서울특별시 용산구 이촌로 123(이촌동)	

등록면허세	금		원
지방면허세	금		원
세액합계	금		원
등기신청수수료	금		원
	납부번호:		
	일괄납부:	건	원

등기의무자의 등기필정보		
부동산고유번호	1102-2025-112345	
성명(명칭)	일련번호	비밀번호
이현우	WTPE-ASRV-Y7W3	29-3732

첨 부 서 면

1. 등록면허세영수필확인서	1통	1. 위임장	1통
1. 등기신청수수료영수필확인서	1통	1. 주민등록표초본	1통
1. 주택임차권설정계약서	1통	1. 자필서명정보	1통
1. 점유사실확인서	1통	1. 인감증명서	1통

2025 년 2 월 15 일

위 신청인　　　　　　인 (전화 :　)

(또는) 위 대리인　　법무사 송경준　　직인 (전화 : 02-1234-5678)

서울특별시 서초구 서초대로 11(서초동)

서울중앙 지방법원 등기국 귀중

최신·기출·분석

제33회 기출문제 22번

01. 전세권 등기에 관한 설명으로 **틀린** 것은?(다툼이 있으면 판례에 따름)

① 전세권 설정등기를 하는 경우, 등기관은 전세금을 기록해야 한다.
② 전세권의 사용·수익 권능을 배제하고 채권담보만을 위해 전세권을 설정한 경우, 그 전세권설정등기는 무효이다.
③ 집합건물에 있어서 특정 전유부분의 대지권에 대하여는 전세권설정등기를 할 수 없다.
④ 전세권의 목적인 범위가 건물의 일부로서 특정 층 전부인 경우에는 전세권설정등기 신청서에 그 층의 도면을 첨부해야 한다.
⑤ 乙 명의의 전세권등기와 그 전세권에 대한 丙 명의의 가압류가 순차로 마쳐진 甲 소유 부동산에 대하여 乙 명의의 전세권등기를 말소하라는 판결을 받았다고 하더라도 그 판결에 의하여 전세권말소등기를 신청할 때에는 丙의 승낙서 또는 丙에게 대항할 수 있는 재판의 등본을 첨부해야 한다.

∥해설 및 정답∥
② 사용·수익권능은 전세권의 핵심적 요소이므로 이를 배제하는 내용의 전세권을 설정하는 것은 물권법정주의에 반하여 허용되지 않고, 그러한 전세권설정등기는 무효이다(판례).
③ 구분건물의 전유부분만에 대하여는 전세권등기를 할 수 있으나 전유부분의 대지권만에 관하여는 전세권을 설정할 수 없고 특정의 전유부분과 대지권을 함께 전세권의 목적으로 하는 전세권등기도 할 수 없다. 왜냐하면 대지권은 지분으로 존재하는 것이므로 지분상의 전세권은 다른 공유자가 공유물전부를 지분의 비율로 사용·수익할 수 있는 권한을 침해하기 때문이다(**지분만에 대한 용익권설정은 불가능**).
④ 전세권(임차권)의 목적인 범위가 건물의 일부로서 **특정 층 전부**인 때에는 그 도면을 첨부정보로서 등기소에 제공할 **필요가 없다**.
⑤ 말소등기는 현재 효력 있는 등기의 전부가 부적법한 경우로서 등기상 이해관계 있는 제3자가 없거나 그의 승낙 또는 그에게 대항할 수 있는 판결이 있음을 증명하는 정보를 제공한 경우에 한해 허용된다. '등기상 이해관계 있는 제3자'란, 등기의 말소로 인해 손해를 입을 우려가 있다는 것이 등기기록에 의해 형식적으로 인정되는 자를 말한다(예 : 소유권이전등기의 말소에 있어서 소유권이전등기에 터잡은 가압류등기의 명의인 등).

답 ④

최신·기출·분석

제35회 기출문제 20번

02. 임차권등기에 관한 설명으로 옳은 것을 모두 고른 것은?

> ㄱ. 임차권설정등기가 마쳐진 후 임대차 기간 중 임대인의 동의를 얻어 임차물을 전대하는 경우, 그 전대등기는 부기등기의 방법으로 한다.
> ㄴ. 임차권등기명령에 의한 주택임차권등기가 마쳐진 경우, 그 등기에 기초한 임차권이전등기를 할 수 있다.
> ㄷ. 미등기 주택에 대하여 임차권등기명령에 의한 등기촉탁이 있는 경우, 등기관은 직권으로 소유권보존등기를 한 후 주택임차권등기를 해야 한다.

① ㄱ   ② ㄴ   ③ ㄱ, ㄷ
④ ㄴ, ㄷ   ⑤ ㄱ, ㄴ, ㄷ

‖ 해설 및 정답 ‖

ㄱ. 소유권 외의 권리(임차권)을 목적으로 하는 권리(전차권)에 관한 등기는 부기등기로 실행한다.
ㄴ. 임차권등기명령에 의해 마쳐진 임차권등기에 기초한 임차권이전등기나 전대차등기를 할 수 없다. 이미 **존속기간이 만료한 임차권**이고, 이 임차권등기의 목적은 목적물의 이용이 아니라 보증금의 반환에 있기 때문이다.
ㄷ. 등기관이 미등기부동산에 대해 법원의 촉탁에 따라 처분제한의 등기를 할 때에는 직권으로 소유권보존등기를 하고, 처분제한의 등기를 명하는 법원의 재판에 따라 소유권의 등기를 한다는 뜻을 기록해야 한다.

답 ③

최신·기출·분석

제35회 기출문제 13번

03. 다음 중 등기원인에 약정이 있더라도 등기기록에 기록할 수 <u>없는</u> 사항은?

① 지상권의 존속기간
② 지역권의 지료
③ 전세권의 위약금
④ 임차권의 차임지급시기
⑤ 저당권부 채권의 이자지급장소

∥해설 및 정답∥
- 용익권의 등기사항

지상권	지역권		전세권	임차권
	승역지	요역지(직권)		
지상권설정의 목적 범위	지역권설정의 목적 범위 요역지	지역권설정의 목적 범위 승역지	전세금 또는 전전세금 범위	차임 범위
존속기간 지료와 지급시기			존속기간 **위약금** 또는 배상금	존속기간 임차보증금 **차임지급시기**
토지사용제한 약정	부종성 배제 특약		전전세(임대)금지 특약	임차물양도(전대) 동의

답 ②

최신·기출·분석

제34회 기출문제 17번

04. 등기관이 용익권의 등기를 하는 경우에 관한 설명으로 옳은 것은?

① 1필 토지 전부에 지상권설정등기를 하는 경우, 지상권설정의 범위를 기록하지 않는다.
② 지역권의 경우, 승역지의 등기기록에 설정의 목적, 범위 등을 기록할 뿐, 요역지의 등기기록에는 지역권에 관한 등기사항을 기록하지 않는다.
③ 전세권의 존속기간이 만료된 경우, 그 전세권설정등기를 말소하지 않고 동일한 범위를 대상으로 하는 다른 전세권설정등기를 할 수 있다.
④ 2개의 목적물에 하나의 전세권설정계약으로 전세권설정등기를 하는 경우, 공동전세목록을 작성하지 않는다.
⑤ 차임이 없이 보증금의 지급만을 내용으로 하는 채권적 전세의 경우, 임차권설정등기에 차임 및 임차보증금을 기록하지 않는다.

∥해설 및 정답∥
① 지상권설정등기 시 범위가 1필 토지 **전부**라 하더라도 그 **범위를 기록**해야 한다.
② 등기관이 승역지에 지역권설정의 등기를 하였을 때에는 직권으로 요역지의 등기기록에 지역권에 관한 등기사항을 기록해야 한다.
③ 지역권 외의 용익물권(지상권 또는 전세권)의 경우에는 등기기록상 이미 존속기간이 만료된 경우에도 이를 말소하지 아니하고는 동일한 범위에 다시 지상권이나 전세권 설정등기를 할 수 없다. **용익물권은 부동산을 직접 사용·수익하는 배타성**이 있으므로 동일한 부동산 위에는 종류가 상이한 용익물권이라 하더라도 그 물권들이 상충된다면 **중복하여 설정할 수 없다**.
④ 공동전세목록 또는 공동담보목록은 권리의 목적인 부동산이 **5개** 이상일 때에 작성한다.
⑤ 차임이 없는 임대차계약의 경우 차임을 신청정보의 내용으로 등기소에 제공할 필요는 없으나 보증금약정이 있는 경우 임차보증금을 신청정보의 내용으로 제공하므로 틀린 지문이다.

답 ④

V. 담보권에 관한 등기

1. (근)저당권에 관한 등기

(1) (근)저당권설정등기

① 신청인 : (근)저당권자가 등기권리자, (근)저당권설정자(소유권자나 지상권자 또는 전세권자)가 등기의무자가 되어 공동신청한다.

② 신청정보 : 등기원인은 '(근)저당권설정계약', 그 연월일은 '계약성립일', 그 외에 아래의 사항을 기재한다.

구 분		유의사항
필요적 기재사항	㉠채권(최고)액	- 저당권의 경우 채권액, 근저당권의 경우 채권최고액을 기록한다. - 채권최고액은 채권자 또는 채무자가 수인인 경우에도 반드시 단일하게 기록해야 하고, 이를 구분하여 기록하지 못한다. - 외화채권인 때에는 외화료 표시하고 원화로 환산한 금액을 병기한다.
	㉡채무자의 성명·주소 (주민등록번호X)	- 채무자와 저당권설정자가 동일한 경우에도 채무자를 표시해야 한다. - 채무자가 수인인 경우 그 수인의 채무자가 연대채무자라 하더라도 단순히 '채무자'로만 표시해야 한다.
임의적 기재사항	저당권의 경우	㉠변제기, ㉡이자 및 그 발생기·지급시기, ㉢원본 또는 이자의 지급장소, ㉣채무불이행으로 인한 손해배상에 관한 약정, ㉤저당부동산에 부합된 물건이나 종물에 대해 저당권의 효력이 미치지 않는다는 약정, ㉥채권의 조건
	근저당권의 경우	㉠근저당부동산에 부합된 물건이나 종물에 대해 저당권의 효력이 미치지 않는다는 약정, ㉡존속기간

(2) 공동(근)저당권설정등기에 관한 특칙

구 분	창설적 공동(근)저당권	추가적 공동(근)저당권
의의	동일 채권에 관해 여러 개의 부동산에 관한 권리를 목적으로 하는 (근)저당권설정등기	일부 부동산에 (근)저당권설정등기 후 동일 채권을 담보하기 위해 다른 부동산에 추가로 하는 (근)저당권설정등기
신청인	(근)저당권자는 동일해야 하나, (근)저당권설정자는 부동산별로 달라도 된다.	
신청방법	- (근)저당권설정대상 부동산별로 소유자가 다르더라도 일괄신청 가능 - 각 부동산에 관한 권리의 표시를 신청정보로 제공	종전 등기를 표시하는 사항으로서 공동담보목록의 번호 또는 부동산의 소재지번(건물번호)을 신청정보로 제공
등기실행	- 각 부동산의 등기기록에 그 부동산에 관한 권리가 다른 부동산에 관한 권리와 함께 (근)저당권의 목적으로 제공된 뜻을 기록 - 공동담보라는 뜻의 기록은 각 부동산의 등기기록 중 해당 등기의 끝부분에 기록	- 그 등기와 종전의 등기에 각 부동산에 관한 권리가 함께 (근)저당권의 목적으로 제공된 뜻을 기록 - 새로 추가되는 부동산의 등기기록에는 그 등기의 끝부분에 공동담보라는 뜻을 기록하고 종전에 등기한 부동산의 등기기록에는 해당 등기에 부기등기로 그 뜻을 기록
	담보로 제공되는 부동산이 5개 이상인 경우 공동담보목록 작성(등기기록의 일부로 봄)	

(3) 공동저당 대위등기

① 의의 : 공동저당이 설정되어 있는 부동산 중 일부에 대해서만 저당권이 실행되어 채권 전부를 변제받은 경우, 차순위 저당권자가 공동담보로 제공된 다른 부동산에 대해 선순위자를 대위하여 저당권을 행사(『민법』 제368조제2항에 따른 차순위저당권자의 대위)함에 따른 등기를 말한다.

② 신청인 : 차순위 저당권자가 등기권리자, 선순위 저당권자가 등기의무자가 되어 공동신청한다.

③ 신청정보
  ㉠ 등기원인은 『민법』 제368조제2항에 의한 대위'로, 그 연월일은 '선순위 저당권자에 대한 경매대가의 배당일'로 기재한다.
  ㉡ 매각 부동산(소유권 외의 권리가 저당권의 목적일 때에는 그 권리), 매각대금, 선순위 저당권자가 변제받은 금액을 기재한다.

④ 첨부정보 : 일반적인 첨부정보 외에 집행법원에서 작성한 '배당표 정보'를 제공한다.

⑤ 등기실행 : 대위등기의 목적이 된 저당권등기에 부기등기로 실행한다.

(4) (근)저당권의 변동에 따른 등기

구 분	이전	변경	말소
사유 (등기원인)	① 포괄승계(상속, 회사합병 등) ② 기본계약의 (일부)양도 ③ 확정채권의 양도 또는 대위변제	① 채권(최고)액의 증감 ② 채무자의 변경 ③ 근저당권의 목적 변경(목적 지분의 증감 등)	① 피담보채권의 소멸(저당권만, 근저당권은 해당X) ② 기본계약의 해제·취소 ③ (근)저당권의 포기·혼동
신청인	- 포괄승계(①): (근)저당권을 이전받는 자가 단독신청 - 특정승계(②③): (근)저당권자가 등기의무자, (근)저당권을 이전받는 자가 등기권리자가 되어 공동신청	- 근저당권자와 근저당권설정자의 공동신청(채무자X) - 변경으로 불이익을 받는 자가 등기의무자(예: 채권최고액 감액 시 근저당권자) - 채무자변경(②): 근저당권자가 등기권리자, 근저당권설정자 또는 제3취득자가 등기의무자	- 설정등기 말소: '현재 소유권자 또는 (근)저당권설정자'(등기권리자)와 현재 (근)저당권자(등기의무자)가 공동신청 - 이전등기 말소: (근)저당권 양도인(등기권리자)과 양수인(등기의무자)가 공동신청
신청정보	- 이전대상 (근)저당권의 접수연월일, 접수번호 및 순위번호 - (근)저당권이 채권과 같이 이전한다는 뜻 - 채권액(③만 해당)	변경대상 (근)저당권의 접수연월일, 접수번호 및 순위번호	말소대상 (근)저당권의 접수연월일, 접수번호 및 순위번호
첨부정보	- (근)저당권이전계약서를 등기원인 증명정보로 제공 - 단, 확정채권 대위변제의 경우 대위변제증서	- (근)저당권변경계약서를 등기원인 증명정보로 제공 - 등기상 이해관계 있는 제3자의 승낙서(①③)	- 해지 또는 포기증서를 등기원인 증명정보로 제공 - 등기상 이해관계 있는 제3자의 승낙서(반드시)
등기실행	확정채권 '일부'양도나 '일부' 대위변제의 경우, 그 금액을 기록	등기상 이해관계 있는 제3자의 승낙서를 첨부한 경우 부기등기, 첨부하지 못한 경우 주등기	- 설정등기 말소 시 이전·변경의 부기등기는 직권말소 - 이해관계인의 승낙서 첨부 시, 말소할 (근)저당권을 목적으로 하는 제3자의 권리등기(권리질권, 가압류 등)는 직권말소

(5) 신청서 예시(1) - 근저당권설정

접 수	근저당권설정등기신청			
	년 월 일 제 호	처리인	등기관 확인	각종 통지

부동산의 표시
서울특별시 영등포구 도림동 200 대 150m²   이 상

등기원인과 그 연월일	2025년 1월 1일 근저당권설정계약
등기의 목적	근저당권설정
채권최고액	금 300,000,0000원
채무자	이현우 서울특별시 서초구 서래로 10(반포동)
설정할 지분	

구분	성명 (상호·명칭)	주민등록번호 (등기용등록번호)	주 소(소재지)	지 분 (개인별)
등기의무자	이현우	900101-1234567	서울특별시 서초구 서래로 10(반포동)	
등기권리자	이승주	880101-1234567	서울특별시 서초구 반포대로10길 1(서초동)	

등 록 면 허 세	금		원
지 방 면 허 세	금		원
세 액 합 계	금		원
등 기 신 청 수 수 료	금		원
	납부번호:		
	일괄납부:	건	원

등기의무자의 등기필정보		
부동산고유번호	1102-2025-112345	
성명(명칭)	일련번호	비밀번호
이현우	WTPE-ASRV-Y7W3	29-3732

첨 부 서 면

1. 등록면허세영수필확인서 1통
1. 등기신청수수료영수필확인서 1통
1. 근저당권설정계약서 1통

1. 위임장 1통
1. 자필서명정보 1통
1. 인감증명서 1통

2025 년 1 월 15 일

위 신청인   인 (전화 :   )

(또는) 위 대리인   법무사 송경준   직인 (전화 : 02-1234-5678)

서울특별시 서초구 서초대로 11(서초동)

서울중앙 지방법원 등기국 귀중

(6) 신청서 예시(2) - 추가적 공동근저당권설정

	건물추가근저당권설정등기신청			
접 수	년 월 일 제 호	처리인	등기관 확인	각종 통지

부동산의 표시
추가할 부동산 　서울특별시 영등포구 도림동 200 　[도로명주소] 서울특별시 영등포구 도영로 30(도림동) 　목조기와지붕 단층주택 80m² 전에 등기한 부동산 　서울특별시 영등포구 도림동 200 대 150m² 　　　　　　　　　　　이   상

등기원인과 그 연월일	2025년 1월 1일 추가근저당권설정계약
등기의 목적	근저당권설정
채권최고액	금 300,000,0000원
채무자	이현우 서울특별시 서초구 서래로 10(반포동)
전에 등기한 근저당권	2025년 1월 15일 접수 제12345호로 등기한 순위번호 1번 근저당권설정등기

구분	성명 (상호·명칭)	주민등록번호 (등기용등록번호)	주 소(소재지)	지분 (개인별)
등기의무자	이현우	900101-1234567	서울특별시 서초구 서래로 10(반포동)	
등기권리자	이승주	880101-1234567	서울특별시 서초구 반포대로10길 1(서초동)	

등 록 면 허 세	금		원	
지 방 면 허 세	금		원	
세 액 합 계	금		원	
등 기 신 청 수 수 료	금		원	
	납부번호:			
	일괄납부:	건	원	
등기의무자의 등기필정보				
부동산고유번호	1102-2025-112345			
성명(명칭)	일련번호		비밀번호	
이현우	WTPE-ASRV-Y7W3		29-3732	

첨 부 서 면

1. 등록면허세영수필확인서	1통	1. 위임장	1통
1. 등기신청수수료영수필확인서	1통	1. 자필서명정보	1통
1. 추가근저당권설정계약서	1통	1. 인감증명서	1통

2025 년 2 월 15 일

위 신청인   인 (전화 :   )

(또는) 위 대리인   법무사 송경준   직인 (전화 : 02-1234-5678)

서울특별시 서초구 서초대로 11(서초동)

서울중앙 지방법원 등기국 귀중

(7) 신청서 예시(3) - 근저당권이전

	근저당권이전등기신청			
접 수	년 월 일 제 호	처리인	등기관 확인	각종 통지

부동산의 표시	
서울특별시 영등포구 도림동 200 대 150m² 이 상	
등기원인과 그 연월일	2025년 3월 1일 계약양도
등기의 목적	1번 근저당권이전
이전할 근저당권	2025년 1월 15일 접수 제12345호로 등기한 순위번호 1번 근저당권설정등기
양도액	금 300,000,0000원

구분	성명 (상호·명칭)	주민등록번호 (등기용등록번호)	주 소(소재지)	지 분 (개인별)
등기의무자	이승주	880101-1234567	서울특별시 서초구 반포대로10길 1(서초동)	
등기권리자	고연준	880202-1234789	서울특별시 송파구 송파대로22길 10(신천동)	

등 록 면 허 세	금		원
지 방 면 허 세	금		원
세 액 합 계	금		원
등 기 신 청 수 수 료	금		원
	납부번호:		
	일괄납부:	건	원

등기의무자의 등기필정보		
부동산고유번호	1102-2025-112345	
성명(명칭)	일련번호	비밀번호
이승주	WTPE-ASRV-Y7W3	49-2737

첨 부 서 면

1. 등록면허세영수필확인서	1통	1. 위임장	1통
1. 등기신청수수료영수필확인서	1통	1. 주민등록표초본	1통
1. 근저당권일부이전계약서	1통	1. 자필서명정보	1통

2025 년 3 월 15 일

위 신청인   인 (전화:)

(또는) 위 대리인   법무사 송경준   직인 (전화 : 02-1234-5678)

서울특별시 서초구 서초대로 11(서초동)

서울중앙 지방법원 등기국 귀중

(8) 신청서 예시(4) - 근저당권변경

	근저당권변경등기신청			
접 수	년 월 일	처리인	등기관 확인	각종 통지
	제 호			

부동산의 표시
서울특별시 영등포구 도림동 200 대 150m²   이 상

등기원인과 그 연월일	2025년 4월 1일 계약인수
등기의 목적	1번 근저당권변경
변경할 사항	2025년 1월 15일 접수 제12345호로 등기한 순위번호 1번 근저당권설정등기사항 중 채무자 "이현우, 서울특별시 서초구 서래로 10(반포동)"을 "최의란, 서울특별시 용산구 이촌로 123(이촌동)"으로 변경함.

구분	성명 (상호·명칭)	주민등록번호 (등기용등록번호)	주 소(소재지)	지 분 (개인별)
등기의무자	이현우	900101-1234567	서울특별시 서초구 서래로 10(반포동)	
등기권리자	고연준	880202-1234789	서울특별시 송파구 송파대로22길 10(신천동)	

등 록 면 허 세	금	원
지 방 면 허 세	금	원
세 액 합 계	금	원
등 기 신 청 수 수 료	금	원
	납부번호:	
	일괄납부:　　　　건	원

등기의무자의 등기필정보		
부동산고유번호	1102-2025-112345	
성명(명칭)	일련번호	비밀번호
이현우	WTPE-ASRV-Y7W3	29-3732

첨 부 서 면

1. 등록면허세영수필확인서　　　　1통	1. 위임장　　　　1통
1. 등기신청수수료영수필확인서　　1통	1. 주민등록초본　　1통
1. 근저당권일부이전계약서　　　　1통	1. 자필서명정보　　1통

2025 년 4 월 15 일

위 신청인　　　　　　　인 (전화 :　　)

(또는) 위 대리인　　법무사 송경준　　직인 (전화 : 02-1234-5678)

서울특별시 서초구 서초대로 11(서초동)

서울중앙 지방법원 등기국 귀중

최신·기출·분석

제34회 기출문제 18번

01. 등기관이 근저당권등기를 하는 경우에 관한 설명으로 틀린 것은?

① 채무자의 성명, 주소 및 주민등록번호를 등기기록에 기록하여야 한다.
② 채무자가 수인인 경우라도 채무자별로 채권최고액을 구분하여 기록할 수 없다.
③ 신청정보의 채권최고액이 외국통화로 표시된 경우, 외화표시금액을 채권최고액으로 기록한다.
④ 선순위근저당권의 채권최고액을 감액하는 변경등기는 그 저당목적물에 관한 후순위권리자의 승낙서가 첨부되지 않더라도 할 수 있다.
⑤ 수용으로 인한 소유권이전등기를 하는 경우, 특별한 사정이 없는 한 그 부동산의 등기기록 중 근저당권등기는 직권으로 말소하여야 한다.

∥해설 및 정답∥
① 채무자의 성명(명칭)과 주소(사무소 소재지)를 기록해야 하고, **주민등록번호는 등기사항이 아니다**.
② 근저당권설정등기의 신청정보로서 **채권최고액은 반드시 단일하게 제공**해야 하고, 채권자 또는 채무자가 수인일지라도 각 채권자 또는 채무자별로 구분하여 기재할 수는 없다.
③ 외화채권인 경우 외화표시금액을 제공하되, 원화환산액을 함께 제공하거나 환산가격을 기록할 필요는 없다.
④ 권리의 변경등기는 등기상 이해관계 있는 제3자가 없거나 그의 승낙(또는 대항할 수 있는 재판 등본)을 받은 경우 부기등기로 실행하고, 그렇지 못한 경우에는 주등기로 실행한다. 다만, **채권최고액 감액의 근저당권변경등기는 일부말소 의미의 변경등기**에 해당하므로 등기상 이해관계인의 승낙이 없으면 해당 등기를 할 수 없다. **후순위근저당권자는 등기상 이해관계 있는 제3자가 아니므로** 그의 승낙이 없더라도 부기등기로 실행할 수 있다.
⑤ 등기관이 수용으로 인한 소유권이전등기를 하는 경우 그 부동산의 등기기록 중 소유권, 소유권 외의 권리, 그 밖의 처분제한에 관한 등기가 있으면 그 등기를 직권으로 말소해야 한다. 다만, 그 부동산을 위해 존재하는 지역권의 등기 또는 토지수용위원회의 재결로써 존속이 인정된 권리의 등기는 그러하지 않다.

답 ①

최신·기출·분석

제35회 기출문제 21번

02. 부동산 공동저당의 등기에 관한 설명으로 옳은 것을 모두 고른 것은?

> ㄱ. 공동저당의 설정등기를 신청하는 경우, 각 부동산에 관한 권리의 표시를 신청정보의 내용으로 등기소에 제공해야 한다.
>
> ㄴ. 등기관이 공동저당의 설정등기를 하는 경우, 각 부동산의 등기기록 중 해당 등기의 끝 부분에 공동담보라는 뜻의 기록을 해야 한다.
>
> ㄷ. 등기관이 공동저당의 설정등기를 하는 경우, 공동저당의 목적이 된 부동산이 3개일 때에는 등기관은 공동담보목록을 전자적으로 작성해야 한다.

① ㄱ   ② ㄷ   ③ ㄱ, ㄴ
④ ㄴ, ㄷ   ⑤ ㄱ, ㄴ, ㄷ

∥ 해설 및 정답 ∥
ㄷ. 공동저당의 목적이 된 부동산이 **5개** 이상인 경우 공동담보목록을 작성해야 한다.

답 ③

2. 권리질권 및 채권담보권에 관한 등기

(1) (근)저당권부채권질권설정등기

① 의의 : 질권은 재산권을 그 목적으로 할 수 있다. 「부동산등기법」상 등기의 대상이 되는 질권의 목적은 (근)저당권으로 담보한 채권으로, 그 (근)저당권등기에 질권의 부기등기를 함으로써 그 효력이 (근)저당권에 미친다.

② 신청인 : 권리질권자가 등기권리자, (근)저당권자가 등기의무자가 되어 공동신청한다.

③ 신청정보 : 등기원인은 '권리질권설정계약', 그 연월일은 '계약성립일'로 기재하고, 질권설정 대상인 (근)저당권을 특정하여 표시하며, 그 외에 아래의 사항을 기재한다.
　㉠ 채권액 또는 채권최고액
　㉡ 채무자의 성명 또는 명칭과 주소 또는 사무소 소재지
　㉢ 변제기와 이자의 약정이 있는 경우에는 그 내용

④ 첨부정보 : 권리질권설정계약서를 등기원인 증명정보로 제공한다.

⑤ 등기실행 : (근)저당권등기에 부기등기로 실행한다.

⑥ (근)저당권에 대한 근질권설정등기도 허용된다.

(2) (근)저당권부채권담보권설정등기

① 의의 : 법인 등이 담보약정에 따라 금전의 지급을 목적으로 하는 지명채권을 담보로 제공하는 경우에는 「동산·채권 등의 담보에 관한 법률」에 따른 담보등기를 할 수 있다. 「부동산등기법」상 등기의 대상이 되는 채권담보권의 목적은 (근)저당권으로 담보한 채권으로, 그 (근)저당권설정등기에 채권담보권의 부기등기를 함으로써 그 효력이 (근)저당권에 미친다.

② 신청인 : 채권담보권자가 등기권리자, (근)저당권자가 등기의무자가 되어 공동신청한다.

③ 신청정보 : 등기원인은 '채권담보권설정계약', 그 연월일은 '계약성립일'로 기재하고, 채권담보권설정 대상인 (근)저당권을 특정하여 표시하며, 그 외에 아래의 사항을 기재한다.
　㉠ 채권액 또는 채권최고액
　㉡ 채무자의 성명 또는 명칭과 주소 또는 사무소 소재지
　㉢ 변제기와 이자의 약정이 있는 경우에는 그 내용

④ 첨부정보 : 채권담보권설정계약서를 등기원인 증명정보로 제공한다.

⑤ 등기실행 : (근)저당권등기에 부기등기로 실행한다.

VI. 변경등기

1. 서설

(1) 변경등기의 의의

'변경등기'란, 등기사항의 일부가 후발적 사유로 인해 실체관계와 불일치하게 된 경우 이를 바로잡기 위한 등기를 말한다.

(2) 구별 개념

등기사항 '일부'의 불일치를 바로잡는다는 점에서 등기사항 '전부'의 불일치를 바로잡는 말소등기와 구별되고, 불일치하게 된 사유가 '후발적'이라는 점에서 '원시적' 사유로 인한 불일치를 바로잡는 경정등기와 구별된다.

구 분	변경등기	경정등기	말소등기
불일치사유의 발생시점	후발적	원시적	후발적·원시적 불문
불일치의 범위	일부	일부	전부

(3) 종류

① 부동산표시변경등기 : 토지나 건물의 분할·합병 등 부동산의 물적 사항에 관한 변경이 있는 경우

② 등기명의인표시변경등기 : 등기명의인의 성명(명칭)·주소(사무소 소재지)·주민등록번호 등 인적사항에 관한 변경이 있는 경우

③ 권리변경등기 : 등기된 권리의 내용(예 : 전세권설정등기 후 있어서 전세금의 증감, 근저당권설정등기 후 채권최고액의 증감 또는 채무자의 변경 등)에 변경이 있는 경우

2. 부동산표시변경등기

(1) 개시방법

① 소유권 등기명의인의 단독신청 : 토지의 분할·합병이나 건물의 분할·구분·합병 및 부동산의 표제부 등기사항(소재·지번·면적 등)에 변경이 있는 경우

② 등기관의 직권변경 : 지적소관청으로부터 등기부의 부동산표시가 지적공부와 일치하지 않는다는 통지를 받은 경우로서 1개월 내에 등기명의인으로부터 변경등기 신청이 없는 경우(과태료 부과대상은 아님)

③ 지적소관청의 촉탁 : 아래와 같은 사유로 토지의 표시변경에 관한 등기를 할 필요가 있는 경우

  ㉠ 토지의 이동정리를 한 경우(신규등록 제외)
  ㉡ 시·도지사 또는 대도시 시장의 승인을 받아 지번부여지역 전부 또는 일부에 대해 지번을 새로 부여한 경우
  ㉢ 바다로 된 토지를 등록말소하는 경우
  ㉣ 축척변경을 한 경우
  ㉤ 등록사항의 오류를 직권으로 정정한 경우
  ㉥ 행정구역 개편으로 새로이 지번을 부여한 경우

(2) 등기의 신청 및 실행

① 부동산의 변경 전과 변경 후의 표시에 관한 정보를 신청서에 기재하고, 대장정보를 등기원인증명정보로 제공한다.

② 종전의 표시에 관한 등기를 말소하는 표시를 하고, 언제나 주등기로 실행한다.

(3) 합필·합병의 제한

① 토지의 합필 제한 : 합필하려는 토지에 아래의 등기 외의 권리에 관한 등기가 있는 경우에는 합필등기를 할 수 없다. 등기관은 이를 위반한 등기신청을 각하하면 지체 없이 그 사유를 지적소관청에 알려야 한다.

  ㉠ 소유권·지상권·전세권·임차권 및 승역지에 하는 지역권의 등기
  ㉡ 합필하려는 모든 토지에 있는 등기원인 및 그 연월일과 접수번호가 동일한 저당권에 관한 등기
  ㉢ 합필하려는 모든 토지에 있는 신탁원부 기록사항이 동일한 신탁등기

② 건물의 합병 제한 : 합병하려는 건물에 아래의 등기 외의 권리에 관한 등기가 있는 경우에는 합병등기를 할 수 없다. 등기관은 이를 위반한 등기신청을 각하하면 지체 없이 그 사유를 건축물대장 소관청에 알려야 한다.

  ㉠ 소유권·전세권 및 임차권의 등기
  ㉡ 합병하려는 모든 건물에 있는 등기원인 및 그 연월일과 접수번호가 동일한 저당권에 관한 등기
  ㉢ 합병하려는 모든 건물에 있는 신탁원부 기록사항이 동일한 신탁등기

(4) 멸실등기

① 의의 : 토지나 건물 전부가 물리적으로 멸실되거나 애초에 부존재하는 건물에 대한 등기가 있는 경우에 하는 등기를 말한다. (※ 엄밀히 말해 변경등기에 해당하지는 않으나, 현행 법제상 부동산표시변경등기와 함께 '부동산의 표시에 관한 등기'에 속하고 부동산표시변경등기와 신청절차가 유사하므로 이 장에서 다루기로 한다)

② 신청방법 : 소유권의 등기명의인이 멸실된 때부터 1개월 이내에 신청한다(건물 부존재의 경우 지체 없이).

③ 첨부정보 : 멸실을 증명하는 대장정보를 등기원인 증명정보로 제공한다.

④ 등기실행

　㉠ 등기기록 중 표제부에 멸실의 뜻과 그 원인 또는 부존재의 뜻(건물의 경우)을 기록하고 표제부 등기를 말소하는 표시를 한 후 등기기록을 폐쇄한다.

　㉡ 멸실등기한 토지가 다른 부동산과 함께 소유권 외의 권리의 목적일 때에는 그 다른 부동산의 등기기록 중 해당 구에 멸실등기한 토지의 표시를 하고, 그 토지가 멸실인 뜻을 기록하며, 그 토지와 함께 소유권 외의 권리의 목적이라는 뜻을 기록한 등기 중 멸실등기한 토지의 표시에 관한 사항을 말소하는 표시를 해야 한다(공동전세목록이나 공동담보목록이 있는 경우에는 그 목록에 해야 한다).

(5) 신청서 예시

	토지분필등기신청			
접 수	년 월 일 제 호	처리인	등기관 확인	각종 통지

부동산의 표시

분할 전의 표시 제주특별자치도 제주시 오라이동 200 대 400m²
분할의 표시   제주특별자치도 제주시 오라이동 200-1 대 120m²
                 제주특별자치도 제주시 오라이동 200-2 대 130m²
분할 후의 표시 제주특별자치도 제주시 오라이동 200 대 150m²

이   상

등기원인과 그 연월일	2025년 1월 1일 분할
등기의 목적	토지표시변경
근저당권이 소멸하는 토지	제주특별자치도 제주시 오라이동 200-2 대 130㎡

구분	성명 (상호·명칭)	주민등록번호 (등기용등록번호)	주 소(소재지)	지 분 (개인별)
신청인	고연준	880202-1234789	서울특별시 송파구 송파대로22길 10(신천동)	

등 록 면 허 세	금	원
지 방 교 육 세	금	원
세 액 합 계	금	원

첨 부 서 면

1. 등록면허세영수필확인서 1. 토지대장등본 1. 권리소멸승낙서	1통 3통 1통	1. 인감증명서 1. 위임장	1통 1통

2025 년 1 월 15 일

위 신청인   인 (전화:)

(또는) 위 대리인   법무사 송경준   직인 (전화 : 02-1234-5678)

서울특별시 서초구 서초대로 11(서초동)

서울중앙 지방법원 등기국 귀중

3. 등기명의인표시변경등기

(1) 개시방법
① 해당 권리의 등기명의인이 단독신청함이 원칙이다.
② 행정구역 또는 그 명칭이 변경된 경우, 등기관은 직권으로 등기명의인의 주소변경등기를 할 수 있다.
③ 등기관이 소유권이전등기를 할 때에 등기명의인의 주소변경으로 신청정보 상의 등기의무자의 표시가 등기기록과 일치하지 않는 경우라도 첨부정보로서 제공된 주소를 증명하는 정보에 등기의무자의 등기기록 상의 주소가 신청정보 상의 주소로 변경된 사실이 명백히 나타나면 직권으로 등기명의인표시변경등기를 해야 한다.

(2) 유형
공통적으로 변경 전후에 있어서 변경의 주체가 되는 인격의 동일성이 유지되는 경우에만 인정된다.
① 자연인 : 개명, 전거, 행정구역 변경 등으로 인한 주소변경, 주민등록번호의 변경 등
② 법인 : 법인의 명칭 또는 주된 사무소 소재지의 변경(대표자 변경 ×), 근저당권자인 법인의 취급지점 변경, 조직변경 등
③ 법인 아닌 사단이나 재단 : 대표자의 추가·변경, 사무소 소재지의 변경

(3) 등기의 신청 및 실행
① 등기명의인의 변경 전과 변경 후의 표시에 관한 정보를 신청서에 기재하고, 주민등록표등(초)본이나 법인등기사항증명서 등을 등기원인 증명정보로 제공한다.
② 변경 전의 등기사항을 말소하는 표시를 하고, 언제나 부기등기로 실행한다.

4. 권리변경등기

(1) 신청방법

해당 권리의 변경으로 인해 이익을 받는 자가 등기권리자, 불이익을 받는 자가 등기의무자가 되어 공동신청한다(권리별 구체적인 변경등기 신청절차는 'Ⅳ 용익권에 관한 등기' 및 'Ⅴ 담보권에 관한 등기' 참조).

(2) 등기실행

① 등기상 이해관계 있는 제3자가 없거나 그의 승낙(또는 대항할 수 있는 재판 등본)을 받은 경우 부기등기로 실행하고, 그렇지 못한 경우에는 주등기로 실행한다.

② 단, 전세금이나 채권최고액의 감액에 따른 변경등기는 등기상 이해관계인의 승낙(또는 대항할 수 있는 재판 등본)이 없으면 주등기로도 실행하지 못한다.

③ 변경 전 등기사항을 말소하는 표시를 한다.

구 분		등기권리자	등기의무자	이해관계인
전세권	전세금 증액/존속기간 연장	전세권자	전세권설정자	후순위(근)저당권자
	전세금 감액/존속기간 단축	전세권설정자	전세권자	전세권부(근)저당권자
근저당권	채권최고액 증액/목적지분 확대	근저당권자	근저당권설정자	후순위(근)저당권자
	채권최고액 감액/목적지분 축소	근저당권설정자	근저당권자	근저당권부채권질권자

VII. 경정등기

1. 서설

(1) 경정등기의 의의

'경정등기'란, 등기사항의 일부가 등기의 실행 당시부터 실체관계와 불일치하는 경우 이를 바로잡기 위한 등기를 말한다.

(2) 구별 개념

등기사항 '일부'의 불일치를 바로잡는다는 점에서 등기사항 '전부'의 불일치를 바로잡는 말소등기와 구별되고, 불일치하게 된 사유가 '원시적'이라는 점에서 '후발적' 사유로 인한 불일치를 바로잡는 경정등기와 구별된다.

(3) 종류

① 변경등기와 마찬가지로, 경정할 대상에 따라 부동산표시경정등기, 등기명의인표시경정등기, 권리경정등기로 나눌 수 있다.
② 경정의 원인에 따라 당사자의 신청착오에 기인한 경우와 등기관의 착오로 인한 경우로 나눌 수 있다.

2. 당사자의 신청에 의한 경정등기

(1) 착오 · 누락의 통지

① 등기관이 등기를 마친 후 그 등기에 착오나 빠진 부분이 있음을 발견했을 때에는 지체 없이 그 사실을 등기권리자와 등기의무자에게 알려야 하고, 등기권리자와 등기의무자가 없는 경우에는 등기명의인에게 알려야 한다.
② 다만, 등기권리자, 등기의무자 또는 등기명의인이 각 2인 이상인 경우에는 그 중 1인에게 통지하면 된다.
③ 채권자대위권에 의해 등기가 마쳐진 때에는 채권자에게도 위 ①②와 마찬가지로 통지해야 한다.

(2) 등기의 신청 및 실행

① 변경등기의 신청 및 실행방법과 유사하다.

신청방법		실행방법	
부동산표시	소유권 등기명의인 단독신청	항상 주등기	
등기명의인표시	해당 권리의 등기명의인 단독신청	항상 부기등기	
권리	경정으로 이익을 받는 자(등기권리자)와 불이익을 받는 자(등기의무자)가 공동신청	승낙 ○	부기등기
		승낙 ×	주등기(단, 일부말소 의미의 경정등기는 주등기로도 ×)

② 경정 전후의 등기에 동일성 내지 유사성이 없는 경우에는 경정등기를 할 수 없다. 즉, 권리 자체의 경정이나 권리자 전체를 바꾸는 경정은 인정될 수 없다.

③ 등기상 이해관계 있는 제3자의 승낙을 얻어 일부말소 의미의 경정등기(권리지분의 경정)를 실행하는 때에는 제3자 명의의 등기를 등기관이 직권말소한다.

④ 등기관이 경정등기를 했을 때에는 그 사실을 등기권리자, 등기의무자 또는 등기명의인에게 알려야 한다.

3. 직권에 의한 경정등기

(1) 의의

등기관이 등기의 착오나 빠진 부분이 등기관의 잘못으로 인한 것임을 발견한 경우에는 지체 없이 그 등기를 직권으로 경정해야 한다.

(2) 신청에 의한 경정등기와의 비교

① 경정 전후의 등기의 동일성이 엄격히 요구되지 않는다.

② 당사자의 신청에는 아무런 문제가 없는 경우여야 한다. 당사자의 신청착오에 의한 등기사항의 불일치는 등기관이 직권경정할 수 없다.

③ 신청에 의한 경우와 달리, 경정등기 전 등기당사자 등에 대한 착오·누락의 통지는 하지 않는다. 다만, 신청에 의한 경우와 마찬가지로 경정등기 후 경정사실의 통지는 해야 한다.

④ 등기상 이해관계 있는 제3자의 승낙이나 재판 등은 신청에 의한 경우는 물론 직권경정의 경우에도 필요하다.

경정등기절차의 구분		
신청착오로 인한 경우	등기관의 잘못으로 인한 경우	
신청에 의한 경정등기로 시정	등기당사자가 발견 신청에 의한 경정등기로 시정	등기관이 발견 직권경정등기로 시정

4. 상속등기 후의 소유권경정등기

(1) 의의

상속과 관련해서는 소유권경정등기를 경정 전후 등기명의인이 동일성을 벗어나는 경우에도 폭넓게 허용하고 있다. 상속등기는 일부 상속인이 상속인 전원을 위해 신청하거나 채권자대위에 의해 이루어지기도 하는데, 그로 인해 실제 상속인들의 의사에 반하거나 실체관계와 불일치하는 문제가 발생할 가능성이 있기 때문이다.

(2) 유형

① 법정상속분에 따른 상속등기 후 상속재산 협의분할(또는 상속포기)이 있는 경우
② 상속재산 협의분할에 따른 상속등기 후 협의를 해제한 경우
③ 상속재산 협의분할에 따른 상속등기 후 협의를 해제하고 새로운 협의분할이 있는 경우. 단, 새로운 협의분할로 인해 상속인 전부가 교체되는 경우에는 경정등기가 불가능하고, 기존 상속등기를 말소한 후 새로운 상속등기를 신청해야 한다.

(3) 등기의 신청 및 실행

① 권리를 취득하는 자가 등기권리자, 권리를 상실하는 자가 등기의무자가 되어 공동신청한다.
② 등기상 이해관계 있는 제3자(경정으로 인해 권리가 상실 또는 감소되는 자의 지분을 목적으로 하는 권리의 등기명의인)가 없거나 승낙을 얻은 경우에는 부기등기로 실행하고, 승낙이 없는 경우에는 주등기로도 하지 못한다.
③ 등기상 이해관계 있는 제3자의 승낙을 얻어 경정등기를 실행하는 경우, 제3자 명의의 등기를 등기관이 직권말소한다.

5. 신청서 예시

	소유권경정등기신청			
접 수	년 월 일 제 호	처리인	등기관 확인	각종 통지

	부동산의 표시
	광주광역시 남구 지석동 234 전 1,200m² 이 상
등기원인과 그 연월일	2025년 1월 1일 상속포기
등기의 목적	2번 소유권경정
경정할 사항	2024년 12월 1일 접수 제1234호로 등기한 갑구 2번 소유권이전등기사항 중 "공유자 지분 9분의 3 이남편 650101-1234567 광주광역시 남구 양림로 55(백운동), 지분 9분의 2 이장남 930202-1236789 광주광역시 광산구 월계로 5(월계동), 지분 9분의 2 이차남 950303-1256789 광주광역시 남구 양림로 55(백운동), 지분 9분의 2 이삼남 990404-1987654 광주광역시 남구 양림로 55(백운동)"을 공유자 지분 2분의 1 이차남 950303-1256789 광주광역시 남구 양림로 55(백운동), 지분 2분의 1 이삼남 990404-1987654 광주광역시 남구 양림로 55(백운동)"으로 경정함.

구분	성명 (상호·명칭)	주민등록번호 (등기용등록번호)	주 소(소재지)	지 분 (개인별)
등기의무자	이남편	650101-1234567	광주광역시 남구 양림로 55(백운동)	
	이장남	930202-1236789	광주광역시 광산구 월계로 5(월계동)	
등기권리자	이차남	950303-1256789	광주광역시 남구 양림로 55(백운동)	
	이삼남	990404-1987654	광주광역시 남구 양림로 55(백운동)	

시가표준액 및 국민주택채권매입금액			
부동산 표시	부동산별 시가표준액		부동산별 국민주택채권매입금액
1.	금 원		금 원
2.	금 원		금 원
3.	금 원		금 원
국 민 주 택 채 권 매 입 총 액			금 원
국 민 주 택 채 권 발 행 번 호			
취득세(등록면허세) 금 원		지방교육세 금 원	
^		농어촌특별세 금 원	
세 액 합 계			금 원
등 기 신 청 수 수 료	금 원		
^	납부번호:		
^	일괄납부: 건 원		
등기의무자의 등기필정보			
부동산고유번호	1102-2025-112345		
성명(명칭)	일련번호		비밀번호
이남편	WTPE-ASRV-Y7W3		29-3732
이장남	KGBE-NISV-B9Q0		15-9867

첨 부 서 면

1. 등록면허세영수필확인서	1통	1. 위임장	1통
1. 등기신청수수료영수필확인서	1통	1. 자필서명정보	1통
1. 상속포기수리심판서	2통	1. 인감증명서	2통

2025 년 1 월 15 일

위 신청인   인 (전화:)

(또는) 위 대리인   법무사 송경준   직인 (전화 : 02-1234-5678)

서울특별시 서초구 서초대로 11(서초동)

서울중앙 지방법원 등기국 귀중

Ⅷ. 말소등기

1. 서설

(1) 말소등기의 의의
'말소등기'란, 등기사항의 전부가 실체관계와 불일치하는 경우 그 등기 전부를 법률적으로 소멸시키는 등기를 말한다.

(2) 구별 개념
등기사항 '전부'의 불일치를 바로잡는다는 점에서 등기사항 '일부'의 불일치를 바로잡는 변경등기·경정등기와 구별되고, 등기를 '법률적'으로 소멸시킨다는 점에서 부동산이 '물리적'으로 소멸된 경우에 하는 멸실등기와 구별된다.

(3) 종류
말소등기의 개시방법에 따라 당사자의 신청에 의한 말소등기와 직권에 의한 말소등기 등으로 나눌 수 있다.

(4) 요건(등기상 이해관계 있는 제3자의 승낙)
① 말소등기는 현재 효력 있는 등기의 전부가 부적법한 경우로서 등기상 이해관계 있는 제3자가 없거나 그의 승낙 또는 그에게 대항할 수 있는 판결이 있음을 증명하는 정보를 제공한 경우에 한해 허용된다.

② '등기상 이해관계 있는 제3자'란, 등기의 말소로 인해 손해를 입을 우려가 있다는 것이 등기기록에 의해 형식적으로 인정되는 자를 말한다.

말소대상 등기	등기상 이해관계 있는 제3자 ○
소유권보존 또는 소유권이전등기	소유권을 목적으로 하는 모든 권리자((근)저당권자, 지상권자, 가압류권자 등)
지상권 또는 전세권설정등기	지상권 또는 전세권을 목적으로 하는 모든 권리자((근)저당권자, 가압류권자 등)
(근)저당권설정등기	(근)저당권을 목적으로 하는 모든 권리자((근)저당권부채권질권자 등)

③ 아래에 해당하는 자는 '등기상 이해관계 있는 제3자'에 해당하지 않는다.

말소대상 등기	등기상 이해관계 있는 제3자 ×
소유권보존 또는 소유권이전등기	말소대상 소유권등기의 명의인으로부터 재차 소유권이전등기를 경료받은 자
지상권 또는 전세권설정등기	해당 토지의 소유권을 목적으로 하는 (근)저당권자
(근)저당권설정등기	선순위 또는 후순위 (근)저당권자

④ 판결에 의해 말소등기를 신청하는 경우로서 말소대상 등기를 전제로 권리등기를 마친 제3자는, 등기를 마친 시점이 변론종결 전이면 등기상 이해관계인에 해당하나, 변론종결 후이면 등기상 이해관계인에 해당하지 않는다.

⑤ 말소대상 등기가 실체법상 원인무효라는 이유로 말소되는 경우, 등기상 이해관계인은 말소등기에 대해 승낙할 의무를 부담한다.

2. 신청에 의한 말소등기

(1) 신청인

① 공동신청에 의하는 것이 원칙이며, 아래와 같이 특정 상황에서 등기당사자적격의 판단에 유의해야 한다.

상 황	말소대상 등기	등기권리자	등기의무자
㉠ 저당권설정등기 후 소유권이전등기	저당권설정등기	저당권설정 당시 소유자 또는 현재 소유자	저당권자
	원인무효의 저당권설정등기	현재 소유자	
㉡ 제한물권이 이전된 경우	제한물권 설정등기	제한물권 설정자	현재 제한물권자
㉢ 소유권 등기명의인이 사망	소유권등기		상속인 전원
㉣ 소유권 등기명의인이 사망 후 협의분할에 의한 상속등기	소유권이전(상속)등기		협의분할에 의한 상속인 (본래 상속인 전원 ✕)

② 말소등기를 단독으로 신청하는 경우는 아래와 같다.

구 분	신청인
㉠ 소유권보존등기의 말소	등기명의인
㉡ 판결에 의한 말소	승소한 등기권리자 또는 승소한 등기의무자
㉢ 사망이나 해산에 따른 권리소멸약정등기가 부기되어 있는 경우 해당 권리등기의 말소	등기권리자 (사람의 사망 또는 법인의 해산 사실을 증명하여)
㉣ 말소등기의무자의 소재불명	등기권리자(공시최고 후 제권판결)
㉤ 가등기의 말소	가등기명의인, 가등기의무자/ 등기상 이해관계인(명의인 승낙 필요)
㉥ 가처분등기 이후에 된 등기의 말소	가처분채권자
㉦ 신탁등기의 말소	수탁자, 수익자/ 위탁자(수탁자를 대위하여)

(2) 등기의 신청 및 실행

① 말소할 등기를 특정(접수연월일·접수번호·순위번호 기재)하여 신청서에 기재한다.
② 해지증서나 판결정본 등을 등기원인 증명정보로 제공하고, 등기상 이해관계 있는 제3자의 승낙(인감증명 첨부) 또는 이에 대항할 수 있는 재판이 있음을 증명하는 정보를 제공한다.
③ 승낙서 등의 제공이 없는 경우 등기신청 자체를 각하해야 한다
④ 말소등기는 주등기의 방식으로 실행하며, 해당 등기를 말소하는 표시를 해야 한다(아래 참조).

[갑 구]			(소유권에 관한 사항)	
순위번호	등기목적	접수	등기원인	권리자 및 기타사항
3	~~소유권이전~~	~~2025년 2월 1일 제12345호~~	~~2025년 1월 1일 매매~~	~~소유자 승경준 910303-1234567 서울특별시 동작구 여의대방로20길 10(대방동)~~
4	3번 소유권 이전등기말소	2025년 4월 1일 제23456호	2025년 3월 1일 합의해제	

⑤ 말소할 권리를 목적으로 하는 제3자의 권리에 관한 등기가 있을 때에는 등기기록 중 해당 구에 그 제3자의 권리의 표시를 하고 어느 권리의 등기를 말소함으로 인해 말소한다는 뜻을 기록해야 한다.

3. 직권에 의한 말소등기

(1) 의의

직권에 의한 말소등기는 법률에 근거규정이 있는 경우에만 가능하다. 등기관이 당연무효의 등기를 발견하거나, 다른 등기를 실행함에 따라 말소하거나, 그 밖에 말소가 필요한 경우로 구분한다.

(2) 등기관이 당연무효의 등기를 발견한 경우

등기관이 등기를 마친 후 그 등기가 관할위반 또는 사건이 등기할 것이 아닌 경우에 해당된 것임을 발견했을 때에는 등기권리자, 등기의무자와 등기상 이해관계 있는 제3자에게 1개월 이내의 기간을 정해 그 기간에 이의를 진술하지 않으면 등기를 말소한다는 뜻을 통지하고, 그 기간 내에 이의를 진술한 자가 없거나 이의를 각하한 경우에는 해당 등기를 직권으로 말소해야 한다.

(3) 다른 등기를 실행함에 따라 말소하는 경우

구 분	말소대상 등기
㉠가등기에 의한 본등기 시	가등기 후에 된 등기로서 가등기에 의해 보전되는 권리를 침해하는 등기
㉡가처분등기 후에 된 등기의 말소 시	가처분등기
㉢수용으로 인한 소유권이전등기 시	수용된 부동산의 소유권, 소유권 외의 권리, 기타 처분제한에 관한 등기
㉣환매에 따른 권리취득 등기 시	환매특약등기
㉤권리소멸에 따른 권리변동 등기 시	권리소멸약정등기
㉥말소등기 시	등기상 이해관계 있는 제3자 명의의 등기

(4) 그 밖에 말소가 필요한 경우

① 저당권등기 등이 등기기록상 현재 효력 있는 등기의 외관을 갖추었으나 사실상 그 권리가 소멸한 채로 장기간 방치된 경우, 이를 직권으로 말소할 수 있다.

② 등기가 위조된 것이 명백한 경우, 등기상 이해관계인에게 통지한 후에 직권으로 말소한다.

4. 촉탁에 의한 말소등기

① 관공서가 공매처분을 한 경우에 등기권리자의 청구를 받으면 지체 없이 아래의 등기를 등기소에 촉탁해야 한다.

    ㉠ 공매처분으로 인한 권리이전의 등기

    ㉡ 공매처분으로 인해 소멸한 권리등기의 말소

    ㉢ 체납처분에 관한 압류등기 및 공매공고등기의 말소

② 그 외에 「민사집행법」에 부동산에 대한 강제집행절차와 관련하여 법원사무관등이 각종 처분제한등기 등의 말소를 촉탁하는 규정을 두고 있다.

5. 신청서 예시

	근저당권설정등기말소등기신청			
접 수	년 월 일	처리인	등기관 확인	각종 통지
	제 호			

부동산의 표시
서울특별시 영등포구 도림동 200 대 150m²   이 상

등기원인과 그 연월일	2025년 7월 1일 해지
등기의 목적	1번 근저당권설정등기말소
말소할 등기	2025년 1월 15일 접수 제12345호로 등기한 순위번호 1번 근저당권설정등기

구분	성명 (상호·명칭)	주민등록번호 (등기용등록번호)	주 소 (소재지)	지 분 (개인별)
등기의무자	고연준	880202-1234789	서울특별시 송파구 송파대로22길 10(신천동)	
등기권리자	이현우	900101-1234567	서울특별시 서초구 서래로 10(반포동)	

등 록 면 허 세	금		원
지 방 면 허 세	금		원
세 액 합 계	금		원
등 기 신 청 수 수 료	금		원
	납부번호:		
	일괄납부:	건	원

<table>
<tr><td colspan="4" align="center">등기의무자의 등기필정보</td></tr>
<tr><td>부동산고유번호</td><td colspan="3" align="center">1102-2025-112345</td></tr>
<tr><td>성명(명칭)</td><td colspan="2" align="center">일련번호</td><td align="center">비밀번호</td></tr>
<tr><td align="center">고연준</td><td colspan="2" align="center">GUWI-WOUI-S9B2</td><td align="center">78-2926</td></tr>
</table>

첨 부 서 면

1. 등록면허세영수필확인서	1통	1. 위임장	1통
1. 등기신청수수료영수필확인서	1통	1. 자필서명정보	1통
1. 해지증서	1통		

2025년 7월 15일

위 신청인　　　　　인 (전화：　　)

(또는) 위 대리인　　법무사 송경준　직인 (전화 : 02-1234-5678)

서울특별시 서초구 서초대로 11(서초동)

서울중앙 지방법원 등기국 귀중

IX. 말소회복등기

1. 서설

(1) 말소회복등기의 의의

'말소회복등기'란, 기존 등기사항의 전부 또는 일부가 부당하게 말소된 경우, 이를 회복하여 말소되지 않았던 것과 같은 효과가 생기게 하는 등기를 말한다.

(2) 요건(등기상 이해관계 있는 제3자의 승낙)

① 말소회복등기를 신청하는 경우에 등기상 이해관계 있는 제3자가 있을 때에는 그 제3자의 승낙이 있어야 한다.

② '등기상 이해관계 있는 제3자'란 말소회복등기로 인해 손해를 입을 우려가 있다는 것이 등기기록의 형식상 인정되는 자를 말한다. 손해를 입을 우려가 있는지 여부를 결정하는 기준시점은 회복등기 시이다.

③ 회복대상 등기와 양립 불가능한 등기가 마쳐진 경우, 이는 회복의 전제로서 말소되어야 할 것이므로 그 등기의 명의인은 등기상 이해관계 있는 제3자가 아니다.

회복대상 등기	새로 마쳐진 등기	B의 이해관계인 여부
A의 소유권이전등기	B의 소유권이전등기	×
A의 전세권설정등기	B의 전세권설정등기	×
A의 저당권설정등기	B의 소유권이전등기	○

④ 말소등기가 실체법상 원인무효인 경우, 등기상 이해관계 있는 제3자는 선의·악의를 불문하고 말소회복등기에 승낙할 의무가 있다.

2. 등기절차

(1) 개시방법

말소등기가 당사자의 신청에 의해 이루어진 경우에는 그 회복등기도 당사자의 신청에 의하고, 집행법원 등의 촉탁에 의한 경우에는 촉탁에 의해야 한다. 또, 등기관의 직권으로 행해진 경우에는 회복등기도 직권으로 해야 한다. 이하에서는 신청에 의한 말소회복등기를 전제로 설명한다.

(2) 신청인

① 말소된 등기(회복할 등기)의 명의인이 등기권리자, 회복에 의해 직접 등기상 불이익을 받는 자가 등기의무자가 되어 공동신청함이 원칙이다.

② 등기회복대상 부동산의 소유권이전이 있는 경우, 등기의무자는 말소 당시 소유권자이다.

㉠ 제한물권등기 말소 후 새로운 소유권이전등기가 있는 경우, 말소 당시 소유명의인만이 등기의무자격이 있고 현 소유명의인은 등기상 이해관계인에 불과하다.

㉡ 가등기된 부동산에 관해 제3취득자 앞으로 소유권이전등기가 마쳐진 후 가등기가 말소된 경우, 말소된 가등기의 회복등기절차에서 회복등기의무자는 가등기가 말소될 당시의 소유자인 제3취득자이다.

③ 말소등기가 단독으로 마쳐진 경우에는 말소회복도 단독으로 신청할 수 있다.

(3) 등기의 신청 및 실행

① 회복할 등기를 특정(접수연월일·접수번호·순위번호 기재)하여 신청서에 기재한다.

② 말소회복합의서나 판결정본 등을 등기원인 증명정보로 제공하고, 등기상 이해관계 있는 제3자의 승낙(인감증명 첨부) 또는 이에 대항할 수 있는 재판이 있음을 증명하는 정보를 제공한다.

③ 등기관은 회복의 등기를 한 후 다시 말소된 등기와 같은 등기를 해야 한다(말소등기를 말소하는 방식으로는 회복등기를 할 수 없다).

④ 등기전체가 아닌 일부 등기사항만 말소된 것일 때에는 부기에 의해 말소된 등기사항만 다시 등기한다.

[을 구]			(소유권 외의 권리에 관한 사항)	
순위번호	등기목적	접수	등기원인	권리자 및 기타사항
~~1~~	~~저당권설정~~	~~2023년 1월 9일 제12345호~~	~~2023년 1월 1일 설정계약~~	~~채권액 금 100,000,000원~~ ~~이자 연 2할~~ ~~채무자 송경준~~ ~~서울특별시 동작구 여의대방로 10~~ ~~저당권자 고연준 880101-1234567~~ ~~서울특별시 송파구 송파대로 10~~
2	1번저당권설정등기말소	2024년 1월 8일 제12344호	2024년 1월 2일 해지	
3	1번저당권설정등기회복	2025년 2월 1일 제12343호	2025년 1월 7일 서울중앙지방법원의 확정판결	
1	저당권설정	2023년 1월 9일 제12345호	2023년 1월 1일 설정계약	채권액 금 100,000,000원 ~~이자 연 2할~~ 채무자 송경준 서울특별시 동작구 여의대방로 10 저당권자 고연준 880101-1234567 서울특별시 송파구 송파대로 10
~~1-1~~	~~1번저당권변경~~	~~2025년 4월 9일 제12349호~~	~~2025년 4월 2일 변경계약~~	~~이자약정 폐지~~
1-2	4번등기로인하여 1번등기회복			이자 연 2할 2025년 6월 8일 부기
4	1-1번저당권변경등기말소	2025년 6월 8일 제12593호	2025년 4월 9일 신청착오	

3. 관련문제

① 말소등기가 부적법하게 행하여진 경우라도 그것이 실체관계에 부합하는 때에는 말소회복등기를 청구할 수 없다.

② 어떤 이유이건 당사자가 자발적으로 말소등기를 한 경우에는 말소회복등기를 할 수 없다.

③ 폐쇄등기기록에 기록된 등기사항의 말소회복도 할 수 있다.

4. 신청서 예시

	근저당권설정등기말소회복등기신청			
접 수	년 월 일	처리인	등기관 확인	각종 통지
	제 호			

부동산의 표시	
서울특별시 영등포구 도림동 200 대 150m² 이 상	
등기원인과 그 연월일	2025년 10월 1일 확정판결
등기의 목적	1번 근저당권설정등기회복
회복할 등기	2025년 1월 15일 접수 제12345호로 등기한 순위번호 1번 등기원인 2025년 1월 1일 설정계약, 채권최고액 금 300,000,000원 채무자 이현우 서울특별시 서초구 서래로 10(반포동) 근저당권자 이승주 880101-1234567 서울특별시 서초구 반포대로10길 1(서초동)

구분	성명 (상호·명칭)	주민등록번호 (등기용등록번호)	주 소(소재지)	지 분 (개인별)
등기의무자	이현우	900101-1234567	서울특별시 서초구 서래로 10(반포동)	
등기권리자	고연준	880202-1234789	서울특별시 송파구 송파대로22길 10(신천동)	

등 록 면 허 세	금		원	
지 방 면 허 세	금		원	
세 액 합 계	금		원	
등 기 신 청 수 수 료	금		원	
	납부번호:			
	일괄납부:	건		원

등기의무자의 등기필정보		
부동산고유번호	1102-2025-112345	
성명(명칭)	일련번호	비밀번호
이현우	WTPE-ASRV-Y7W3	29-3732

첨 부 서 면

1. 등록면허세영수필확인서	1통		
1. 등기신청수수료영수필확인서	1통	1. 위임장	1통
1. 판결정본	1통	1. 주민등록표초본	1통
1. 확정증명서	1통		

2025 년 10 월 15 일

위 신청인   인 (전화:)

(또는) 위 대리인   법무사 송경준   직인 (전화 : 02-1234-5678)

서울특별시 서초구 서초대로 11(서초동)

서울중앙 지방법원 등기국 귀중

X. 가등기

1. 서설

(1) 가등기의 의의

'가등기'는 권리의 설정·이전·변경 또는 소멸의 청구권을 보전하기 위해 실행하는 등기를 말한다. 가등기는 장차 이루어질 본등기의 순위를 미리 확보함으로써 가등기권자를 보호하는 데에 의의가 있다.

(2) 종류

위와 같이 본등기의 순위보전을 목적으로 하는 「부동산등기법」상의 가등기(청구권보전가등기) 외에 「가등기담보 등에 관한 법률」의 적용을 받는 담보가등기가 있다. 이하에서는 「부동산등기법」상 가등기에 대해서만 다룬다.

(3) 가등기의 대상

① 본등기할 수 있는 권리는 모두 가등기의 대상이 된다.
   → 부동산표시·등기명의인표시에 관한 가등기 또는 합유지분에 대한 가등기는 허용되지 않는다.
② 권리의 설정·이전·변경·소멸의 청구권을 보전하려는 경우에만 가등기가 가능하다.
   → 소유권보존등기나 처분제한의 등기의 가등기는 허용되지 않는다.
③ 보전대상 청구권이 시기부 또는 정지조건부일 경우나 그 밖에 장래에 확정될 것인 경우에도 가등기가 가능하다.
   → 사인증여로 인해 발생한 소유권이전등기청구권의 보전을 위한 가등기도 허용된다.
④ 그 외에 가등기의 대상이 될 수 있는지 여부는 아래와 같다.

가등기가 허용되는 경우	가등기가 허용되지 않는 경우
① 채권적 청구권의 보전 ② 매매계약해제 시 소유권이전등기청구권의 보전 ③ 유언자 사망 후 신청한 유증을 원인으로 한 소유권이전청구권의 보전	① 물권적 청구권의 보전 ② 매매계약해제 시 소유권말소등기청구권의 보전 ③ 유언자 생존 중 신청한 유증을 원인으로 한 소유권이전청구권의 보전

2. 가등기절차

(1) 신청인

일반적인 등기와 마찬가지로 등기권리자와 등기의무자가 공동신청함이 원칙이나, 가등기의무자의 승낙이 있거나 가등기를 명하는 법원의 가처분명령이 있을 때에는 가등기권리자가 단독으로 신청할 수 있다.

(2) 신청정보

① 가등기로 보전하려고 하는 권리를 신청정보로 제공해야 한다.
② 청구권발생이 시기부 또는 정지조건부인 경우 등기원인란에 시기 또는 조건을 기재한다.
③ 청구권이 장래에 확정되는 경우 등기원인은 '매매예약, 설정예약' 등으로, 그 연월일은 '예약일자'를 기재한다.

(3) 첨부정보

① 가등기권리자가 단독으로 가등기를 신청하는 경우에는 가등기의무자의 승낙(인감증명 첨부)이나 가처분명령이 있음을 증명하는 정보를 첨부정보로 제공해야 한다.
② 등기원인에 대한 허가 등 증명정보의 제공 요부는 아래와 같다.

토지거래허가서	농지취득자격증명서	주무관청의 허가서	외국인 토지취득허가서
○	×	×	×

(4) 등기실행

① 소유권이전청구권가등기는 갑구, 소유권 외의 권리에 관한 청구권가등기는 을구에 기록한다.
② 가등기의 형식은 본등기의 형식에 따르므로, 본등기가 주등기인 경우 가등기도 주등기로, 본등기가 부기등기이면 가등기도 부기등기로 실행한다.

3. 가등기에 의한 본등기

(1) 신청인

① 가등기명의인이 (본)등기권리자, 가등기의무자가 (본)등기의무자가가 되어 공동신청함이 원칙이다.

② 소유권이전청구권가등기 후 제3자에게 소유권이 이전된 경우, 본등기의무자는 가등기 당시 소유자이고, 제3자 명의의 소유권이전등기는 직권말소의 대상이므로 제3자의 승낙을 받을 필요는 없다.

③ 가등기권리자가 수인인 경우, 본등기는 가등기권리자 모두가 공동의 이름으로 신청하거나 각 가등기권리자가 자기의 지분만에 관해 신청할 수 있고, 일부 가등기권리자가 공유물 보존행위에 준하여 가등기 전부에 관한 본등기를 신청할 수는 없다.

④ 가등기를 마친 후에 가등기당사자가 사망한 경우에는 그 상속인은 상속등기를 거치지 않고 상속증명서면을 첨부하여 상대방 당사자와 공동으로 본등기를 신청할 수 있다.

(2) 신청절차

① 등기원인은 가등기의 원인과 동일하다. 다만, 가등기의 원인이 '매매예약, 설정예약, 변경예약' 등인 경우, 본등기의 등기원인은 '매매, 설정계약, 변경계약'이 되고 그 원인일자는 '예약일'이 아니라 '예약 완결의 의사표시를 한 날'이 된다.

② 본등기시 등기필정보는 등기의무자의 권리에 관한 것을 제공해야 하고, 가등기의 등기필정보는 제공할 필요가 없다.

③ 등기원인에 대한 허가 등 증명정보를 첨부정보로 제공해야 한다. 다만, 가등기 당시 토지거래허가서를 제공한 경우 본등기 시에 제공할 필요가 없다.

(3) 등기실행 및 효력

① 가등기의 순위번호를 사용하여 본등기를 하고, 본등기의 실행 후에도 가등기를 말소하는 표시를 하지 않는다.

② 본등기의 순위는 가등기의 순위에 따른다.

(4) 본등기를 침해하는 등기의 직권말소

① 등기관은 가등기에 의한 본등기를 했을 때에는 가등기 이후에 된 등기로서 가등기에 의해 보전되는 권리를 침해하는 등기를 직권으로 말소해야 한다.

소유권이전등기청구권보전 가등기에 의한 본등기 시	
말소	존속
오른쪽 등기를 제외한 모든 등기 (단, 체납처분으로 인한 압류등기에 대하여는 직권말소대상통지 후 이의신청이 있으면 대법원예규로 정하는 바에 따라 직권말소 여부를 결정)	㉠ 해당 가등기상 권리를 목적으로 하는 가압류등기나 가처분등기 ㉡ 가등기 전에 마쳐진 가압류에 의한 강제경매개시결정등기 ㉢ 가등기 전에 마쳐진 담보가등기·전세권·저당권에 의한 임의경매개시결정등기 ㉣ 가등기권자에게 대항할 수 있는 주택임차권등기·주택임차권설정등기·상가건물임차권등기·상가건물임차권설정등기(이하 '주택임차권등기')

지상권·전세권·임차권 설정등기청구권보전 가등기에 의한 본등기 시	
말소	존속
㉠ 지상권설정등기 ㉡ 지역권설정등기 ㉢ 전세권설정등기 ㉣ 임차권설정등기 ㉤ 주택임차권등기등(단, 가등기권자에게 대항할 수 있는 임차인 명의의 등기는 제외, 이 경우 본등기신청을 하려면 먼저 대항력 있는 주택임차권등기등을 말소해야 함)	㉠ 소유권이전등기 및 소유권이전등기청구권보전 가등기 ㉡ 가압류 및 가처분 등 처분제한의 등기 ㉢ 체납처분으로 인한 압류등기 ㉣ 저당권설정등기 ㉤ 가등기가 되어 있지 않은 부분에 대한 지상권·지역권·전세권 또는 임차권의 설정등기와 주택임차권등기등

저당권설정등기청구권보전 가등기에 의한 본등기 시
직권말소하지 않음

② 가등기 후 본등기 전에 마쳐진 등기를 등기관이 직권으로 말소할 때에는 가등기에 의한 본등기로 인해 그 등기를 말소한다는 뜻을 기록해야 한다.

③ 등기관이 가등기 이후의 등기를 말소했을 때에는 지체 없이 그 사실을 말소된 권리의 등기명의인에게 통지해야 한다.

4. 가등기의 말소

① 가등기의무자가 등기권리자, 가등기명의인이 등기의무자가 되어 공동신청함이 원칙이다. 가등기상 권리가 이전되었다면 현재의 가등기명의인이 등기의무자가 되고, 가등기 후 제3취득자가 있다면 그가 등기권리자가 된다.

② 가등기명의인은 단독으로 가등기의 말소를 신청할 수 있다.

③ 가등기의무자 또는 가등기에 관해 등기상 이해관계 있는 제3자는 가등기명의인의 승낙을 받아 단독으로 가등기의 말소를 신청할 수 있다. 이 경우 가등기명의인의 승낙이나 이에 대항할 수 있는 재판이 있음을 증명하는 정보를 첨부정보로 제공해야 하고, 등기관은 제3자 명의의 등기를 직권으로 말소해야 한다.

5. 신청서 예시

접 수	년 월 일	처리인	등기관 확인	각종 통지
	제 호			

소유권이전청구권가등기신청

부동산의 표시

1. 서울특별시 중구 명동2가 10-1 대 100m²
2. 서울특별시 중구 명동2가 10-1
   [도로명주소] 서울특별시 중구 명동10길 25
   철근콘크리트조 슬래브지붕 4층 근린생활시설
   1층 90m² 2층 90m² 3층 90m² 4층 90m²

이   상

등기원인과 그 연월일	2025년 1월 1일 매매예약
등기의 목적	소유권이전청구권가등기

구분	성명 (상호·명칭)	주민등록번호 (등기용등록번호)	주 소(소재지)	지 분 (개인별)
등기의무자	최의란	920202-2234789	서울특별시 용산구 이촌로 123(이촌동)	
등기권리자	고연준	880202-1234789	서울특별시 송파구 송파대로22길 10(신천동)	

등 록 면 허 세	금		원	
지 방 면 허 세	금		원	
세 액 합 계	금		원	
등 기 신 청 수 수 료	금		원	
	납부번호:			
	일괄납부:	건		원

등기의무자의 등기필정보

부동산고유번호	1722-2025-134578	
성명(명칭)	일련번호	비밀번호
최의란	HWOP-VWHP-X2H9	76-6672

첨 부 서 면

1. 등록면허세영수필확인서	1통	1. 위임장	1통
1. 등기신청수수료영수필확인서	1통	1. 주민등록표초본	1통
1. 매매예약서	1통	1. 자필서명정보	1통
1. 토지거래허가서	1통	1. 인감증명서	1통

2025 년 1 월 15 일

위 신청인   인 (전화 :   )

(또는) 위 대리인   법무사 송경준   직인 (전화 : 02-1234-5678)

서울특별시 서초구 서초대로 11(서초동)

서울중앙 지방법원 등기국 귀중

최신·기출·분석

> 제34회 기출문제 19번

01. 가등기에 관한 설명으로 틀린 것은?

① 가등기로 보전하려는 등기청구권이 해제조건부인 경우에는 가등기를 할 수 없다.
② 소유권이전청구권 가등기는 주등기의 방식으로 한다.
③ 가등기는 가등기권리자와 가등기의무자가 공동으로 신청한다.
④ 가등기에 기한 본등기를 금지하는 취지의 가처분등기의 촉탁이 있는 경우, 등기관은 이를 각하하여야 한다.
⑤ 소유권이전청구권 가등기에 기하여 본등기를 하는 경우, 등기관은 그 가등기를 말소하는 표시를 하여야 한다.

‖해설 및 정답‖
① 보전대상 청구권이 **시기부 또는 정지조건부**인 경우에 가등기가 가능하다(해제조건부 ✕).
③ 일반적인 등기와 마찬가지로 **공동신청 원칙**이 적용된다. 다만, 가등기의무자의 승낙이 있거나 가등기를 명하는 법원의 가처분명령이 있을 때에는 가등기권리자가 단독으로 신청할 수 있다.
⑤ **본등기의 실행 후에도 가등기를 말소하는 표시를 하지 않는다.**

답 ⑤

최신·기출·분석

제33회 기출문제 21번

02. 가등기에 관한 설명으로 옳은 것은?

① 가등기명의인은 그 가등기의 말소를 단독으로 신청할 수 없다.
② 가등기의무자는 가등기명의인의 승낙을 받더라도 가등기의 말소를 단독으로 신청할 수 없다.
③ 가등기권리자는 가등기를 명하는 법원의 가처분명령이 있더라도 단독으로 가등기를 신청할 수 없다.
④ 하나의 가등기에 관하여 여러 사람의 가등기권자가 있는 경우, 그 중 일부의 가등기권자는 공유물보존행위에 준하여 가등기 전부에 관한 본등기를 신청할 수 없다.
⑤ 가등기목적물의 소유권이 가등기 후에 제3자에게 이전된 경우, 가등기에 의한 본등기신청의 등기의무자는 그 제3자이다.

‖ 해설 및 정답 ‖

①② 가등기명의인은 가등기의 말소를 단독으로 신청할 수 있고, 가등기의무자 또는 가등기에 관하여 등기상 이해관계 있는 자 또한 가등기명의인의 승낙을 받아 단독으로 가등기의 말소를 신청할 수 있다.
③ 가등기 또한 일반적인 등기와 마찬가지로 공동신청 원칙이 적용된다. 다만, 가등기의무자의 승낙이 있거나 가등기를 명하는 **법원의 가처분명령**이 있을 때에는 가등기권리자가 **단독으로 신청**할 수 있다.
④ 가등기권리자가 수인인 경우, 본등기는 **가등기권리자 모두가 공동의 이름으로** 신청하거나 **각 가등기권리자가 자기의 지분만**에 관해 신청할 수 있고, 일부 가등기권리자가 공유물 보존행위에 준하여 가등기 전부에 관한 본등기를 신청할 수는 없다.
⑤ 소유권이전청구권가등기 후 제3자에게 소유권이 이전된 경우, **본등기의무자는 가등기 당시 소유자**이고, 제3자 명의의 소유권이전등기는 직권말소의 대상이므로 제3자의 승낙을 받을 필요는 없다.

답 ④

최신·기출·분석

> 제35회 기출문제 24번

03. 가등기에 관한 설명으로 옳은 것은?(다툼이 있으면 판례에 따름)

① 소유권이전등기청구권 보전을 위한 가등기에 기한 본등기가 경료된 경우, 본등기에 의한 물권변동의 효력은 가등기한 때로 소급하여 발생한다.
② 소유권이전등기청구권 보전을 위한 가등기가 마쳐진 부동산에 처분금지가처분등기가 된 후 본등기가 이루어진 경우, 그 본등기로 가처분채권자에게 대항할 수 있다.
③ 정지조건부의 지상권설정청구권을 보전하기 위해서는 가등기를 할 수 없다.
④ 가등기된 소유권이전등기청구권이 양도된 경우, 그 가등기상의 권리의 이전등기를 가등기에 대한 부기등기의 형식으로 경료할 수 없다.
⑤ 소유권이전등기청구권 보전을 위한 가등기가 있으면 소유권이전등기를 청구할 어떤 법률관계가 있다고 추정된다.

‖해설 및 정답‖
① 본등기에 의한 물권변동의 효력은 **본등기 시에 발생**한다. 다만, 본등기의 순위가 가등기의 순위에 따를 뿐이다.
② 본등기의 순위는 가등기의 순위에 따르므로, 가등기 후에 된 처분금지가처분등기보다 본등기가 우선한다.
④ 소유권 외의 권리의 이전등기는 부기등기로 실행한다.
⑤ 가등기는 본등기가 이루어지기 전에는 청구권보전의 효력만 있고, 물권변동적 효력·**추정력 등 실체법상의 효력이 발생하지 않고** 처분금지효력도 없다.

답 ②

최신·기출·분석

제33회 기출문제 23번

04. 토지에 대한 소유권이전청구권보전 가등기에 기하여 소유권이전의 본등기를 한 경우, 그 가등기 후 본등기 전에 마쳐진 등기 중 등기관의 직권말소 대상이 <u>아닌</u> 것은?

① 지상권설정등기
② 지역권설정등기
③ 저당권설정등기
④ 임차권설정등기
⑤ 해당 가등기상 권리를 목적으로 하는 가압류등기

제35회 기출문제 22번

05. X토지에 관하여 A등기청구권보전을 위한 가등기 이후, B-C의 순서로 각 등기가 적법하게 마쳐졌다. B등기가 직권말소의 대상인 것은?(A, B, C등기는 X를 목적으로 함)

	A	B	C
①	전세권설정	가압류등기	전세권설정본등기
②	임차권설정	저당권설정등기	임차권설정본등기
③	저당권설정	소유권이전등기	저당권설정본등기
④	소유권이전	저당권설정등기	소유권이전본등기
⑤	지상권설정	가압류등기	지상권설정본등기

최신·기출·분석

‖해설 및 정답‖

- 본등기를 침해하는 등기의 직권말소

소유권이전등기청구권보전 가등기에 의한 본등기 시	
말소	존속
오른쪽 등기를 제외한 모든 등기 (단, 체납처분으로 인한 압류등기에 대하여는 직권말소대상통지 후 이의신청이 있으면 대법원예규로 정하는 바에 따라 직권말소 여부를 결정)	㉠ 해당 가등기상 권리를 목적으로 하는 가압류등기나 가처분등기 ㉡ 가등기 전에 마쳐진 가압류에 의한 강제경매개시결정등기 ㉢ 가등기 전에 마쳐진 담보가등기·전세권·저당권에 의한 임의경매개시결정등기 ㉣ 가등기권자에게 대항할 수 있는 주택임차권등기·주택임차권설정등기·상가건물임차권등기·상가건물임차권설정등기(이하 '주택임차권등기등')

지상권·전세권·임차권 설정등기청구권보전 가등기에 의한 본등기 시	
말소	존속
㉠ 지상권설정등기 ㉡ 지역권설정등기 ㉢ 전세권설정등기 ㉣ 임차권설정등기 ㉤ 주택임차권등기등(단, 가등기권자에게 대항할 수 있는 임차인 명의의 등기는 제외)	㉠ 소유권이전등기 및 소유권이전등기청구권보전 가등기 ㉡ 가압류 및 가처분 등 처분제한의 등기 ㉢ 체납처분으로 인한 압류등기 ㉣ 저당권설정등기 ㉤ 가등기가 되어 있지 않은 부분에 대한 지상권·지역권·전세권 또는 임차권의 설정등기와 주택임차권등기 등

저당권설정등기청구권보전 가등기에 의한 본등기 시
직권말소하지 않음

Memo

합격셀렉트 부동산공시법

초판 1쇄 인쇄	2025. 02. 14.
초판 1쇄 발행	2025. 03. 01.
글	송경준
편집자	구낙회 · 김영빈 · 김효선 · 김대현
표 지	그래픽웨일
마케팅	김효선
발행처	로앤오더
발행인	윤혜영
ISBN	979-11-6267-470-3
값	23,000원

2014년 02월 10일 l 제222-23-01234호
서울시 성동구 왕십리로 8길 21-1 2층 201호
전화 02-6332-1103 l 팩스 02-6332-1104
cafe.naver.com/lawnorder21

이 책은 저작권법에 따라 보호받는 저작물이므로 무단복제를 금지하며 이 책 내용의 전부 또는 일부를 이용하려면 반드시 저작권자와 로앤오더의 서면 동의를 받아야 합니다.

ⓒ 이 책에서 사용된 서체는 KoPubWorld바탕, KoPubWorld돋움, KBIZ한마음명조, 에스코어드림, 카페24클래식타입, NotoSansKR, MBC1961, Pretendard, 바른돋움, Tmon몬소리, 여기어때잘난체고딕을 사용하였습니다.